공무원 · 기업체시험 대비
8급에서 2급까지 한자급수 **1개월(31일)**만에 끝내는

김종혁의

VOCABULARY

한자 2500

감 수 | (사)한자교육진흥회
동영상 강의 | www.hanja.tv(라이프에듀)

형 민 사

초판발행 ㅣ 2008. 4. 19

초판 3쇄 ㅣ 2019. 3. 15

펴 낸 곳 ㅣ 주식회사 형민사

지 은 이 ㅣ 김종혁

감　　수 ㅣ (사)한자교육진흥회

인터넷구매 ㅣ www.hanja114.co.kr

구입문의 ㅣ TEL. 02-736-7694, FAX. 02-736-7692

주　　소 ㅣ 04551 서울특별시 중구 수표로 45, 505호(저동2가, 을지비즈센터)

등록번호 ㅣ 제2016-000003호

정　　가 ㅣ 15,000원

ISBN 978-89-91325-24-1 13710

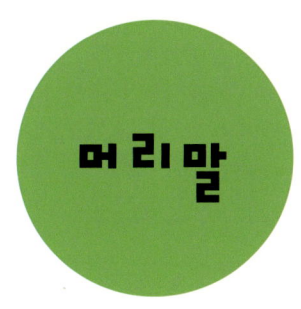

머리말

　대학을 다니면서 한자에 관심을 가지고 오롯한 마음으로 공부해온지 꽤 오랜 시간이 지난 것 같다. 그동안 여러 교육 현장에서 많은 시행착오를 겪으며 한자를 바라보는 눈이 진일보한 면이 없지 않지만 워낙 혼자 공부하고 많지 않는 자료로 연구하다 보니 부족한 점이 적지 않았다. 따라서 나름대로 신중을 기해 한자를 교육하고, 교재를 집필해 왔다. 그런데 언제부터인가 한자급수시험이 시행되고 한자 학습지 시장이 팽창되면서 그 관심이 증폭되자, 한자 교육에 대해 전문가라는 분들이 인쇄매체나 언론지상을 통해 각자의 견해를 피력하기 시작했다. 하지만 그 내용이 대부분 너무도 자의적으로 한자를 풀이하면서 마치 한자 학습의 비법인양 주장하는 것을 보고 깜짝 놀라지 않을 수 없었다. 한자는 오랜 시간을 통해서 정형화된 문자인 만큼 그 설명을 제대로 하려면 문자학(한자학)을 바탕으로 가르치는 방식을 택해야 하는데, 구렁이 담 넘어 가듯 풀이를 하고 있었기 때문이다.

　필자는 최근에 대학에서 한자에 대해 특강을 통해 지도한 적이 있는데, 이때 제대로 된 교재가 필요함을 절감하였다. 요즘 여러 기업체에서 일정한 한자 실력을 요구하다보니 대학에서 특강이 활성화되고 있으나 이들이 학습에 참고하는 교재 또한 문자학을 공부한 분들이 썼다고 보기 민망할 정도였다. 이에 필자는 여러 경험을 통해 한자를 쉽고 빠르게 배울 수 있는 방법을 구상하면서 한자를 제대로 배울 수 있는 문자학을 바탕으로 이 교재를 집필하게 되었다.

　이 교재 또한 부족한 감이 없지 않지만, 그 완성도를 높이기 위해 많은 분들의 도움이 있었다. 동영상 강의를 마련하기 위해 촬영에 노고를 아끼지 않은 미디어워즈 전용만 실장과 교정을 위해 도움을 준 이규환 선생, 흔쾌히 출판의 허락을 해준 도서출판 형민사 관계자 분들이 있었기에 이 책이 세상의 빛을 보게 되었다. 이 지면을 통해 그 분들에게 고마움을 전한다.

　2008년 봄날에

저자 **김 종 혁**

대학(성균관대학교)에서 중문학을 전공하고, 대학원(고려대교육대학원)에서 한문학을 전공하고 있다. 전통문화연구회와 한국교원연수원, 그리고 여러 대학(홍익대·중앙대·경희대·시립대) 등에서 문자학을 바탕으로 한자를 강의한 바 있다. 현재는 한자교육진흥회의 연수원에서 한자학을 강의하여 한자지도사를 양성하면서 사회교육단체(서울시남부여성발전센터) 등에 출강하고 있다.
저서로는 『부수를 알면 한자가 보인다(학민사)』, 『한자교육시험백과(전통문화연구회)』, 『부수로 한자 정복하기(학민사)』 등이 있고, 동영상으로는 www.hstudy.co.kr(한국교원연수원)에서 상용한자를 강의했고, www.hanja.tv(한자교육진흥회 라이프에듀)에서 국가공인 자격시험 8급에서 2급까지 본 교재로 급수 한자를 강의했다.

책의 구성

갑골문과 금문 등의 고문자를 바탕으로 자형을 연구하여 선수 학습해야 할 한자부터 다음의 사항을 적용해 유기적으로 배열했습니다. 짧은 시간에 많은 한자를 쉽고 빠르게 완전 학습할 수 있도록 구성한 것입니다.

1 Small step의 원리를 적용했습니다.

쉽고 단순한 한자에서부터 학습한 뒤에 어렵고 복잡한 한자를 학습하도록 배열했습니다.
예) 案을 학습할 경우

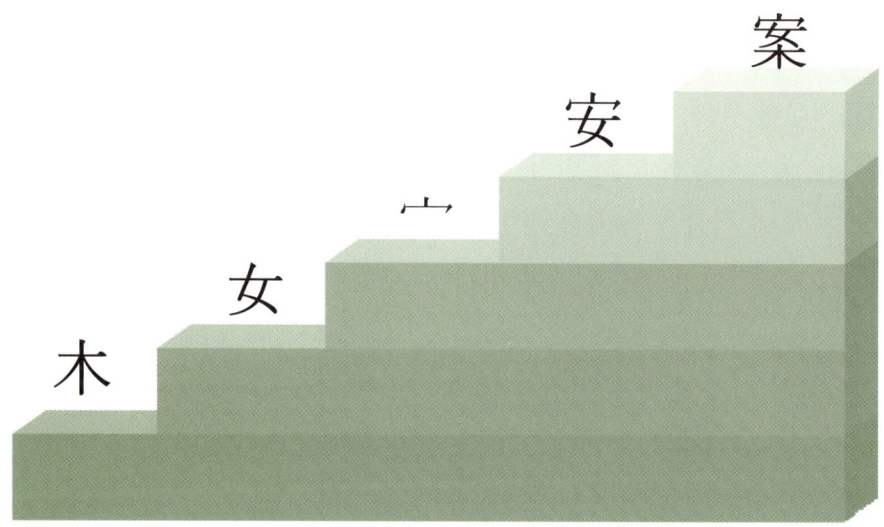

2 Vocabulary식의 학습방법을 적용했습니다.

하나의 한자를 학습한 후에 이미 앞에서 배운 한자를 덧붙여 다시 많은 한자를 알 수 있도록 배열했습니다.
예) 各을 학습할 경우

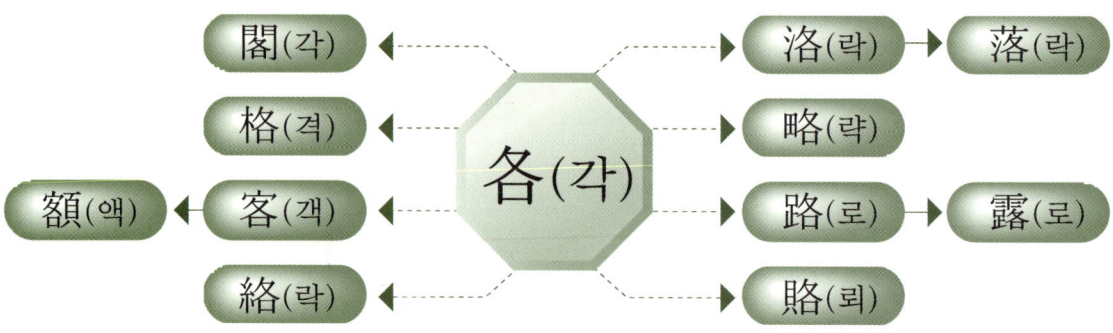

Feed back의 체계를 적용했습니다.

한번 학습한 한자에 대해 완전하게 체득이 되도록 계속적인 자극을 주어 학습자들이 여러 번 반응을
할 수 있도록 배열했습니다.
예) 沐을 학습할 경우

1번 학습	해당 Part 풀어서 익히기에서

2번 학습	해당 Part 낱말로 익히기에서

3번 학습	다음 Part 반복해 익히기에서

4번 학습	3번 학습 다음 Part 반복해 익히기에서

5번 학습	4번 학습 다음 Part 반복해 익히기에서

6번 학습	해당 date 총정리에서

〈참고자료〉

이 책은 국가공인 자격관리·운영기관인 사단법인 한자교육진흥회가 감수한 한자자격시험 선정한자편람(형민사)을 참고하
고, 한자교육 시험백과(전통문화연구회)와 부수로 한자 정복하기(학민사)의 내용을 바탕으로 집필하였습니다.

한자 자격 시험 안내

01 한자자격시험
- 주 관 : 사단법인 한자교육진흥회
- 시 행 : 한국 한자실력평가원

02 한자자격시험 일시
- 연 4회 실시
- 매 2월, 5월, 8월, 11월 시행(사정에 따라 변경될 수 있음)
- 응시 자격 : 제한 없음

03 한자자격시험 준비물 및 입실 시간
- 접수 준비물 : 기본인적사항, 응시원서, 응시료, 반명함판 사진(3㎝×4㎝ 2매)
- 시험 준비물
  ① 수험표
  ② 신분증(학생증, 주민등록증, 운전면허증, 여권 - 초등학생과 미취학아동은 건강보험증 또는 주민등록등본(복사본 가능))
  ③ 검정색 펜(7,8급은 연필사용 가능)
  ④ 수정 테이프(※수정액 사용 불가)
- 고사장 입실 시간 : 시험 시작 20분 전까지

04 합격자 발표 및 문의처
- 합격자 발표 : 시험 종료 약 1개월 후
- 홈페이지 : http://www.hanja114.org 또는 한글인터넷주소 : 한자자격시험
- 기타 문의 : 한국 한자실력평가원(전화 02-3406-9111, 팩스 02-3406-9118)

05 한자자격시험 급수별 출제 범위

구분		공인급수				교양급수							
		사범	1급	2급	3급	준3급	4급	준4급	5급	준5급	6급	7급	8급(첫걸음)
평가한자수	계	5,000자	3,500자	2,300자	1,800자	1,350자	900자	700자	450자	250자	170자	120자	50자
	선정한자	5,000자	3,500자	2,300자	1,300자	1,000자	700자	500자	300자	150자	70자	50자	30자
	교과서·실용한자어	-	500단어(이상)	500단어(이상)	500자(436단어 이상)	350자(305단어 이상)	200자(156단어 이상)	200자(139단어 이상)	150자(117단어 이상)	100자(62단어 이상)	100자(62단어 이상)	70자(43단어 이상)	20자(13단어 이상)

* 한자자격시험은 사범~8급까지 총 12개 급수로 구성
* 1급과 2급은 직업분야별 실용한자어, 3급 이하는 교과서 한자어를 뜻함
* 3급 이하의 교과서 한자어에서는 한자쓰기 문제를 출제하지 않음 (자세한 사항은 홈페이지를 참조하시기 바랍니다.)
* 巾(수건 건)자는 교육부지정 선정한자 (1,800자)에서 제외된 글자이나, 실생활에 자주 활용되고 部首자이므로 준5급에 추가하여 80+1자가 되었음

06 급수별 출제 문항 수 및 출제기준

구분		급수	사범	1급	2급	3급	준3급	4급	준4급	5급	준5급	6급	7급	8급(첫걸음)
출제기준		문항수 합계	200	150	100	100	100	100	100	100	100	80	50	50
	주관식	문항수	150	100	70	70	70	70	70	70	70	50	20	20
		비율(%)	75%이상	65%이상	70%이상	70%이상	70%이상	70%이상	70%이상	70%이상	70%이상	60%이상	40%이상	40%이상
		한자쓰기(비율%)	25	25	25	20	20	20	20	20	20	10	–	–
	객관식	문항수	50	50	30	30	30	30	30	30	30	30	30	30
문항별 배점			2	2	2	2	1	1	1	1	1	1.25	2	2
만점(환산점수:100점 만점)			400(100)	300(100)	200(100)	200(100)	100	100	100	100	100	100	100	100

07 급수별 합격기준

구분	급수	사범	1급	2급	3급	준3급	4급	준4급	5급	준5급	6급	7급	8급(첫걸음)
합 격 기 준 (문항수 기준)		80%이상	70%이상	70%이상	70%이상	70%이상	70%이상	70%이상	70%이상	70%이상	70%이상	70%이상	70%이상

* 각 급수별 합격 기준 이상의 점수를 얻어야 합격할 수 있음

08 급수별 시험시간, 출제 유형별 비율(%)

구분		급수	사범	1급	2급	3급	준3급	4급	준4급	5급	준5급	6급	7급	8급(첫걸음)
출제유형·비율(%)		시험시간	100분	80분	60분	60분	60분	60분	60분	60분	60분	60분	60분	60분
	급수별선정한자	훈 음	25	25	25	15	15	15	15	15	15	20	25	25
		독 음	35	35	35	15	15	15	15	15	15	20	25	25
		쓰 기	25	25	25	20	20	20	20	20	20	10	-	-
		기 다	15	15	15	15	15	15	15	15	15	15	15	15
		소 계	100	100	100	65	65	65	65	65	65	65	65	65
	교과서한자어	독 음	-	-	-	15	15	15	15	15	15	15	15	15
		용어뜻	-	-	-	10	10	10	10	10	10	10	10	10
		쓰 기	-	-	-	0	0	0	0	0	0	0	0	0
		기 타	-	-	-	10	10	10	10	10	10	10	10	10
		소 계	-	-	-	35	35	35	35	35	35	35	35	35
합 계			100	100	100	100	100	100	100	100	100	100	100	100

09 원서접수 방법

〈방문 접수와 인터넷 접수 가능〉

• 방문 접수 : 지역별 원서접수처를 직접 방문하여 접수하는 경우

· 응시급수 선택 : 한자자격시험 급수별 출제범위를 참고하여, 응시자에 알맞은 급수를 선택

· 원서 접수 준비물 확인 : 응시자 성명(한자) / 주민등록번호 / 학교명,학년,반 / 전화번호 / 우편번호,주소 / 반명함판 사진2매(3×4cm) / 응시료

· 원서 작성 · 접수 : 한자자격시험 지원서를 작성 후 접수

· 수험표 확인 : 수험표의 응시급수, 수험번호, 성명, 주민등록번호, 고사장명, 고사장 문의전화, 시험일시를 재확인

• 인터넷 접수 : 한자자격시험 홈페이지에 접속하여 원서를 접수
(홈페이지 : http://www.hanja114.org, 또는 한글인터넷주소 : 한자자격시험)

10 국가공인 한자자격 취득자 우대

• 자격기본법 제23조 3항에 의거 국가자격 취득자와 동등한 대우 및 혜택
• 정부기관에서 공무원 직무능력 향상의 수단으로 권장
• 육군간부, 군무원의 인사고과 반영
• 공공기관과 기업체 채용, 보수, 승진과정에서 우대하며 대학의 입학전형에 반영
  ※ 반영 비율 및 세부 사항은 기업체 및 각 대학 입시요강에 따름
• 2005학년도 대학수학능력시험부터 '漢文'을 선택과목으로 채택
• 한국방송통신대학교 중어중문학과 졸업논문 대체인정(1급 이상)
• 대상 급수 : 한자실력 사범, 1, 2, 3급

차 례

머리말

책의 구성

한자 자격시험 안내

100% 출석하면 100% 합격할 수 있습니다.

1 단원

김종혁의 VOCABULARY 한자2500

부수 한자 관련 Program

• Part별 익히기
• 사자성어

01part

■풀어서 익히기

		木¹	口⁸	如⁷	田¹⁵	釆¹⁴	番¹³	畨
		나무 목	입 구	같을 여	밭 전	분별할 변	차례 번	
水⁴	氵³	沐²	心¹⁰	恕⁹		飛¹⁷	飜¹⁶	
물 수	삼수변	목욕할 목	마음 심	용서할 서		날 비	날 번	
		女⁵		耳¹¹		羽¹⁹	翻¹⁸	
		계집 녀		귀 이		깃 우	날 번	
		汝⁶	心	恥¹²	手²²	扌²¹	播²⁰	
		너 여		부끄러울 치	손 수	재방변	뿌릴 파	

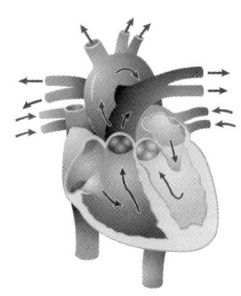

■낱말로 익히기

1)樹木·植木日	2)沐浴·沐間	4)生水·飲料水
5)女子·美女	6)汝矣島	7)如前·如意珠
8)緘口·一口二言	9)容恕·忠恕	10)心臟·一切唯心造
11)中耳炎·耳目口鼻	12)羞恥·廉恥	13)番號·十八番
15)田畓·井田法	16)飜覆·飜譯	17)飛翔·飛行機
19)羽翼·羽化	20)播種·傳播	22)握手·空手來空手去

■되짚어 익히기

木8급	沐2급	水8급	女8급	汝준3급	如4급	口8급	恕3급
心7급	耳5급	恥3급	番5급	田5급	飜2급	飛준3급	羽3급
播2급	手7급						

02part

■풀어서 익히기

	車[1]		李[7]			瓜[15]		
	수레 거(차)	木	오얏 리			오이 과		
广[3]	庫[2]			比[8]	子	孤[16]		石[17]
집 엄	곳집 고			견줄 비		외로울 고		돌 석
	子[4]		手·扌	批[9]		目[20]	頁[19]	碩[18]
	아들 자			칠 비		눈 목	머리 혈	클 석
宀[6]	字[5]	凶[14]	毗[13]	毗[10]	毘[11]	毘[12]	手·扌	拓[21]
집 면	글자 자	정수리 신	毗의 본자	도울 비	毗와 동자	毘의 본자		넓힐 척(탁)

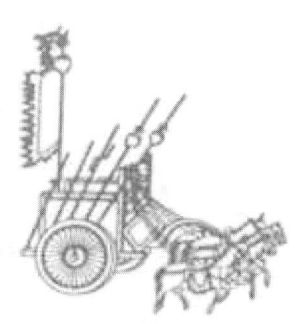

■낱말로 익히기

1)人力車·自轉車	1)馬車·自動車	2)車庫·武器庫
4)子息·子女	5)文字·一字無識	7)李下不整冠·李氏
8)比肩·比較	9)批判·批評	11)毘盧峯·茶毘式
15)木瓜·種瓜得瓜	16)孤兒·孤獨	17)巖石·大理石
18)碩學·碩士	20)目擊者·耳目口鼻	21)開拓·干拓地
22)魚拓·拓本		

■되짚어 익히기

車5급	庫준3급	子8급	字5급	李5급	比4급	批3급	毘2급
瓜2급	孤준3급	石7급	碩2급	目7급	拓3급		

■반복해 익히기

沐2급	飜2급	播2급			

03part

■풀어서 익히기

舌¹	言²	音³	絲¹⁰	糸⁹	納⁸		曰¹⁸	香¹⁷
혀 설	말씀 언	소리 음	실 사	실 사	들일 납		가로 왈	향기 향
	日⁵	暗⁴				禾¹¹		弓¹⁹
	날 일	어두울 암				벼 화		활 궁
人人	入⁶		口	龠¹⁴	龢¹³	和¹²	身²¹	躬²⁰
	들 입			피리 약	和의 고자	화할 화	몸 신	몸 궁
人人	內⁷					斗¹⁶	科¹⁵	穴²³	窮²²
	안 내(나)					말 두	조목 과	구멍 혈	다할 궁

■낱말로 익히기

1)舌戰·雀舌茶	2)言語·重言復言	3)音聲·音樂
4)暗黑·明暗	5)日出·國慶日	6)入場·出入
7)室內·校內	7)內人	8)納入·上納
10)鐵絲·一絲不亂	11)嘉禾·禾本科	12)和音·和合
15)科目·學科	16)斗落·北斗七星	17)香氣·香水
18)曰牌·曰可曰否	19)洋弓·弓手	21)身體·八等身

■되짚어 익히기

되짚어 익히기	22)窮乏·窮則通	23)虎穴·穴居生活

舌⁴급	言⁵급	音⁵급	暗⁴급	日⁸급	入⁷급	內⁶급	納준3급
絲⁴급	禾²급	和⁵급	科⁵급	斗⁴급	香⁴급	曰준3급	弓⁴급
					身⁵급	窮준3급	穴²급

■반복해 익히기

沐²급	飜²급	播²급	毘²급	瓜²급	碩²급

04part

■풀어서 익히기

老[1] 늘을 로	少[2] 늘을로엄	長[3] 긴 장		水·氵 禾	漁[8] 고기 잡을 어 穌[9] 긁어모을 소	魯[15] 노둔할 로 金 金 金 金	金[16] 쇠 금(김)
		弓 張[4] 베풀 장					
	巾[6] 수건 건 帳[5] 휘장 장	艸[12] 풀 초	卄[11] 초두	蘇[10] 깨어날 소	白[19] 흰 백	帛[18] 비단 백	錦[17] 비단 금
	魚[7] 물고기 어	早[14] 이를 조	草[13] 풀 초			欠[21] 하품 흠	欽[20] 공경할 흠

■낱말로 익히기

1)老人·百年偕老	3)長魚·長蛇陣	4)繁張·落張不入
5)揮帳·布帳馬車	6)手巾·頭巾	7)人魚·魚缸
8)漁父·漁船	10)蘇生·蘇聯	13)草木·雜草
14)早熟·早期敎育	15)魯鈍·魚魯不辨	16)黃金·金字塔
16)金氏·金浦	17)錦衣還鄕·錦繡江山	18)幣帛·帛書
19)黑白·白衣民族	20)欽慕·欽服	21)欠缺·欠談

■되짚어 익히기

老5급	長5급	張3급	帳3급	巾5급	魚5급	漁4급	蘇2급
草5급	早4급	魯2급	金7급	錦2급	帛2급	白8급	欽2급
							欠2급

■반복해 익히기

沐2급	緜2급	播2급	毘2급	瓜2급	碩2급	禾2급	穴2급

1date 총정리(월   일)

■01part

木⁸급	沐²급	水⁸급	女⁸급	汝준3급	如⁴급	口⁸급	恕³급
心⁷급	耳⁵급	恥³급	番⁵급	田⁵급	飜²급	飛준3급	羽³급
播²급	手⁷급						

■02part

車⁵급	庫준3급	子⁸급	字⁵급	李⁵급	比⁴급	批³급	毘²급
瓜²급	孤준3급	石⁷급	碩²급	目⁷급	拓³급		

■03part

舌⁴급	言⁵급	音⁵급	暗⁴급	日⁸급	入⁷급	內⁶급	納준3급
絲⁴급	禾²급	和⁵급	科⁵급	斗⁴급	香⁴급	曰준3급	弓⁴급
身⁵급	窮준3급	穴²급					

■04part

老⁵급	長⁵급	張³급	帳³급	巾⁵급	魚⁵급	漁⁴급	蘇²급
草⁵급	早⁴급	魯²급	金⁷급	錦²급	帛²급	白⁸급	欽²급
欠²급							

1. 4음절 한자성어

角者無齒

뿔이 있는 자는 이가 없다는 말로, 한 사람이 모든 재주나 행복을 겸할 수 없음의 비유.

康衢煙月

네거리에 연기(煙氣)에 어린 은은한 달빛이 비치는 풍경. 세상에 보이는 평화로운 풍경이란 말로, 태평(泰平)한 세월(歲月)을 이름.

擧案齊眉

밥상을 받들어 눈썹과 가지런히 한다는 뜻으로, 아내가 남편을 지극히 존중(尊重)함을 이름.

隔世之感

그리 오래 되지 않은 동안에 변화(變化)가 심하여 딴 세대(世代)처럼 몹시 달라진 느낌.

隔靴搔癢

신을 신고 가려운 데를 긁는다 말로, 마음으로는 애써 하려하나 아무리 해도 실제 효과(效果)는 얻지 못함을 이름.

牽强附會

가당하지도 않은 말을 억지로 끌어다 붙여 조건(條件)이나 이치(理致)에 맞추려 함.

謙讓之德

겸손(謙遜)한 태도(態度)로 남에게 사양(辭讓)을 하는 덕성(德性).

股肱之臣

팔과 다리가 되어 주는 신하로, 임금이 가장 신임(信任)하는 중신(重臣).

孤軍奮鬪

수(數)가 적고 도움이 없는 외로운 군대가 강한 적과 용감히 싸움. 아무 도움이 없이 혼자서 벅찬 일을 해낸다는 말.

孤立無援

홀로 있어서 구원을 받을 데가 없음.

鼓腹擊壤

중국 요(堯)임금 때에 한 노인(老人)이 배를 두드리고 땅을 치면서 그 임금의 덕(德)을 찬양(讚揚)하고 태평성대(太平聖代)를 누린 옛 일에서 온 말.

苦肉之策

어려운 상황(狀況)에서도 상대방(相對方)을 속이기 위해 자신(自身)의 몸을 괴롭혀가면서까지 꾸미는 계책(計策).

膠柱鼓瑟

비파나 거문고의 기러기발을 아교(阿膠)로 붙여 한 소리밖에 내지 못한다는 말로, 고지식하여 조금도 융통성(融通性)이 없음을 이름.

口蜜腹劍

입에는 꿀을 담고 뱃속에는 칼을 지녔다는 말로, 친절(親切)한 듯이 좋은 말을 하나 마음속으로는 음흉(陰凶)한 생각을 하고 있음을 이름.

05part

■풀어서 익히기

王²	玉¹	王³ 王	耳	聞⁷		文¹¹	小¹⁶	憫¹⁵
구슬옥변	구슬 옥	임금 왕		들을 문		글월 문	심방변	근심할 민
金	鈺⁴	王	心	悶⁸	糸	紊¹²	日	旻¹⁷
	단단한 쇠 옥			번민할 민		어지러울 문		하늘 민
	門⁵	王		閏⁹	水·氵	汶¹³	玉·王	玟¹⁸
	문 문			윤달 윤		내 이름 문		옥돌 민
口	問⁶			水·氵 潤¹⁰	門	閔¹⁴	日	旼¹⁹
	물을 문			젖을 윤		성 민		화락할 민

■낱말로 익히기

1)白玉·玉不琢不成器	3)女王·長壽王
5)大門·崇禮門	6)問題·學問
7)所聞·新聞	8)煩悶·苦悶
9)閏年·閏四月	10)潤氣·潤滑油
11)文身·千字文	12)紊亂
14)閔妃·閔忠正公	15)憐憫·憫憫

■되짚어 익히기

玉5급	王8급	鈺2급	門8급	問5급	聞5급	悶2급	閏2급
潤2급	文6급	紊2급	汶2급	閔2급	憫2급	旻2급	玟2급
							旼2급

■반복해 익히기

沐2급	鬚2급	播2급	毘2급	瓜2급	碩2급		
禾2급	穴2급	蘇2급	魯2급	錦2급	帛2급	欽2급	欠2급

06part

■풀어서 익히기

貝¹	心	患⁷	夂¹⁶	夊¹⁵	致¹⁴	致¹³
	조개 패		근심 환	뒤져 올 치	천천히 걸을 쇠	致의 정자	이를 치
攴⁴	攵³	敗²	毋⁹	毌⁸	女	姪¹⁷
칠 복	등글월문	패할 패	말 무	꿸 관		조카 질
丨⁵		貝	貫¹⁰		穴	窒¹⁸
뚫을 곤			꿸 관			막을 질
串⁶		心·忄	慣¹¹	至¹²	宀	室¹⁹
꿸 관(곶)			익숙할 관	이를 지		집 실

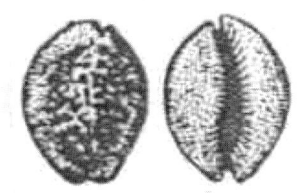

■낱말로 익히기

1)貝物·寶貝	2)敗北·失敗	7)患者·識字憂患
9)毋自欺	10)貫通·初志一貫	11)慣行·習慣
12)至極·自初至終	13)極致·拷問致死	17)姪女·姪婦
18)窒息·窒塞	19)敎室·居室	

■되짚어 익히기

貝5급	敗4급	患4급	毋2급	貫3급	慣3급	至4급	致4급
姪3급	窒2급	室5급				

■반복해 익히기

魯2급	錦2급	帛2급	欽2급	欠2급	鈺2급	悶2급	閏2급
潤2급	絭2급	汝2급	閔2급	憫2급	旻2급	玟2급	旼2급

07part

■풀어서 익히기

		矛[1]	雨[7]	霧[6]		福言	信[14]	
		창 모	비 우	안개 무			믿을 신	
	艸·艹	茅[2]	木	柔[8]		一[16]	千[15]	
		띠 모		부드러울 유		한 일	일천 천	
	攴·攵	敄[3]		亻[10]	人[9]	禾	秊[17]	年[18]
		힘쓸 무		인변	사람 인		年의 본자	해 년
	力[5]	務[4]	貳[13]	二[12]	仁[11]			
	힘 력	힘쓸 무	두 이	두 이	어질 인			

■낱말로 익히기

1)矛盾	2)茅沙·茅亭
4)義務·急先務	5)國力·萬有引力
6)雲霧·五里霧中	7)雨傘·暴風雨
8)柔軟·柔能制剛	9)人間·自由人
11)仁慈·仁者無敵	12)二等兵·二人者	14)信用·朋友有信
15)千里馬·一騎當千	16)一等·第一	18)豐年·乙巳年

■되짚어 익히기

矛2급	茅2급	務4급	力7급	霧2급	雨4급	柔준3급	人8급
仁준3급	二8급	貳2급	信5급	千7급	一8급	年6급	

■반복해 익히기

帠2급	欽2급	欠2급	鈺2급	悶2급	閏2급	潤2급	粂2급
汶2급	閔2급	憫2급	旻2급	玟2급	旼2급	毌2급	窒2급

08part

■ 풀어서 익히기

走¹	奔²	足³			主⁷	馬¹²	駐¹¹	
달아날 주	분주할 분	발 족			주인 주	말 마	머무를 주	
	人·亻	促⁴			人·亻	住⁸	言	註¹³
		재촉할 촉				살 주		주낼 주
	手·扌	捉⁵			水·氵	注⁹		山¹⁴
		잡을 착				물 댈 주		뫼 산
		丶⁶			木	柱¹⁰	人·亻	仙¹⁵
		불똥 주				기둥 주		신선 선

■ 낱말로 익히기

1) 走者·逃走	2) 奔走·東奔西走	3) 手足·四足
4) 督促·促成栽培	5) 捕捉	7) 主人·主客顚倒
8) 住宅·衣食住	9) 注入·注油所	10) 電信柱·水銀柱
11) 駐屯·駐車場	12) 馬車·千里馬	13) 註釋
14) 泰山·白頭山	15) 神仙·仙女	

■ 되짚어 익히기

走⁴급	奔³급	足⁷급	促²급	捉²급	主⁶급	住⁵급	注⁴급
柱³급	駐²급	馬⁵급	註²급	山⁸급	仙⁴급		

■ 반복해 익히기

悶²급	閏²급	潤²급	絭²급	汶²급	閔²급	憫²급	旻²급
玟²급	旼²급	毋²급	窒²급	矛²급	茅²급	霧²급	貳²급

2date 총정리(월   일)

■05part

玉⁵급	王⁸급	鈺²급	門⁸급	問⁵급	聞⁵급	悶²급	閨²급
潤²급	文⁶급	紊²급	汶²급	閔²급	憫²급	旻²급	玟²급
旼²급							

■06part

貝⁵급	敗⁴급	患⁴급	毋²급	貫³급	慣³급	至⁴급	致⁴급
姪³급	窒²급	室⁵급					

■07part

矛²급	茅²급	務⁴급	力⁷급	霧²급	雨⁴급	柔준3급	人⁸급
仁준3급	二⁸급	貳²급	信⁵급	千⁷급	一⁸급	年⁶급	

■08part

走⁴급	奔³급	足⁷급	促²급	捉²급	主⁶급	住⁵급	注⁴급
柱³급	駐²급	馬⁵급	註²급	山⁸급	仙⁴급		

2. 4음절 한자성어

群鷄一鶴

닭의 무리 가운데 섞인 한 마리 학(鶴)이란 말로, 여럿 가운데 가장 뛰어난 사람을 이름.

群雄割據

여러 영웅(英雄)이 저마다 한 지방씩 차지하여 자기 뜻대로 세력을 부리는 일.

權謀術數

목적의 달성을 위해서 수단과 방법을 가리지 않고 상황에 따라 둘러맞추는 모략(謀略)이나 술책(術策).

騎虎之勢

범을 타고 달리는 형세(形勢)라는 말로, 시작한 것을 중도(中途)에서 그만둘 수 없음을 이름.

落張不入

화투 등에서 한번 바닥에 내어 놓은 패는 물리기 위해 다시 주워들지 못한다는 말.

囊中之錐

주머니 속의 송곳은 그 예리한 끝이 주머니를 뚫고 나오듯이 포부(抱負)와 역량(力量)이 있는 사람은 어디서나 그 재능(才能)을 발휘할 수 있다는 말.

累卵之危

쌓아 놓은 알이 무너질 것처럼 몹시 위태롭다는 말. 누란지세(累卵之勢).

簞食瓢飮

대그릇의 밥과 표주박의 물이란 말로, 겨우 목숨을 이어갈 수 있는 좋지 못한 적은 음식(飮食)을 이름.

丹脣皓齒

붉은 입술과 흰 이란 뜻으로, 여자의 아름다운 용모(容貌)를 이름.

堂狗風月

서당 개가 풍월을 읊는다는 뜻으로, 어떤 일을 잘 모르는 사람이라도 오래 보고 들으면 쉽게 해낼 수 있음을 이르는 말.

道聽塗說

길에서 듣고 길에서 말한다는 뜻으로, 길거리에 퍼져 돌아다니는 뜬소문을 이르는 말.

塗炭之苦

진구렁이나 숯불과 같은 데에 빠져 겪는 고통. 백성의 몹시 고통스런 지경을 이름.

萬頃蒼波

만 이랑이나 되는 푸른 물결이 넘실거리는 넓고 넓은 바다.

亡羊補牢

소를 잃고 외양간 고친다는 뜻으로, 일을 그르친 뒤에 뉘우쳐도 소용이 없다는 말.

09part

■풀어서 익히기

目	儿 [2]	見 [1]	T [ ]	示 [6]	行 [10]	彳 [11]	斤 [15]
	어진 사람 인	볼 견(현)		보일 시	다닐 행(항)	자축거릴 척	도끼 근
	玉·王	現 [3]	T 見	視 [7]	衡 [12]	辵 [18] 辶 [17]	近 [16]
		나타날 현		볼 시	저울대 형	쉬엄쉬엄 갈 착 책받침	가까울 근
	山	峴 [4]	木	奈 [8]		米 [13] 示	祈 [19]
		고개 현		奈의 정자		쌀 미	빌 기
	石	硯 [5]		奈 [9]	辵·辶	迷 [14]	
		벼루 연		어찌 내(나)		헤맬 미	

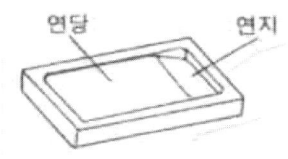
연당 연지

■낱말로 익히기

1)見學·百聞不如一見	3)現代·出現	5)硯滴·紙筆硯墨
6)展示·揭示板	7)監視·視聽者	9)奈何
9)奈落	10)行人·通行路	10)雁行·行列字
12)銓衡·度量衡	13)玄米·供養米	14)迷兒·迷路
15)斤數·千斤萬斤	16)近處·近距離	19)祈禱·祈雨祭

■되짚어 익히기

見 [5급]	現 [4급]	峴 [2급]	硯 [2급]	示 [5급]	視 [4급]	奈 [2급]	行 [5급]
衡 [2급]	米 [5급]	迷 [2급]	斤 [3급]	近 [5급]	祈 [3급]		

■반복해 익히기

汝 [2급]	閔 [2급]	憫 [2급]	旻 [2급]	玟 [2급]	旼 [2급]	毌 [2급]	窒 [2급]
矛 [2급]	茅 [2급]	霧 [2급]	貳 [2급]	促 [2급]	捉 [2급]	駐 [2급]	註 [2급]

10part

■풀어서 익히기

		廾 ¹		水·氵	洪 ⁶		手·才	投 ¹³		
		손 맞잡을 공			큰 물 홍			던질 투		
		共 ²	邑 ⁹	巷 ⁸	巷 ⁷			癶 ¹⁴		
		함께 공	고을 읍	巷의 본자	거리 항			걸을 발		
	人·亻	供 ³	水·氵	港 ¹¹	港 ¹⁰		弓	發 ¹⁶	發 ¹⁵	
		이바지할 공		港의 본자	항구 항			짓밟을 발	필 발	
心	小 ⁵	恭 ⁴			殳 ¹²			癶 广	廢 ¹⁷	
	밑마음심	공손할 공			칠 수				폐할 폐	

■낱말로 익히기

2)共用·男女共學	3)佛供·供養米	4)恭遜·過恭非禮
6)洪水·洪魚	7)巷間·街談巷說	9)邑長·邑事務所
10)港口·不凍港	13)投手·投身自殺	15)發射·百發百中
17)廢墟·廢家		

■되짚어 익히기

共 ⁵급	供 ³급	恭 ³급	洪 ²급	巷 ²급	邑 ⁵급	港 ³급	投 준³급

發 ⁵급	廢 ²급

■반복해 익히기

旼 ²급	毌 ²급	窒 ²급	矛 ²급	茅 ²급	霧 ²급	貳 ²급	促 ²급
捉 ²급	駐 ²급	註 ²급	峴 ²급	硯 ²급	奈 ²급	衡 ²급	迷 ²급

11part

■**풀어서 익히기**

	立¹		羽	翌⁵	彳	辻 赶	徒¹¹
	설 립			다음 날 익		徒의 본자 徒와 동자	무리 도
米	粒²	火⁸	昱⁷	煜⁶		木	杜¹²
	알 립	불 화	빛날 욱	불꽃 욱			막을 두
手·扌	拉³			土⁹			士¹³
	꺾을 랍			흙 토			선비 사
水·氵	泣⁴		口	吐¹⁰		人·亻	仕¹⁴
	울 읍			토할 토			벼슬할 사

■**낱말로 익히기**

1)起立·自立	2)粒子	3)拉致·被拉
4)泣訴·泣斬馬謖	5)翌日	8)火災·火病
9)黃土·高嶺土	10)嘔吐·吐瀉癨亂	11)信徒·靑年學徒
12)杜絶·杜門不出	13)武士·士官學校	14)奉仕·給仕

■**되짚어 익히기**

立⁷급	粒²급	拉²급	泣준3급	翌²급	煜²급	火⁸급	土⁸급
吐³급	徒⁴급	杜²급	士⁵급	仕⁴급			

■**반복해 익히기**

矛²급	茅²급	霧²급	貳²급	促²급	捉²급	駐²급	註²급
峴²급	硯²급	奈²급	衡²급	迷²급	洪²급	巷²급	廢²급

12part

■풀어서 익히기

儿	鬼[1] 귀신 귀		卜[5] 점 복			彡[9] 터럭 삼		
土	塊[2] 흙덩이 괴	木	朴[6] 후박나무 박	晶[12] 맑을 정	曑[11] 參의 본자	參[10] 참여할 참(삼)	三[13] 석 삼	
心·忄	愧[3] 부끄러워할 괴		赴[7] 다다를 부		艸·艹	蔘[14] 인삼 삼		
人·亻	傀[4] 꼭두각시 괴	言	訃[8] 부고 부		心·忄	慘[15] 슬플 참		

■낱말로 익히기

1)鬼神·吸血鬼	2)金塊·銀塊	3)自愧感·仰不愧天
4)北傀·傀儡	5)卜債·占卜	6)朴僉知·朴赫居世
7)赴任	8)訃告	10)參與·不參
10)參萬	12)水晶·結晶體	13)三角形·三銃士
14)人蔘·蔘鷄湯	15)慘事·悲慘	

■되짚어 익히기

鬼2급	塊2급	愧2급	傀2급	卜3급	朴5급	赴2급	訃2급
參4급	晶2급	三8급	蔘2급	慘2급			

■반복해 익히기

捉2급	駐2급	註2급	峴2급	硯2급	奈2급	衡2급	迷2급
洪2급	巷2급	廢2급	粒2급	拉2급	翌2급	煜2급	杜2급

3date 총정리(월   일)

■09part

見^{5급}	現^{4급}	峴^{2급}	硯^{2급}	示^{5급}	視^{4급}	奈^{2급}	行^{5급}
衡^{2급}	米^{5급}	迷^{2급}	斤^{3급}	近^{5급}	祈^{3급}		

■10part

共^{5급}	供^{3급}	恭^{3급}	洪^{2급}	巷^{2급}	邑^{5급}	港^{3급}	投^{준3급}
發^{5급}	廢^{2급}						

■11part

立^{7급}	粒^{2급}	拉^{2급}	泣^{준3급}	翌^{2급}	煜^{2급}	火^{8급}	土^{8급}
吐^{3급}	徒^{4급}	杜^{2급}	士^{5급}	仕^{4급}			

■12part

鬼^{2급}	塊^{2급}	愧^{2급}	傀^{2급}	卜^{3급}	朴^{5급}	赴^{2급}	訃^{2급}
參^{4급}	晶^{2급}	三^{8급}	蔘^{2급}	慘^{2급}			

3. 4음절 한자성어

麥秀之嘆

나라가 망(亡)한 것을 한탄(恨歎)하는 말로, 기자(箕子)가 은(殷)나라의 옛 궁실(宮室)이 폐허가 되고 보리만 잘 자라는 것을 보고 탄식했다는 데서 비롯됨.

面從腹背

겉으로는 받들어 복종(服從)하는 체하면서 속으로는 배반(背反)함.

毛遂自薦

모수(毛遂)가 다른 나라에 구원(救援)을 청하기 위해 사자(使者)를 물색하는 중에 자신을 천거(薦擧)했다는 데서 비롯된 말로, 스스로 추천(推薦)함을 이름.

猫項懸鈴

고양이 목에 방울 달기. 곧 실행하기 어려운 공론(空論)을 이름.

武陵桃源

이상향(理想鄕)의 세계. 진(晉)나라 때 武陵의 한 어부가 배를 저어 도화(桃花)가 핀 수원지(水源地)로 올라가 난리를 피해 살아 온 사람들을 만났는데, 그들은 바깥세상의 일을 모르고 행복하게 살고 있었다는 데서 비롯된 말.

博學多識

배운 것이 넓고 아는 것이 많음.

拔本塞源

근본 원인(原因)을 찾아 아주 뽑거나 막는다는 뜻으로, 악의 근원을 송두리째 없앰을 이르는 말.

蚌鷸之爭

도요새와 방합(蚌蛤)이 서로 다투다가 어부에게 잡히고 말았다는 데서 비롯된 말로, 결국은 제삼자(第三者)에게 이익을 주게 됨을 이름. 어부지리(漁父之利).

氷姿玉質

얼음과 같이 맑은 용자(容姿)와 옥과 같은 자질(資質)이란 뜻으로, 매화(梅花)를 이르는 말.

森羅萬象

하늘과 땅 사이에 존재하는 모든 사물(事物)의 현상.

生者必滅

살아있는 것은 반드시 죽을 때가 있음.

纖纖玉手

'가늘고 가는 옥같이 귀중한 손'이란 뜻으로, 미인의 손을 이르는 말.

菽麥不辨

콩인지 보리인지 분간(分揀)하지 못할 만큼 어리석음을 비유한 말.

神出鬼沒

귀신같이 나타났다 사라졌다 한다는 말로, 자유자재로 출몰하여 쉽사리 그 소재(所在)를 확인할 수 없음을 비유.

啞然失色

뜻밖의 일에 너무 놀라 입을 벌리고 얼굴빛이 변한다는 말.

13part

■풀어서 익히기

	白¹	△ △	鬼	魄⁵	辵·辶	迫¹⁰
	흰 백	△ △		넋 백		닥칠 박
一	百²	木	栢⁷	柏⁶	舟¹²	舶¹¹
	일백 백		柏의 속자	잣나무 백	배 주	큰 배 박
人·亻	伯³		手·扌	拍⁸	玉·王 玉+石	碧¹³
	맏 백			칠 박		푸를 벽
巾	帛⁴		水·氵	泊⁹		
	비단 백			배 댈 박		

■낱말로 익히기

1)白色·白人	2)百萬·百點	3)伯父·伯仲之勢
4)幣帛·帛書	5)魂魄·氣魄	6)實柏·冬柏
8)拍手·拍子	9)碇泊·宿泊	10)迫力·開封迫頭
11)船舶·舶來品	12)方舟·一葉片舟	13)碧眼·桑田碧海

■되짚어 익히기

白⁸급	百⁷급	伯²급	帛²급	魄²급	柏²급	拍²급	泊²급
迫²급	舶²급	舟³급	碧²급				

■반복해 익히기

巷²급	廢²급	粒²급	拉²급	翌²급	煜²급	杜²급	鬼²급
塊²급	愧²급	傀²급	赴²급	訃²급	晶²급	蔘²급	慘²급

- 30 -

14part

■풀어서 익히기

巛¹ 개미허리	川² 내 천	(그림)	(그림)	疋⁶ 발 소	疋⁷ 발 소	石	礎¹⁵ 주춧돌 초
辵·辶	巡³ 돌 순	子	厷¹⁰ 아이 낳을 톨	充⁹ 꺼로 떠내갈돌	疏⁸ 트일 소	疎¹¹ 疏의 동자	(그림)
頁	順⁴ 순할 순		(그림)	艸·艹	蔬¹² 나물 소	鳥¹⁶ 새 조	(그림)
言	訓⁵ 가르칠 훈		(그림) 禾	林¹⁴ 수풀 림	楚¹³ 가시나무 초	山 島¹⁷ 섬 도	嶋¹⁸ 島의 본자

■낱말로 익히기

2)開川·淸溪川	3)巡警·巡察	4)順應·順從
5)訓長·敎訓	8)疏通·上疏文	12)菜蔬·蔬食
13)苦楚·四面楚歌	14)密林·原始林	15)礎石·定礎
16)白鳥·一石二鳥	17)獨島·三多島	

■되짚어 익히기

川⁷급	巡³급	順³급	訓³급	疏²급	蔬³급	楚²급	林⁵급

礎³급	鳥⁴급	島⁴급					

■반복해 익히기

愧²급	傀²급	赴²급	訃²급	晶²급	蔘²급	慘²급	伯²급

帛²급	魄²급	柏²급	拍²급	泊²급	迫²급	舶²급	碧²급

15part

■풀어서 익히기

亼 ²	食 ¹	見 親 ⁸		人·亻	低 ¹²	力 幼 ¹⁶
	食의 본자	밥 식(사)	친할 친		낮을 저	어릴 유
人卅巾	飾 ³	氏 ⁹		广 底 ¹³		丝 ¹⁷
	꾸밀 식	성씨 씨(지)		밑 저		작을 유
	辛 ⁴	糸 紙 ¹⁰	手·扌 抵 ¹⁴		山 幽 ¹⁸	
	매울 신	종이 지	막을 저		그윽할 유	
斤 柴 ⁷	新 ⁵	新 ⁶	氏 ¹¹		幺 ¹⁵	
개암나무 진	새 신	新의 본자	근본 저		작을 요	

■낱말로 익히기

1)食事·飮食	1)簞食瓢飮	3)裝飾·虛禮虛飾
4)香辛料·千辛萬苦	5)新世代·新記錄	8)親近·親舊
9)姓氏·無名氏	9)大月氏	10)白紙·休紙
12)低質·低能兒	13)底邊·海底探險	14)抵抗·抵觸
16)幼兒·幼稚園	18)幽閉·深山幽谷	

■되짚어 익히기

食 ⁵급	飾 ²급	辛 ⁴급	新 ⁵급	親 ⁵급	氏 ⁴급	紙 ⁴급	低 ⁴급
底 ³급	抵 ³급	幼 준3급	幽 ²급				

■반복해 익히기

赴 ²급	訃 ²급	晶 ²급	蔘 ²급	慘 ²급	伯 ²급	帛 ²급	魄 ²급
柏 ²급	拍 ²급	泊 ²급	迫 ²급	舶 ²급	碧 ²급	疏 ²급	楚 ²급

16part

■풀어서 익히기

乙¹ 새 을	乚² 乙의 변형		羊⁴ 양 양	示 	祥¹⁰ 상서로울 상			太¹⁴ 클 태
木	札³ 패 찰	水·氵	洋⁵ 큰 바다 양	言	詳¹¹ 자세할 상	廾	氺¹⁶ 水의 변형	泰¹⁵ 클 태
		食	養⁶ 기를 양	女	姜¹² 성 강	夆¹⁹ 幸의 본자	幸¹⁸ 새끼 양 달	達¹⁷ 이를 달
木	永⁹ 길 영	羕⁸ 긴 강 양	樣⁷ 모양 양		大¹³ 큰 대		手·扌	撻²⁰ 매질할 달

■낱말로 익히기

1)乙巳年·甲論乙駁	3)名札·改札口	4)山羊·犧牲羊
5)海洋·太平洋	6)養育·養鷄場	7)模樣·各樣各色
9)永遠·永久不滅	10)祥瑞·不祥事	11)詳細·作者未詳
12)姜太公	13)巨大·大學校	14)太陽·太極旗
15)泰山·天下泰平	17)到達·未達	20)指導鞭撻

■되짚어 익히기

乙⁴급	札²급	羊⁵급	洋⁵급	養⁴급	樣³급	永⁵급	祥³급
詳²급	姜²급	大⁵급	太⁵급	泰준3급	達⁴급	撻²급	

■반복해 익히기

晶²급	蔘²급	慘²급	伯²급	帛²급	魄²급	柏²급	拍²급
泊²급	迫²급	舶²급	碧²급	疏²급	楚²급	飾²급	幽²급

4date 총정리(월   일)

■13part

白^{8급}	百^{7급}	伯^{2급}	帛^{2급}	魄^{2급}	柏^{2급}	拍^{2급}	泊^{2급}
迫^{2급}	舶^{2급}	舟^{3급}	碧^{2급}				

■14part

川^{7급}	巡^{3급}	順^{3급}	訓^{3급}	疏^{2급}	蔬^{3급}	楚^{2급}	林^{5급}
礎^{3급}	鳥^{4급}	島^{4급}					

■15part

食^{5급}	飾^{2급}	辛^{4급}	新^{5급}	親^{5급}	氏^{4급}	紙^{4급}	低^{4급}
底^{3급}	抵^{3급}	幼^{준3급}	幽^{2급}				

■16part

乙^{4급}	札^{2급}	羊^{5급}	洋^{5급}	養^{4급}	樣^{3급}	永^{5급}	祥^{3급}
詳^{2급}	姜^{2급}	大^{5급}	太^{5급}	泰^{준3급}	達^{4급}	撻^{2급}	

4. 4음절 한자성어

惡戰苦鬪
모질게 싸우고 힘들게 싸운다는 뜻으로, 어려운 상황에서 매우 노력함을 이름.

揠苗助長
싹을 뽑아 올려 자라는 것을 돕는다는 뜻으로, 일을 절차(節次)와 순리(順理)대로 차근히 하지 않고 억지로 하다가 도리어 그르친다는 말.

羊頭狗肉
양의 머리를 내걸어 놓고 개고기를 판다는 말로, 겉보기만 그럴 듯하게 꾸미고 실제는 변변치 않음을 이름.

如履薄氷
얇은 얼음을 밟는 것 같다는 말로, 매우 위태로움을 이름.

炎凉世態
세력(勢力)이 있을 때에는 아첨(阿諂)하여 좇고, 세력이 없어지면 푸대접하는 세속(世俗)의 형편.

拈華微笑
석가(釋迦)가 연꽃을 대중(大衆)에게 보이자 마하 가섭(摩訶迦葉)만 그 뜻을 깨닫고 미소(微笑)지었다는 데서 비롯된 말로, 마음에서 마음으로 전하는 일을 이름. 염화시중(拈花示衆). 이심전심(以心傳心). 교외별전(敎外別傳)

榮枯盛衰
사물의 성(盛)함과 쇠(衰)함이 서로 뒤바뀌는 현상.

外柔內剛
겉으로는 부드러우나 속은 꿋꿋함.

龍虎相搏
용과 범이 서로 다툰다는 뜻으로, 강한 두 사람이 서로 승부를 겨룬다는 말.

愚公移山
옛날 愚公이라는 노인이 집 앞을 가로막는 山을 헐어 다른 곳으로 옮겼다는 데서 비롯된 말로, 무슨 일이든 꾸준히 노력하면 성공(成功)할 수 있음을 이름.

迂餘曲折
길이 이리저리 굽고 꺾였다는 뜻으로, 일이 뒤얽혀 복잡함을 이르는 말.

優柔不斷
어물거리기만 하고 딱 잘라 결단(決斷)을 내리지 못함을 이름.

遠禍召福
화(禍)를 물리쳐 멀리하고 복(福)을 불러들임.

仁者無敵
어진 사람은 모든 사람을 사랑하므로 천하(天下)에 적(敵)이 없다는 말.

一觸卽發
한 번 스치기만 해도 곧 폭발한다는 말로, 사소한 일이 원인이 되어 큰 일이 벌어질 수 있는 위급(危急)한 상태에 놓여 있음을 이름.

17part

■풀어서 익히기

用 (用)	用	用	用[1] 쓸 용	言 (誦)	誦[6] 욀 송	人·亻	傭[12] 품팔이 용	人·亻
								偉[16] 클 위
甬 (甬)	甬	甬	甬[2] 쇠북 꼭지 용	辵·辶	通[7] 통할 통		行	衛의 정자 衞[18]
								衛[17] 지킬 위
甬力	勇[3] 날랠 용	广	疒[9] 병들 녁	痛[8] 아플 통		韋[13] 다룬 가죽 위	糸 (緯)	緯[19] 씨 위
足	足[5] 발족변	踊[4] 뛸 용	庚[11] 일곱째 천간 경	庸[10] 떳떳할 용	口[15] 에울 위	圍[14] 에울 위	辵·辶	違[20] 어길 위

■낱말로 익히기

1)軍用·一回用	3)勇敢·勇氣	4)舞踊
6)暗誦·朗誦	7)通過·通行	8)痛症·苦痛
10)中庸·登庸	11)庚戌國恥	12)傭兵·日傭勤勞者
13)韋編三絶	14)包圍·範圍	16)偉大·偉人
17)防衛·守衛	19)經緯·緯度	20)違反·違法者

■되짚어 익히기

用^{5급}	勇^{5급}	踊^{2급}	誦^{2급}	通^{5급}	痛^{준3급}	庸^{2급}	庚^{4급}
傭^{2급}	韋^{2급}	圍^{3급}	偉^{4급}	衛^{3급}	緯^{2급}	違^{2급}	

■반복해 익히기

帛^{2급}	魄^{2급}	柏^{2급}	拍^{2급}	泊^{2급}	迫^{2급}	舶^{2급}	碧^{2급}
疏^{2급}	楚^{2급}	飾^{2급}	幽^{2급}	札^{2급}	詳^{2급}	姜^{2급}	撻^{2급}

18part

■풀어서 익히기

		缶¹ 장군 부	缶	요⁷ 항아리 요		鼎¹¹ 솥 정
玉·王	宀+玉+貝	寶² 보배 보	手·扌	搖⁸ 흔들 요		貞¹³ 곧을 정 · 鼎¹² 貞의 본자
月⁵ 달 월	月⁴ 육달월	肉³ 고기 육	言	謠⁹ 노래 요	人·亻	偵¹⁴ 정탐할 정
子 去	育⁶ 기를 육		辵·辶	遙¹⁰ 멀 요	木	楨¹⁵ 광나무 정

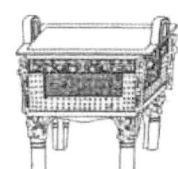

■낱말로 익히기

2)寶貝·寶石	3)肉食·精肉店	5)月出·空山明月
6)敎育·育兒	8)搖籃·搖之不動	9)歌謠·童謠
10)遙遠·宮城遙拜	11)鼎立·鐘鼎文	13)貞淑·貞潔
14)偵探·探偵		

■되짚어 익히기

寶 준3급	肉 5급	月 8급	育 5급	搖 2급	謠 준3급	遙 2급 · 鼎 2급
貞 준3급	偵 2급	楨 2급				

■반복해 익히기

碧 2급	疏 2급	楚 2급	飾 2급	幽 2급	札 2급	詳 2급 · 姜
撻 2급	踊 2급	誦 2급	庸 2급	傭 2급	韋 2급	緯 2급 · 違 2급

19part

■풀어서 익히기

又¹ 또 우	ㄱ(又) 友⁵ 벗 우	木 枝⁹ 가지 지	爪¹³ 손톱 조	爫¹⁴ 손톱조머리
ㄱ(又) 右² 오른 우	肉·月 有⁶ 있을 유	肉·月 肢¹⁰ 사지 지	叉¹⁵ 손톱 조	衣¹⁹ 옷 의
人·亻 佑³ 도울 우	貝 賄⁷ 뇌물 회	手·扌 技¹¹ 재주 기	虫¹⁷ 벌레 훼 / 蚤¹⁶ 벼룩 조	依²⁰ 의지할 의
示 祐⁴ 복 우	支⁸ 지탱할 지	山 岐¹² 갈림길 기	馬 騷¹⁸ 시끄러울 소	哀²¹ 슬플 애

■낱말로 익히기

1) 日日新又日新	2) 右側·右回轉	3) 保佑·天佑神助
5) 友情·學友	6) 所有·有備無患	7) 賄賂
8) 支撐·依支	9) 枝葉·金枝玉葉	10) 四肢·肢體不自由者
12) 岐路·分岐點	13) 美爪師	18) 騷音·騷亂
19) 衣服·脫衣室	20) 依支·依存	21) 哀悼·悲哀

■되짚어 익히기

又 준3급	右 5급	佑 2급	祐 2급	友 5급	有 5급	賄 2급	支 4급
枝 준3급	肢 2급	技 4급	岐 2급	爪 2급	騷 2급	衣 5급	依 4급
							哀 준3급

■반복해 익히기

札 2급	詳 2급	姜 2급	撻 2급	踊 2급	誦 2급	庸 2급	傭 2급
韋 2급	緯 2급	違 2급	搖 2급	遙 2급	鼎 2급	偵 2급	楨 2급

20part

	辰 1	女	娠 5	言	請 9	爪·爫	爭 14	靜 13
	별 진(신)		애밸 신		청할 청		다툴 쟁	고요할 정
手·扌	振 2	肉·月	脣 6	日	晴 10		几 15	
	떨칠 진		입술 순		갤 청		안석 궤	
雨	震 3		靑 7	米	精 11	食	飢 16	饑 17
	벼락 진		푸를 청		자세할 정		주릴 기	飢와 동자
日	晨 4	水·氵	淸 8	心·忄	情 12			
	새벽 신		맑을 청		뜻 정			

■낱말로 익히기

1)日辰·壬辰倭亂	1)生辰·誕辰	2)振興·三振
3)震怒·地震	4)昏定晨省	5)姙娠
6)脣音·脣亡齒寒	7)靑山·靑葡萄	8)淸潔·淸淨水域
9)招請·不請客	10)快晴·晴天	11)精密·精米所
12)母情·多情多感	13)靜肅·靜物畵	14)鬪爭·戰爭
16)飢饉·飢餓		

■되짚어 익히기

辰 4급	振 2급	震 2급	晨 2급	娠 2급	脣 2급	靑 6급	淸 5급
請 4급	晴 준3급	精 4급	情 4급	靜 준3급	爭 4급	飢 2급	

■반복해 익히기

備 2급	韋 2급	緯 2급	違 2급	搖 2급	遙 2급	鼎 2급	偵 2급
楨 2급	佑 2급	祐 2급	賄 2급	肢 2급	岐 2급	爪 2급	騷 2급

5date 총정리(월   일)

■17part

用⁵급	勇⁵급	踊²급	誦²급	通⁵급	痛준3급	庸²급	庚⁴급
傭²급	韋²급	圍³급	偉⁴급	衛³급	緯²급	違²급	

■18part

寶준3급	肉⁵급	月⁸급	育⁵급	搖²급	謠준3급	遙²급	鼎²급
貞준3급	偵²급	楨²급					

■19part

又준3급	右⁵급	佑²급	祐²급	友⁵급	有⁵급	賄²급	支⁴급
枝준3급	肢²급	技⁴급	岐²급	爪²급	騷²급	衣⁵급	依⁴급
哀준3급							

■20part

辰⁴급	振²급	震²급	晨²급	娠²급	脣²급	靑⁶급	淸⁵급
請⁴급	晴준3급	精⁴급	情⁴급	靜준3급	爭⁴급	飢²급	

5. 4음절 한자성어

自家撞着

자기가 한 말의 앞뒤가 모순(矛盾)됨. 같은 사람의 글이나 언행(言行)이 앞뒤가 서로 맞지 아니하여 어그러짐. 모순(矛盾).

自繩自縛

자신이 만든 줄로 자신을 묶는다는 말로, 자신이 한 말이나 행동으로 인해 스스로 옭혀 들어감을 비유함.

賊反荷杖

도둑이 도리어 매를 든다는 말로, 잘못한 사람이 사죄(謝罪)하기는커녕 잘한 사람을 나무랄 경우에 이름.

適材適所

어떠한 일에 알맞은 재능이 있는 인재에게 알맞은 일자리.

切磋琢磨

뼈·뿔·옥·돌 따위를 다듬어 빛을 낸다는 말로, 학문(學問)이나 덕행(德行)을 힘써 닦음을 이름.

切齒腐心

이를 갈고 마음을 썩인다는 말로, 몹시 분하게 여김을 이름.

糟糠之妻

집이 가난하여 술지게미나 쌀겨를 먹으며 고생(苦生)을 함께 겪어온 아내를 이름.

走馬看山

말을 달리면서 산을 본다는 말로, 급히 지나치면서 대강대강 봄을 이름.

支離滅裂

체계(體系)가 없이 마구 흩어져 갈피를 잡을 수 없음.

指鹿爲馬

사슴을 가리켜 말이라 한다는 뜻으로, 윗사람을 속여서 권세(權勢)를 함부로 함을 이름.

進退維谷

나가는 곳과 물러서는 곳에 위험한 계곡(溪谷)이 있다는 말로, 어떻게 해야 옳을지 모르는 난처(難處)한 경우에 처해 있음을 이름.

疾風怒濤

빠른 바람과 성난 파도란 뜻으로, 불안정한 상태의 청소년기를 비유하기도 함.

滄海一粟

넓은 바다에 좁쌀 한 알이란 뜻으로, 썩 많은 가운데 섞여 있는 하찮은 작은 물건(物件)을 이름.

泉石膏肓

자연(自然)을 사랑함이 병적(病的)이라 할 만큼 깊다는 말. 천석(泉石)은 자연을 이르고, 고황(膏肓)은 고칠 수 없는 병(病)을 이름.

21part

■풀어서 익히기

	隹¹ 새 추	虫 雛⁶ 雛의 속자	雖⁵ 비록 수	山 崔¹¹ 성 최	 犬¹⁵ 개 견
手·扌	推² 밀 추(퇴)		心·忄 惟⁷ 생각할 유	人·亻 催¹² 재촉할 최	肉·月 肰¹⁶ 개고기 연
言	誰³ 누구 수	糸	維⁸ 벼리 유	水·氵 淮¹³ 강 이름 회	火·灬 然¹⁷ 그럴 연
口	唯⁴ 오직 유	火 灬¹⁰	焦⁹ 그을릴 초	禾 稚¹⁴ 어릴 치	火 燃¹⁸ 사를 연

■낱말로 익히기

2)推進·推薦	2)推敲	3)誰何·誰怨誰咎
4)唯一·一切唯心造	7)惟獨·思惟	8)纖維·維持
9)焦點·焦土化	11)崔判官	12)催眠·催淚彈
13)淮水	14)稚魚·幼稚	15)忠犬·愛玩犬
17)自然·必然的	18)燃燒·不燃物質	

■되짚어 익히기

推 준3급	誰 준3급	唯 준3급	雖 준3급	惟 2급	維 3급	焦 2급	崔 2급
催 2급	淮 2급	稚 2급	犬 5급	然 4급	燃 2급		

■반복해 익히기

鼎 2급	偵 2급	楨 2급	佑 2급	祐 2급	賄 2급	肢 2급	岐 2급
爪 2급	騷 2급	振 2급	震 2급	晨 2급	娠 2급	脣 2급	飢 2급

22part

■풀어서 익히기

	矢¹ 화살 시	佳	雉⁵ 꿩 치		革¹⁰ 가죽 혁	皮⁹ 가죽 피	水·氵	波¹⁵ 물결 파
	知² 알 지		豆⁶ 콩 두			彼¹¹ 저 피	石	破¹⁶ 깨뜨릴 파
日	智³ 슬기 지	頁	頭⁷ 머리 두		广	疲¹² 지칠 피	頁	頗¹⁷ 치우칠 파
广	疾⁴ 병 질	矢	短⁸ 짧을 단	衣 衤¹⁴ 옷의변		被¹³ 입을 피	土	坡¹⁸ 언덕 파

■낱말로 익히기

1)嚆矢·毒矢		
2)知識·無知	3)智慧·仁義禮智	4)疾病·疾患
5)雉岳山	6)豆腐·豆乳	7)頭腦·頭痛
8)短劍·短距離	9)皮革·毛皮	10)皮革·革帶
11)彼此·此日彼日	12)疲勞·疲困	13)被服·被害
15)波濤·一波萬波	16)擊破·破壞	17)頗多·偏頗的

■되짚어 익히기

矢²급	知⁴급	智준3급	疾²급	雉²급	豆준3급	頭⁵급	短⁵급
皮준3급	革준3급	彼준3급	疲준3급	被³급	波⁴급	破준3급	頗²급
							坡²급

■반복해 익히기

岐²급	爪²급	騷²급	振²급	震²급	晨²급	娠²급	屑²급
飢²급	惟²급	焦²급	崔²급	催²급	淮²급	稚²급	燃²급

23part

■풀어서 익히기

勹	勹¹	食	飽⁵	女	姓⁹			爻¹⁴
	쌀 포		배부를 포		성씨 성			점괘 효
	包²	石	砲⁶		星¹⁰	支·攵	子+攵	敎¹⁵
	쌀 포		대포 포		별 성			가르칠 교
手·扌	抱³		生⁷	目	省¹¹	子	臼¹⁷	學¹⁶
	안을 포		날 생		살필 성(생)		깍지 낄 국(가)	배울 학
肉·月	胞⁴	心·忄	性⁸	放¹³	旌¹²			覺¹⁸
	태보 포		성품 성	깃발 언	기 정			깨달을 각

■낱말로 익히기

2)包裝·小包	3)抱擁·抱腹絶倒	4)細胞·同胞
5)飽食·飽滿感	6)大砲·迫擊砲	7)生日·誕生
8)性品·性質	9)姓氏·姓名	10)火星·北斗七星
11)反省·人事不省	11)省略·省劃	12)銘旌
15)敎育·敎師	16)學生·學校	17)覺醒·自覺

■되짚어 익히기

包 준3급	抱 준3급	胞 3급	飽 2급	砲 2급	生 7급	性 5급	姓 5급
星 4급	省 5급	旌 2급	敎 5급	學 5급	覺 3급		

■반복해 익히기

晨 2급	娠 2급	屑 2급	飢 2급	惟 2급	焦 2급	崔 2급	催 2급
淮 2급	稚 2급	燃 2급	矢 2급	疾 2급	雉 2급	頗 2급	坡 2급

24part

■풀어서 익히기

		厂[1] 언덕 한	産[9] 産의 속자	産[8] 낳을 산	火 炫[13] 빛날 현	石 磨[18] 갈 마	
人·亻	亻+隹	雁[2] 기러기 안	鴈[3] 雁과 동자	玄[10] 검을 현	金 鉉[14] 솥귀 현	鬼 魔[19] 마귀 마	
文+彡	彦[5] 彦의 속자	彦[4] 선비 언	糸 絃[11] 줄 현	牛[16] 소 우	牽[15] 끌 견	手 摩[20] 문지를 마	
頁	顔[7] 顔의 속자	顔[6] 얼굴 안	弓 弦[12] 시위 현	麻[17] 삼 마	疒 痲[21] 저릴 마		

■낱말로 익히기

2)奠雁禮·平沙落雁	7)顔面·童顔	9)産母·産婦人科
10)玄米·玄武巖	11)絃樂器·管絃樂	12)弦月·上弦
15)牽牛·牽引車	16)韓牛·鬪牛士	17)大麻草·麻衣太子
18)磨耗·研磨	19)魔鬼·殺人魔	20)按摩·摩擦
21)痲痺·痲醉		

■되짚어 익히기

雁2급	彦2급	顔준3급	産4급	玄2급	絃3급	弦2급	炫2급
鉉2급	牽2급	牛5급	麻3급	磨2급	魔2급	摩2급	痲2급

■반복해 익히기

飢2급	惟2급	焦2급	崔2급	催2급	淮2급	稚2급	燃2급
矢2급	疾2급	雉2급	頗2급	坡2급	飽2급	砲2급	旌2급

6date 총정리(월 일)

■21part

推^{준3급}	誰^{준3급}	唯^{준3급}	雖^{준3급}	惟^{2급}	維^{3급}	焦^{2급}	崔^{2급}
催^{2급}	淮^{2급}	稚^{2급}	犬^{5급}	然^{4급}	燃^{2급}		

■22part

矢^{2급}	知^{4급}	智^{준3급}	疾^{2급}	雉^{2급}	豆^{준3급}	頭^{5급}	短^{5급}
皮^{준3급}	革^{준3급}	彼^{준3급}	疲^{준3급}	被^{3급}	波^{4급}	破^{준3급}	頗^{2급}
坡^{2급}							

■23part

包^{준3급}	抱^{준3급}	胞^{3급}	飽^{2급}	砲^{2급}	生^{7급}	性^{5급}	姓^{5급}
星^{4급}	省^{5급}	旌^{2급}	敎^{5급}	學^{5급}	覺^{3급}		

■24part

雁^{2급}	彦^{2급}	顔^{준3급}	産^{4급}	玄^{2급}	絃^{3급}	弦^{2급}	炫^{2급}
鉉^{2급}	牽^{2급}	牛^{5급}	麻^{3급}	磨^{2급}	魔^{2급}	摩^{2급}	痲^{2급}

6. 4음절 한자성어

天壤之差

하늘과 땅 사이와 같은 차이(差異)란 뜻으로, 차이가 많이 난다는 말.

天佑神助

하늘이 돕고 신이 돕는다는 말.

天衣無縫

하늘의 선녀(仙女)가 입는 옷은 바느질한 흔적이 없다는 말로, 시문(詩文)의 글귀가 매우 자연스럽게 잘되어 있음을 이름.

靑天霹靂

맑게 갠 하늘의 벼락이란 뜻으로, 뜻밖에 일어난 사변(事變)이나 타격(打擊)을 이름.

寸鐵殺人

단 한 치밖에 되지 않은 무기(武器)로 사람을 죽인다는 말로, 경구(警句) 따위의 간단한 말로도 남의 급소(急所)나 약점(弱點)을 찌를 수 있음의 비유.

快刀亂麻

잘 드는 칼로 어지럽게 헝클어진 삼 가닥을 자른다는 말로, 어지럽게 뒤얽힌 사물을 명쾌하게 처리함의 비유.

兎死狗烹

잡을 토끼가 다 죽으면 사냥에 쓰던 개를 삶는다는 뜻으로, 쓸모가 있을 때는 실컷 부려먹다가 쓸모가 없어지면 없애버림을 이름. 조진궁장(鳥盡弓藏).

破邪顯正

그릇된 것을 깨어 버리고 바른 것을 드러냄.

抱腹絶倒

배를 그러안고 넘어진다는 말로, 몹시 웃음을 이름.

邯鄲之夢

세상의 부귀영화가 허황된 것임을 이르는 말. 당(唐)나라 때 노생(盧生)이 邯鄲의 한 주막에서 여옹(呂翁)의 베개를 베고 잠이 들어 꿈속에서 부귀영화를 누렸는데, 깨어보니 잠들기 전 주막 주인이 짓던 좁쌀 밥이 채 익지 않았더라 하는 옛 일에서 온 말. 황량몽(黃粱夢). 여옹침(呂翁枕). 일취지몽(一炊之夢). 노생지몽(盧生之夢).

含憤蓄怨

분한 마음과 원망하는 마음을 품음.

含哺鼓腹

배불리 먹고 배를 두드린다는 뜻으로, 먹을 것이 풍족하여 좋아하고 즐기는 모양을 이름.

虛張聲勢

실력(實力)은 없으면서 헛소문과 허세(虛勢)로만 떠벌림.

好事多魔

좋은 일에는 흔히 방해(妨害)되는 일이 생김을 이름.

25part

■풀어서 익히기

谷[1] 골 곡	心	慾[5] 욕심 욕	巾	布[11] 베 포(보)	衣/ネ	裡[16] 裏의 속자	裏[15] 속 리
人·亻	俗[2] 풍습 속	衣·ネ	裕[6] 넉넉할 유	心·忄	怖[12] 두려워할 포	土	埋[17] 묻을 매
水·氵	浴[3] 목욕할 욕	斧[8] 도끼 부	父[7] 아비 부(보)		里[13] 마을 리		毛[18] 터럭 모
欠	欲[4] 하고자할 욕	金	釜[9] 가마솥 부	釜[10] 釜의 본자	玉·王	理[14] 다스릴 리	耒[20] 쟁기 뢰 耗[19] 줄 모

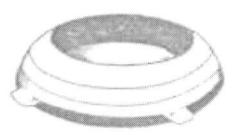

■낱말로 익히기

1)溪谷·深山幽谷	2)風俗·美風良俗	3)沐浴·海水浴
4)欲求·欲速不達	5)慾心·慾望	6)富裕·豊裕
7)父母·父子之間	9)釜山·京釜線	11)毛布·布木店
11)布施	12)恐怖	13)洞里·鄉里
14)順理·非理	15)腦裏·暗暗裏	17)埋立·埋葬
18)羊毛·毛髮	19)消耗	

■되짚어 익히기

谷 4급	俗 3급	浴 4급	欲 준3급	慾 3급	裕 3급	父 8급	釜 2급
布 4급	怖 2급	里 5급	理 5급	裏 2급	埋 2급	毛 5급	耗 2급

■반복해 익히기

頗 2급	坡 2급	飽 2급	砲 2급	旌 2급	雁 2급	彦 2급	玄 2급
弦 2급	炫 2급	鉉 2급	牽 2급	磨 2급	魔 2급	摩 2급	麻 2급

26part

■풀어서 익히기

工	工¹	心	巩⁶	恐⁵	鳥	鴻¹⁰	广	廣¹⁴		
	장인 공		끌어안을 공	두려울 공		큰 기러기 홍		넓을 광		
功	功²		穴	空⁷	糸	紅¹¹	金	鑛¹⁵		
	공 공			빌 공		붉을 홍		쇳돌 광		
攴·攵	攻³		肉·月	腔⁸	頁	項¹²	手·扌	擴¹⁶		
	칠 공			빈 속 강		목 항		넓힐 확		
貝	貢⁴		水·氵	江⁹		黃¹³	木	橫¹⁷		
	바칠 공			강 강		누를 황		가로 횡		

■낱말로 익히기

1)工場·女工		
2)功勞·成功	3)攻擊·難攻不落	4)貢物·朝貢
5)恐怖·恐妻家	7)空間·虛空	8)口腔·腔腸動物
9)漢江·揚子江	10)鴻業·鴻鵠之志	11)紅柿·紅一點
12)項目·猫項懸鈴	13)黃土·黃人種	14)廣野·廣場
15)鑛山·鑛夫	16)擴大·擴張	17)橫列·橫斷步道

■되짚어 익히기

工⁷급	功⁵급	攻³급	貢³급	恐²급	空⁵급	腔²급	江⁷급
鴻²급	紅준3급	項³급	黃⁵급	廣⁴급	鑛²급	擴²급	橫²급

■반복해 익히기

雁²급	彦²급	玄²급	弦²급	炫²급	鉉²급	牽²급	磨²급
魔²급	摩²급	痲²급	釜²급	怖²급	裏²급	埋²급	耗²급

27part

■풀어서 익히기

刂²	刀¹	日	昭⁶	衣·衤	初¹⁰		皿¹⁴
선칼도	칼 도		밝을 소		처음 초		그릇 명
口	召³	火·灬	照⁷		齊¹¹	子	孟¹⁵
	부를 소		비칠 조		가지런할 제		맏 맹
水·氵	沼⁴	手·扌	招⁸	水·氵	濟¹²	犭¹⁷	猛¹⁶
	못 소		부를 초		건널 제	개사슴록변	사나울 맹
糸	紹⁵	走	超⁹	刀·刂	劑¹³		血¹⁸
	이을 소		뛰어 넘을 초		약 지을 제		피 혈

■낱말로 익히기

1)果刀·銀粧刀	3)召集·召喚	4)龍沼·沼澤地
5)紹介	6)昭詳·昭陽江	7)照明·日照權
8)招請·招待	9)超越·超過	10)始初·初志一貫
11)齊唱·一齊射擊	12)救濟·濟州道	13)調劑·鎭痛劑
15)孟子·孟母三遷	16)猛獸·猛攻	18)血液·吸血鬼

■되짚어 익히기

刀⁵급	召²급	沼²급	紹²급	昭²급	照³급	招³급	超³급
初⁴급	齊³급	濟³급	劑²급	孟³급	猛²급	血⁵급	

■반복해 익히기

牽²급	磨²급	魔²급	摩²급	痲²급	釜²급	怖²급	裏²급
埋²급	耗²급	恐²급	腔²급	鴻²급	鑛²급	擴²급	橫²급

28part

■풀어서 익히기

	欠	旡¹	炁⁶	㤅⁷	愛⁸	山	崗¹⁸	岡¹⁷
		숨 막힐 기	愛의 고자	愛의 고자	사랑 애		岡의 속자	언덕 강
倉	皀³	旣²	歺¹⁰	歹⁹	衣	裂¹³	金	鋼¹⁹
	고소할 흡	이미 기	歺과 동자	뼈 앙상할 알		찢을 렬		강철 강
	木	槪⁴	刀·刂	列¹¹	人·亻	例¹⁴	糸	綱²⁰
		대개 개		벌일 렬		법식 례		벼리 강
	心·忄	慨⁵	火·灬	烈¹²	罒¹⁶	网¹⁵	刀·刂	剛²¹
		분개할 개		세찰 렬	网의 변형	그물 망		굳셀 강

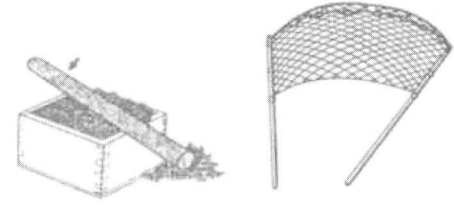

■낱말로 익히기

2)旣婚者·旣往之事	4)大槪·槪論書	5)憤慨·悲憤慷慨
8)愛人·戀愛	11)羅列·並列	12)烈火·猛烈
13)龜裂·支離滅裂	14)實例·一例	19)鋼鐵·鋼板
20)大綱·紀綱	21)剛直·外柔內剛	

■되짚어 익히기

旣준3급	槪2급	慨2급	愛5급	列4급	烈4급	裂2급	例4급
岡2급	鋼준3급	綱2급	剛2급				

■반복해 익히기

怖2급	裏2급	埋2급	耗2급	恐2급	腔2급	鴻2급	鑛2급
擴2급	橫2급	召2급	沼2급	紹2급	昭2급	劑2급	猛2급

7date 총정리(월   일)

■25part

谷⁴급	俗³급	浴⁴급	欲준3급	慾³급	裕³급	父⁸급	釜²급
布⁴급	怖²급	里⁵급	理⁵급	裏²급	埋²급	毛⁵급	耗²급

■26part

工⁷급	功⁵급	攻³급	貢³급	恐²급	空⁵급	腔²급	江⁷급
鴻²급	紅준3급	項³급	黃⁵급	廣⁴급	鑛²급	擴²급	橫²급

■27part

刀⁵급	召²급	沼²급	紹²급	昭²급	照³급	招준3급	超³급
初⁴급	齊³급	濟³급	劑²급	孟³급	猛²급	血⁵급	

■28part

旣준3급	槪²급	慨²급	愛⁵급	列⁴급	烈⁴급	裂²급	例⁴급
岡²급	鋼준3급	綱²급	剛²급				

7. 4음절 한자성어

惑世誣民
세상을 어지럽히고 사람을 속인다는 말.

紅爐點雪
빨갛게 달아오른 화로(火爐)에 한 점의 눈이란 뜻. 큰일을 함에 있어 작은 힘으로 아무런 보람도 얻을 수 없음의 비유. 풀리지 않았던 의혹이 눈 녹듯 문득 깨쳐짐의 비유.

花容月態
꽃다운 용모(容貌)와 달 같은 자태(姿態)라는 말로, 아름다운 여인(女人)의 모습을 이름.

畫中之餠
그림 속의 떡이란 말로, 실제로 아무 소용(所用)이 없는 것을 이름.

換骨奪胎
뼈대를 바꿔 끼고 태(胎)를 빼앗는다는 말로, 형용(形容)이 좋은 방향으로 전혀 달라짐을 이름. 용모(容貌)가 좋게 변하여 전혀 딴 사람처럼 됨. 시문(詩文)을 모방(模倣)하여 지었으나 그 짜임새와 수법(手法)이 먼저 것보다 잘됨.

荒唐無稽
언행(言行)이 허황(虛荒)되고 터무니없음.

會者定離
만나면 반드시 헤어진다는 뜻으로, 세상 만사(萬事)의 무상(無常)함을 이름.

橫說竪說
조리(條理)가 없이, 되는대로 말을 이러쿵저러쿵 지껄임.

厚顔無恥
얼굴이 두꺼워 부끄러워함이 없다는 말.

魚魯不辨
魚(어)자와 魯(로)자를 구별하지 못한다는 말로, 몹시 무식(無識)함을 이름.

綠衣紅裳
연두저고리에 다홍치마라는 말로, 젊은 여자의 곱게 치장한 복색(服色)을 이름.

粉骨碎身
뼈가 가루가 되도록 몸이 부서지도록 한다는 말로, 자기 몸을 돌보지 않고 노력(努力)함을 이름.

桂冠詩人
옛날 그리스에서 명예 있는 시인이나 영웅을 표창(表彰)할 때에 머리에 월계관(月桂冠)을 쓴 일에서 유래함. 영국 국왕(國王)이 시인에게 내리는 명예로운 칭호(稱號)로 국가의 중요 행사시에 시(詩)를 읊음.

殷鑑不遠
은(殷)나라 사람이 거울로 삼을 수 있는 일은 멀리에 있지 않다는 말로, 남의 실패를 보고 자신의 경계(警戒)로 삼음을 이름. 하(夏)나라 걸왕(桀王)과 관련되어 이뤄진 말.

29part

■ 풀어서 익히기

	小¹ 작을 소	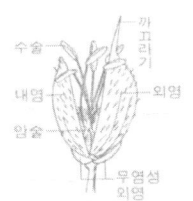	禾	秒⁶ 초 초(묘)	金	肖¹⁵ 조개 소리 쇄	鎖¹⁴ 鎖의 속자	鎖¹³ 쇠사슬 쇄

(표는 다음과 같이 구성됩니다)

부수	한자 (번호) 훈음	부수	한자 (번호) 훈음	부수	한자 (번호) 훈음
	小¹ 작을 소	禾	秒⁶ 초 초(묘)	金	貨¹⁵ 조개 소리 쇄 / 鎖¹⁴ 鎖의 속자 / 鎖¹³ 쇠사슬 쇄
	少² 적을 소	女	妙⁷ 묘할 묘	走	趙¹⁰ 나라 이름 조 / 黑¹⁶ 검을 흑
水·氵	沙³ 모래 사 / 砂⁴ 沙의 속자	肉·月	肖⁸ 닮을 초	水·氵	消¹¹ 사라질 소 / 土 / 墨¹⁷ 먹 묵
手·扌	抄⁵ 베낄 초	口	哨⁹ 망볼 초	刀·刂	削¹² 깎을 삭 / 犬 / 默¹⁸ 잠잠할 묵

■ 낱말로 익히기

1)小人·小兒科	2)少量·極少數	3)沙漠·白沙場
5)抄錄·戶籍抄本	6)秒速·秒針	7)奇妙·奇奇妙妙
8)不肖·肖像畵	9)步哨·警備哨所	10)趙氏
11)消耗·消費	12)削髮·削除	13)足鎖·鎖國政策
16)黑人·暗黑	17)水墨畵·紙筆硯墨	18)沈默·默默不答

■ 되짚어 익히기

小⁸급	少⁶급	沙²급	抄²급	秒²급	妙⁴급	肖²급	哨²급
趙²급	消⁵급	削²급	鎖²급	黑⁴급	墨준3급	默²급	

■ 반복해 익히기

鴻²급	鑛²급	擴²급	橫²급	召²급	沼²급	紹²급	昭²급
劑²급	猛²급	槪²급	慨²급	裂²급	岡²급	綱²급	剛²급

30part

■풀어서 익히기

木	杙[2]	弋[1]	人·亻	代[8]		酉[12]	犬·犭	猶[16]
	말뚝 익	주살 익		대신할 대		닭 유		오히려 유
	工	式[3]	貝	貸[9]	水·氵	酒[13]	口	甘[17]
		법 식		빌릴 대		술 주		달 감
	十言	試[4]	衣	袋[10]	鬼	醜[14]	匹[19]	甚[18]
		시험할 시		자루 대		추할 추	짝 필	심할 심
朮[7]	又[6]	弑[5]	土	垈[11]		酋[15]		
차조 출	풀벨 예	죽일 시		터 대		두목 추		

■낱말로 익히기

3)法式·結婚式	4)試驗·大學入試	5)弑害
8)代身·代理	9)貸出·賃貸	10)包袋·負袋
11)垈地	12)丁酉再亂	13)燒酒·爆彈酒
14)醜雜·醜態	16)猶豫·過猶不及	17)甘草·甘呑苦吐
18)極甚·損害莫甚	19)配匹·匹夫匹婦	

■되짚어 익히기

式5급	試4급	弑2급	代5급	貸3급	袋2급	垈2급	酉4급
酒준3급	醜2급	猶준3급	甘4급	甚준3급	匹준3급		

■반복해 익히기

猛2급	槪2급	慨2급	裂2급	岡2급	綱2급	剛2급	沙2급
抄2급	秒2급	肖2급	哨2급	趙2급	削2급	鎖2급	默2급

31part

■풀어서 익히기

又	屮¹	阜⁷	阝⁶	阤⁵	⁺⁺¹²	竹¹¹ 林	寸¹⁶
	왼손 좌	언덕 부	좌부방	무너질 타	대죽머리	대 죽	마디 촌
(屮)	左²		肉·月	隋⁸	凡	筑¹³	木	村¹⁷
	왼 좌			나라 이름 수(타)		악기 이름 축		마을 촌
人·亻	佐³		土	墮⁹	木	築¹⁴	酋	尊¹⁸
	도울 좌			떨어질 타		쌓을 축		높을 존
	差⁴		辵·辶	隨¹⁰	馬	篤¹⁵	辵·辶	遵¹⁹
	어긋날 차(치)			따를 수		도타울 독		좇을 준

■낱말로 익히기

2)左側·左議政	3)上佐·輔佐官	4)差異·隔差
8)隋煬帝	9)墮落	10)隨行·夫唱婦隨
11)烏竹·竹筍	14)建築·構築	15)篤實·篤志家
16)寸蟲·寸志	17)農村·村長	18)尊敬·尊嚴
19)遵守·遵法精神		

■되짚어 익히기

左⁵급	佐²급	差³급	隋2급	墮²급	隨²급	竹⁵급	築³급
篤²급	寸⁶급	村⁵급	尊⁴급	遵²급			

■반복해 익히기

岡²급	綱²급	剛²급	沙²급	抄²급	秒²급	肖²급	哨²급
趙²급	削²급	鎖²급	默²급	弑2급	袋²급	坌²급	醜²급

32part

■풀어서 익히기

虎¹	虎²		豕¹⁰	豦⁹	火	爐¹⁵	广	廬¹⁷
범 호	범의 문채 호		돼지 시	큰 멧돼지 거		화로 로		오두막집 려
豆	虙³		手·扌	據¹¹	艸·艹	蘆¹⁶	心	慮¹⁸
	그릇 희			의거할 거		갈대 로		생각할 려
戈⁵	戲⁴	戱⁶	虛⁷	刀·刂	劇¹²		田+力	虜¹⁹
창 과	놀 희	戲의 속자	빌 허		연극 극			사로잡을 로
		夂+几 處⁸	皿	盧¹³	盧¹⁴	肉·月	膚²⁰
		곳 처		성 로	단지 로		살갗 부

■낱말로 익히기

1)白虎·猛虎	5)干戈·兵戈
6)遊戲·戲弄	7)虛空·虛虛實實
8)處所·居處	11)依據·根據
12)慘劇·演劇	13)盧生之夢
15)火爐·煖爐	16)蘆頭·長蘆蔘
17)廬幕·三顧草廬	18)心慮·念慮
19)捕虜	20)皮膚·身體髮膚

■되짚어 익히기

虎 준3급	戈 2급	戲 2급	虛 준3급	處 4급	據 2급
劇 2급	廬 2급	爐 2급	蘆 2급	盧 2급	慮 3급	虜 2급	膚 2급

■반복해 익히기

肖 2급	哨 2급	趙 2급	削 2급	鎖 2급	默 2급	弑 2급	袋 2급
坐 2급	醜 2급	佐 2급	隋 2급	墮 2급	隨 2급	篤 2급	遵 2급

8date 총정리(월   일)

■29part

小^{8급}	少^{6급}	沙^{2급}	抄^{2급}	秒^{2급}	妙^{4급}	肖^{2급}	哨^{2급}
趙^{2급}	消^{5급}	削^{2급}	鎖^{2급}	黑^{4급}	墨^{준3급}	默^{2급}	

■30part

式^{5급}	試^{4급}	弒^{2급}	代^{5급}	貸^{3급}	袋^{2급}	垈^{2급}	酉^{4급}
酒^{준3급}	醜^{2급}	猶^{준3급}	甘^{4급}	甚^{준3급}	匹^{준3급}		

■31part

左^{5급}	佐^{2급}	差^{3급}	隋^{2급}	墮^{2급}	隨^{2급}	竹^{5급}	築^{3급}
篤^{2급}	寸^{6급}	村^{5급}	尊^{4급}	遵^{2급}			

■32part

虎^{준3급}	戈^{2급}	戲^{2급}	虛^{준3급}	處^{4급}	據^{2급}	劇^{2급}	盧^{2급}
爐^{2급}	蘆^{2급}	廬^{2급}	慮^{3급}	虜^{2급}	膚^{2급}		

8. 4음절 한자성어

謝恩肅拜

임금의 은혜(恩惠)에 대하여 감사히 여기어 경건(敬虔)하게 절함.

胡蝶之夢

장자(莊子)가 나비가 되어 즐겁게 노는 꿈을 꾸었다는 데서 비롯된 말로, 꿈에서 깨고도 장자가 나비인지 나비가 장자인지 구별을 못한 데서 사물(事物)과 자기의 구별을 잊음을 비유함. 때로는 인생(人生)의 허무(虛無)함을 이르기도 함. 장주지몽(莊周之夢).

虎視眈眈

범이 먹이를 노려 눈을 부릅뜨고 노려봄. 이권(利權)이나 재물(財物)을 탐욕스레 먹으려는 야심(野心)으로 기회를 노리고 가만히 정세(情勢)를 관망(觀望)함. 야심(野心)을 품고 날카로운 눈초리로 형세(形勢)를 노려봄.

貪官汚吏

행실(行實)이 깨끗하지 못하고 탐욕(貪慾)이 많은 관리(官吏).

螢雪之功

중국 진(晉)나라 차 윤(車胤)이 반딧불로 글을 읽고, 손 강(孫康)이 눈빛으로 글을 읽었다는 옛 일에서 비롯된 말. 꾸준하고 부지런하게 학문(學問)을 닦아 얻은 보람을 이름.

萬壽無疆

손위 사람이나 존경하는 분의 건강(健康)을 빌 때에 사용하는 말로, 한없이 오래 삶을 이름.

阿鼻叫喚

阿鼻는 범어(梵語) Avici의 음역(音譯)으로 극악인(極惡人)이 떨어지는 지옥을 말하고, 阿鼻叫喚은 아비지옥의 고통을 못 참아 울부짖는 소리를 형용하는 말.

泥田鬪狗

진흙 밭의 개싸움이란 말로, 명분이 서지 않는 일로 몰골사납게 싸움을 이름.

靑出於藍

푸른색은 쪽에서 나온 것이나 쪽의 빛깔보다 더 푸르다는 말로, 제자나 후배가 스승이나 선배보다 나음을 이름.

三顧草廬

촉한(蜀漢)의 유 비(劉備)가 제갈 량(諸葛亮)의 집을 세 번이나 찾아갔었다는 데서 비롯된 말로, 훌륭한 인재(人材)를 얻기 위해서는 많은 수고가 있어야 함을 비유.

歲寒松柏

겨울에도 푸름을 변하지 않는 소나무와 잣나무. 군자(君子)가 어려움에 처해서도 지조를 바꾸지 않음을 비유하는 말.

塞翁之馬

변방(邊方)의 한 노옹(老翁)에 말이 달아났다가 얼마 뒤에 다른 한 필의 준마(駿馬)와 함께 돌아왔는데, 그 아들이 그 말을 타다 떨어져 절름발이가 되었고, 그 뒤에 그로 인해 출전(出戰)을 면해 목숨을 보전했다는 옛 일에서 비롯된 말. 인생의 길흉화복(吉凶禍福)은 늘 바뀌어 예측할 수 없음을 이름.

33part

우 干¹	丫丫	日 旱⁵	火 炭⁹	气¹³
방패 간		가물 한	숯 탄	기운 기
刀·刂 刊²	丫丫	水·氵 汗⁶	幵¹⁰	米 氣¹⁴
책 펴낼 간		땀 한	평평할 견	기운 기
肉·月 肝³		車 軒⁷	石 研¹¹	水·氵 汽¹⁵
간 간		추녀 헌	갈 연	김 기
女 奸⁴		山+厂 岸⁸	女 妍¹²	乞¹⁶
범할 간		언덕 안	예쁠 연	빌 걸

■ 낱말로 익히기

1)干城·干涉	2)刊行·週刊誌	3)肝炎·肝癌
4)奸惡·弄奸	5)旱魃·旱害	6)汗蒸幕·不汗黨
7)烏竹軒·軒軒丈夫	8)海岸·沿岸	9)木炭·無煙炭
11)研磨·研究	14)空氣·水蒸氣	15)汽車·汽笛
16)求乞·門前乞食		

■ 되짚어 익히기

干⁴급	刊³급	肝²급	奸²급	旱²급	汗²급	軒²급	岸³급
炭준3급	研⁴급	妍²급	氣⁵급	汽²급	乞²급		

■ 반복해 익히기

佐²급	隋²급	墮²급	隨²급	篤²급	遵²급	戈²급	戲²급
據²급	劇²급	盧²급	爐²급	蘆²급	廬²급	虜²급	膚²급

34part

■풀어서 익히기

目+人	艮 ¹	心·忄	恨 ⁶	木	根 ¹⁰	頁	顧 ¹⁴	
	그칠 간		한할 한		뿌리 근		돌아볼 고	
豸 ³	豤 ²	目	眼 ⁷	疒	痕 ¹¹	斤	所 ¹⁵	
발없는 벌레 치	씹을 간		눈 안		흉터 흔		곳 소	
心	懇 ⁴	金	銀 ⁸		戶 ¹²	犬	戾 ¹⁶	
	간절할 간		은 은		지게 호		어그러질 려	
阜·阝	限 ⁵	土	垠 ⁹	隹	雇 ¹³	水·氵	淚 ¹⁷	
	지경 한		끝 은		품 살 고(호)		눈물 루	

■낱말로 익히기

4)懇切·懇請	5)限界·無限大
6)怨恨·恨歎	7)眼科·眼鏡
8)銀貨·銀行	10)蓮根·草根木皮
11)痕迹·血痕	12)門戶·窓戶紙
13)雇用·解雇	14)回顧·四顧無親
15)場所·住所	17)憤淚·催淚彈

■되짚어 익히기

懇 ^{2급}	限 ^{4급}	恨 ^{준3급}	眼 ^{4급}	銀 ^{5급}	垠 ^{2급}
根 ^{5급}	痕 ^{2급}	戶 ^{4급}	雇 ^{2급}	顧 ^{2급}	所 ^{5급}	淚 ^{2급}

■반복해 익히기

據 ^{2급}	劇 ^{2급}	盧 ^{2급}	爐 ^{2급}	蘆 ^{2급}	廬 ^{2급}	虜 ^{2급}	膚 ^{2급}
肝 ^{2급}	奸 ^{2급}	旱 ^{2급}	汗 ^{2급}	軒 ^{2급}	姸 ^{2급}	汽 ^{2급}	乞 ^{2급}

35part

■풀어서 익히기

己¹	心 忌⁵	酉 配¹⁰	金 鎬¹⁴
몸 기	꺼릴 기	짝 배	호경 호
言 記²	攴·攵 改⁶	高 高¹¹	毫¹⁵
기록할 기	고칠 개	높을 고	잔 털 호
走 起³	女 妃⁷	禾 稿¹²	豕 豪¹⁶
일어날 기	왕비 비	볏짚 고	호걸 호
糸 紀⁴	肉·月 巴⁹ 肥⁸	膏¹³	土 壕¹⁷
벼리 기	己의 변형 살찔 비	기름 고	해자 호

■낱말로 익히기

1)自己·克己訓鍊	2)記錄·日記	3)起立·起床
4)紀綱·紀元	5)忌避·禁忌	6)改革·改造
7)王妃·大王大妃	8)肥滿·天高馬肥	10)配匹·配偶者
11)高層·高臺廣室	12)草稿·原稿	13)膏血·絆瘡膏
14)鎬京	15)秋毫·揮毫大會	16)豪傑·强豪
17)塹壕·防空壕		

■되짚어 익히기

己⁵급	記⁵급	起⁴급	紀³급	忌²급	改⁴급	妃²급	肥³급
配준3급	高⁵급	稿³급	膏²급	鎬²급	毫²급	豪²급	壕²급

■반복해 익히기

虜²급	膚²급	肝²급	奸²급	旱²급	汗²급	軒²급	姸²급
汽²급	乞²급	懇²급	垠²급	痕²급	雇²급	顧²급	淚²급

36part

■풀어서 익히기

	方¹ 모 방	攴·攵	放⁵ 놓을 방	糸	紡⁹ 자을 방	言	謗¹³ 헐뜯을 방		
戶	房² 방 방	人·亻	倣⁶ 본뜰 방	肉·月	肪¹⁰ 기름 방			臼	臼¹⁴ 절구 구
阜·阝	防³ 막을 방	女	妨⁷ 해로울 방		旁¹¹ 두루 방	隹	雚¹⁶ 수리부엉이 환	舊¹⁵ 예 구	
言	訪⁴ 찾을 방	艸·艹	芳⁸ 꽃다울 방	人·亻	傍¹² 곁 방	土+殳	毀¹⁸ 毀의 속자	毁¹⁷ 헐 훼	

■낱말로 익히기

1)四方·方席	2)冊房·福德房	
3)防禦·防彈服	4)訪問·探訪	
5)放生·放學	6)模倣	
7)妨害·無妨	8)芳年·芳名錄	9)紡織·紡績機
10)脂肪	11)偏旁·旁註	12)傍聽客·袖手傍觀
13)毀謗	15)舊式·舊世代	18)毀損·毀謗

■되짚어 익히기

方⁶급	房⁴급	防⁴급	訪⁴급	放⁵급	倣²급	妨³급	芳³급
紡²급	肪²급	旁²급	傍²급	謗²급	舊⁴급	毀²급	

■반복해 익히기

姸²급	汽²급	乞²급	懇²급	垠²급	痕²급	雇²급	顧²급
淚²급	忌²급	妃²급	膏²급	鎬²급	毫²급	豪²급	壕²급

- 63 -

9date 총정리(월   일)

■33part

干⁴급	刊³급	肝²급	妍²급	旱²급	汗²급	軒²급	岸³급
炭준3급	研⁴급	姸²급	氣⁵급	汽²급	乞²급		

■34part

懇²급	限⁴급	恨준3급	眼⁴급	銀⁵급	垠²급	根⁵급	痕²급
戶⁴급	雇²급	顧²급	所⁵급	淚²급			

■35part

己⁵급	記⁵급	起⁴급	紀³급	忌²급	改⁴급	妃²급	肥³급
配준3급	高⁵급	稿³급	膏²급	鎬²급	毫²급	豪²급	壕²급

■36part

方⁶급	房⁴급	防⁴급	訪⁴급	放⁵급	倣²급	妨³급	芳³급
紡²급	肪²급	旁²급	傍²급	謗²급	舊⁴급	毁²급	

9. 4음절 한자성어

吳越同舟

사이가 몹시 나쁜 吳나라 사람과 越나라 사람이 같은 배를 탔다는 말로, 원수(怨讐)처럼 좋지 않은 사이지만 같은 처지(處地)에 놓여 있음을 이름.

反哺之孝

커서 어미에게 먹이를 물어다 주는 까마귀처럼 자식이 자라서 부모를 봉양(奉養)하는 효성(孝誠)을 이르는 말.

遺憾千萬

마음에 차지 아니하여 퍽 섭섭함이 아주 많다는 말.

寡聞淺識

들은 것이 적고 아는 것이 적다는 말.

琴瑟之樂

부부 사이의 다정하고 화목한 즐거움.

頓悟漸修

문득 깨달음에 이르는 돈오(頓悟)는 그 이전이나 이후에 점진적 수행단계가 따른다는 불교용어.

刻苦勉勵

고생을 이겨 내면서 몹시 애씀.

封建制度

천자(天子)가 봉토(封土)를 여러 제후(諸侯)에게 나눠주어 그 영유(領有) 지역을 다스리게 하는 국가 조직. 중국의 주대(周代)에 실시됨.

無知蒙昧

아는 것이 없고 어리석을 정도로 사리(事理)에 어두움.

百八煩惱

인간의 108가지 번뇌 수. 육근(六根:눈·코·입·귀·몸·뜻)에 각각 고(苦)·낙(樂)·불고불락(不苦不樂)의 셋을 곱하여 18가지로 하고, 이것을 탐(貪)·무탐(無貪)의 둘로 나누어 36가지로 하고, 다시 과거·현재·미래의 셋에 배당하여 모두 108가지로 했음.

焉敢生心

'어찌 감히 그런 마음을 품을 수 있으랴'라는 말.

吾不關焉

나는 그 일에 상관(相關)하지 아니한다는 말. 혹은 모른 체한다는 말.

縱橫無盡

이쪽저쪽으로 거침없이 마구 오고 가는 상태.

高峰峻嶺

높이 솟은 봉우리와 험준(險峻)한 산마루.

衛正斥邪

정학(正學)은 지키고 사학(邪學)은 배척한다는 말. 正學인 유교적(儒敎的) 질서는 지키고, 邪學인 유학(儒學) 이외의 모든 종교(宗敎)와 사상(思想)은 배척한다는 주장.

37part

■풀어서 익히기

凡[2] 무릇 범	虫	風[1] 바람 풍 	人	以[6] 써 이	心·忄 怡[10] 기뻐할 이	心 怠[14] 게으를 태
	木 禾	楓[3] 단풍나무 풍	人·亻 似[7] 같을 사	女 始[11] 처음 시	肉·月 胎[15] 아이 밸 태	
		ム[4] 사사 사	矢 矣[8] 어조사 의	水·氵 治[12] 다스릴 치	風 颱[16] 태풍 태	
	禾	私[5] 사사 사	口 台[9] 기뻐할 이(태)	歹 殆[13] 위태할 태		

■낱말로 익히기

1)颱風·風前燈火	2)平凡·非凡	3)丹楓·楓嶽山
5)私的·私生活	6)以上·以心傳心	7)類似·似而非
8)汝矣島·萬事休矣	9)三台星·天台宗	11)始作·始終一貫
12)政治·治山治水	13)危殆·百戰不殆	14)懶怠·怠慢
15)胎兒·孕胎	16)颱風	

■되짚어 익히기

風 5급	凡 준3급	楓 2급	私 4급	以 4급	似 2급	矣 준3급	台 2급
怡 2급	始 5급	治 5급	殆 2급	怠 2급	胎 2급	颱 2급	

■반복해 익히기

顧 2급	淚 2급	忌 2급	妃 2급	膏 2급	鎬 2급	毫 2급	豪 2급
壕 2급	倣 2급	紡 2급	肪 2급	旁 2급	傍 2급	謗 2급	毁 2급

38part

■ 풀어서 익히기

곱·日	臣[1] 신하 신	糸	緊[5] 굳게 얽을 긴		尸[9] 주검 시	水·氵	泥[14] 진흙 니
又	臤[2] 단단할 견	肉·月	腎[6] 콩팥 신	死[11] 죽을 사	屍[10] 주검 시	面[16] 낯 면	頁	首[15] 머리 수
土	堅[3] 굳을 견		鬲[7] 오지병 격	刀	匕[12] 비수 비		辵·辶	道[17] 길 도
貝	賢[4] 어질 현	阜·阝	隔[8] 막을 격		尼[13] 여승 니		寸	導[18] 이끌 도

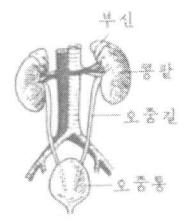

■ 낱말로 익히기

1)臣下·死六臣	3)堅固·堅果類	4)聖賢·賢母良妻
5)緊密·緊張	6)腎臟·腎不全症	8)隔差·隔世之感
9)尸童·行尸走肉	10)屍身·檢屍官	11)死亡·不死身
12)匕首	13)比丘尼·釋迦牟尼	14)泥田鬪狗
15)首級·絞首刑	16)顔面·鐵面皮	17)道路·高速國道
18)引導·指導		

■ 되짚어 익히기

臣[4급]	堅[준3급]	賢[준3급]	緊[2급]	腎[2급]	隔[2급]	尸[2급]	屍[2급]
死[5급]	匕[2급]	尼[2급]	泥[2급]	首[5급]	面[5급]	道[5급]	導[준3급]

■ 반복해 익히기

壕[2급]	倣[2급]	紡[2급]	肪[2급]	旁[2급]	傍[2급]	謗[2급]	毁[2급]
楓[2급]	似[2급]	台[2급]	怡[2급]	殆[2급]	怠[2급]	胎[2급]	颱[2급]

39part

■풀어서 익히기

仌 ²	冫 ¹	人·亻	價 ⁷		彳	律 ¹¹	水·氵	滑 ¹⁵
冫과 동자	얼음 빙		값 가			법 률		미끄러울 활
水	冰 ³	氷 ⁴	而 ⁸		竹·⺮	筆 ¹²	又	隶 ¹⁶
	氷의 본자	얼음 빙	말이을 이			붓 필		미칠 대(이)
	襾 ⁵	寸	耐 ⁹	肉·月	咼 ¹⁴	骨 ¹³	辵·辶	逮 ¹⁷
	덮을 아		견딜 내			뼈 골		잡을 체
貝	賈 ⁶	又	聿 ¹⁰	示	出 ²⁰	祟 ¹⁹	隸 ¹⁹	隷 ¹⁸
	장사 고(가)		붓 율		날 출	빌미 수	隷와 동자	종 례

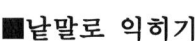

■낱말로 익히기

4)氷水·氷菓類	7)價格·物價	
8)似而非·學而時習	9)忍耐·耐久力	11)法律·千篇一律
12)鉛筆·萬年筆	13)骸骨·遺骨	15)圓滑·潤滑油
17)逮捕	18)奴隸·隸屬	20)出口·出發

■되짚어 익히기

氷⁴급	賈²급	價⁴급	而준3급	耐³급	律⁴급	筆⁴급	骨⁴급
滑²급	逮²급	隸²급	出⁷급				

■반복해 익히기

楓²급	似²급	台²급	怡²급	殆²급	怠²급	胎²급	颱²급
緊²급	腎²급	隔²급	尸²급	屍²급	匕²급	尼²급	泥²급

40part

■풀어서 익히기

片²	爿¹ 爿	肉·月	月+寸	將⁶	麥¹⁶	來¹⁵	墻¹⁴	牆¹³
조각 편	조각 장			장수 장	보리 맥	올 래	牆과 동자	담 장
爿土	壯³		大	獎⁷	臣	藏¹⁰	犬	狀¹⁷
	씩씩할 장			권면할 장		착할 장		형상 상(장)
十衣	裝⁴		艸·卄	蔣⁸	艸·卄	藏¹¹	床¹⁹	牀¹⁸
	꾸밀 장			줄 장		감출 장	牀의 속자	평상 상
艸·卄	莊⁵		戈	戕⁹	肉·月	臟¹²		
	장엄할 장			죽일 장		오장 장		

■낱말로 익히기

2)破片·片肉		
3)壯丁·天下壯士		
4)裝飾·裝身具		
5)莊嚴·莊重	6)將帥·將軍	7)獎學金·獎勵賞
8)蔣介石	11)貯藏·冷藏庫	12)五臟·內臟
13)越牆·牆外	15)去來·未來	16)麥酒·麥秀之嘆
17)形狀·狀態	17)賞狀·遺言狀	18)平牀·寢牀

■되짚어 익히기

片⁴급	壯준3급	裝3급	莊2급	將4급	獎3급	蔣2급	藏2급
臟2급	牆2급	來5급	麥준3급	狀준3급	牀3급	床준3급	

■반복해 익히기

殆2급	怠2급	胎2급	颱2급	緊2급	腎2급	隔2급	尸2급
屍2급	匕2급	尼2급	泥2급	賈2급	滑2급	逮2급	隷2급

10date 총정리(월   일)

■37part

風5급	凡준3급	楓2급	私4급	以4급	似2급	矣준3급	台2급
怡2급	始5급	治5급	殆2급	怠2급	胎2급	颱2급	

■38part

臣4급	堅준3급	賢준3급	緊2급	腎2급	隔2급	尸2급	屍2급
死5급	匕2급	尼2급	泥2급	首5급	面5급	道5급	導준3급

■39part

氷4급	賈2급	價4급	而준3급	耐3급	律4급	筆4급	骨4급
滑2급	逮2급	隷2급	出7급				

■40part

片4급	壯준3급	裝3급	莊2급	將4급	獎3급	蔣2급	藏2급
臟2급	牆2급	來5급	麥준3급	狀준3급	牀3급	床준3급	

10. 4음절 한자성어

昊天罔極

하늘이 드넓어 끝이 없음과 같이 어버이의 은혜(恩惠)가 크고 다함이 없음을 이르는 말.

鴻鵠之志

鴻鵠은 큰 기러기와 고니라는 말로, 포부가 크고 원대한 인물을 이름. 따라서 鴻鵠之志는 영웅호걸의 뜻이나 위대한 뜻을 이름.

鐵石肝腸

'굳은 의지'를 이르는 말. 철석(鐵石)은 쇠와 돌로 매우 굳음을, 간장(肝腸)은 간과 창자로 마음을 비유함.

錦上添花

비단 위에 꽃무늬를 더한다는 말로, 좋고 아름다운 것 위에 더 좋고 아름다운 일이 더해짐을 이름.

戰戰兢兢

매우 두려워하여 벌벌 떨며 조심함.

壽福康寧

오래 살고 행복하며 건강하고 편안함을 이르는 말.

弄璋之慶

아들을 낳은 경사(慶事)를 말함. 옛날 중국에서 아들을 낳으면 구슬을 장난감으로 주었던 데에서 비롯됨. 반면에 딸을 낳으면 길쌈할 때 쓰는 벽돌을 장난감으로 주었던 데에서 딸을 낳은 경사는 농와지경(弄瓦之慶)이라 함.

男負女戴

남자는 등에 짐을 지고 여자는 머리에 인다는 말로, 가난한 사람들이 집을 떠나 떠돌아다니는 형상을 이름.

桑田碧海

뽕나무의 밭이 변하여 푸른 바닷가 되었다는 말. 세상의 모든 일이 심하게 변화(變化)됨을 비유함.

臥薪嘗膽

옛날 중국의 오왕(吳王) 부차(夫差)가 땔나무 위에 자면서 월왕(越王) 구천(句踐)에게 복수할 것을 잊지 않았고, 또 구천이 쓸개를 핥으며 부차에게 복수할 것을 잊지 않았다는 데서 비롯된 말로, 원수(怨讐)를 갚으려고 괴롭고 어려운 일을 참고 견딤을 이름.

有耶無耶

있는 듯 없는 듯 흐리멍덩한 모양.

惹端法席

많은 사람이 한 곳에 모여 몹시 소란(騷亂)하게 구는 일.

韋編三絶

옛날에 공자(孔子)가 주역(周易)을 너무 여러 번 읽었으므로 그 책(冊)을 맸던 가죽 끈이 세 번이나 끊어졌다는 데서 온 말로, 책을 많이 읽음을 비유함.

以夷制夷

오랑캐를 이용하여 오랑캐를 제압(制壓)한다는 말.

41part

■풀어서 익히기

ᐅ	止¹	🔲	🔲	齒⁵	日	中¹¹	是¹⁰	堤¹⁵
	그칠 지	🔲	🔲	이 치		싹 날 철	옳을 시	방죽 제
ᐅ土	址²	辵	徙⁶	辿⁷	水·氵	湜¹²	心	志¹⁶
	터 지		옮길 사	徙와 동자		물 맑을 식		뜻 지
ᐅ示	祉³	止	之⁸	ᐅ	頁	題¹³	言	誌¹⁷
	복 지		갈 지			이마 제		기록할 지
ᐅ人	企⁴	艸·艹	芝⁹	ᐅ	手·扌	提¹⁴	巾	市¹⁸
	발돋움할 기		지초 지			끌 제		저자 시

■낱말로 익히기

1)中止·停止	2)城址·遺跡址	3)福祉社會
4)企圖·企業	5)齒牙·齒科	6)移徙
8)居之半·之東之西	9)芝草·芝蘭之交	10)是認·是是非非
13)題目·主題	14)提示·提議	15)堤防·防波堤
16)意志·同志	17)日誌·雜誌	18)市場·門前成市

■되짚어 익히기

止⁴급	址²급	祉²급	企³급	齒⁴급	徙²급	之준3급	芝²급
是⁴급	湜²급	題⁵급	提³급	堤³급	志⁴급	誌³급	市⁵급

■반복해 익히기

腎²급	隔²급	尸²급	屍²급	匕²급	尼²급	泥²급	賈²급
滑²급	逮²급	隷²급	莊²급	蔣²급	藏²급	臟²급	牆²급

42part

■풀어서 익히기

止+寸	寺¹ 절 사(시)	手·扌	持⁵ 가질 지		牙⁹ 어금니 아		耶¹⁴ 어조사 야	
	時² 때 시	彳	待⁶ 기다릴 대	艸·艹	芽¹⁰ 싹 아	止	舛¹⁵ 어그러질 천	
言	詩³ 시 시	牛	特⁷ 특별할 특	隹	雅¹¹ 우아할 아		舜¹⁶ 순임금 순	
人·亻	侍⁴ 모실 시	竹·竹	等⁸ 무리 등	阝¹³ 우부방	邪¹² 간사할 사	目	瞬¹⁷ 눈깜작일 순	

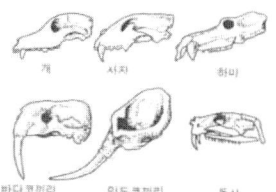
개 사자 하이
바다코끼리 인도코끼리 독사

■낱말로 익히기

1)寺刹·佛國寺	2)時間·時計	3)詩人·詩畵展
4)侍女·內侍	5)持參·所持品	6)待機·鶴首苦待
7)特別·特殊	8)等級·同等	9)齒牙·象牙
10)發芽·萌芽期	11)優雅·端雅	12)奸邪·邪惡
14)有耶無耶	16)堯舜時代	17)瞬間·瞬息間

■되짚어 익히기

寺⁴급	時⁵급	詩⁵급	侍²급	持⁴급	待⁴급	特⁴급	等⁵급
牙²급	芽²급	雅³급	邪²급	耶²급	舜²급	瞬²급	

■반복해 익히기

尼²급	泥²급	貢²급	滑²급	逮²급	隸²급	莊²급	蔣²급
藏²급	臟²급	牆²급	址²급	祉²급	徙²급	芝²급	湜²급

43part

■풀어서 익히기

	非¹	車	輩⁶	卽¹³	節¹²	節¹¹	竹·⺮	籠¹⁷
	아닐 비		무리 배	곧 즉	節의 정자	마디 절		대그릇 롱
心	悲²	人·亻	俳⁷	糸+刀+巴(㔾)		絶¹⁴	宀	寵¹⁸
	슬플 비		광대 배			끊을 절		괼 총
匚⁴	匪³	衣	裵⁸	裴⁹		色¹⁵	广	龐¹⁹
상자 방	대상자 비		성 배	裵의 속자		빛 색		클 방
手·扌	排⁵		卩¹⁰	㔾		龍¹⁶		
	밀칠 배		병부 절	卩의 변형		용 룡(총·방)		

■낱말로 익히기

1)是非·非一非再	2)悲劇·悲慘	3)匪賊·武裝共匪
5)排擊·排球	6)暴力輩·不良輩	7)俳優
8)裵裨將傳	12)關節·節肢動物	13)卽時·卽席福券
14)斷絶·絶體絶命	15)色彩·形形色色	16)靑龍·恐龍
17)鳥籠·靑紗燭籠	18)寵愛·恩寵	

■되짚어 익히기

非⁴급	悲⁴급	匪²급	排²급	輩³급	俳²급	裵²급	節⁴급
卽준3급	絶준3급	色⁵급	龍³급	籠²급	寵²급	龐²급	

■반복해 익히기

蔣²급	藏²급	臟²급	牆²급	址²급	祉²급	徙²급	芝²급
湜²급	侍²급	牙²급	芽²급	邪²급	耶²급	舜²급	瞬²급

44part

■풀어서 익히기

冂¹	鬪⁵	尌⁹	彡	夕¹⁵	内¹⁹	丯²³	韭²⁷	鼓³¹
멀 경	싸움 투	斲의 변형		저녁 석	짐승 발자국 유	줄 비	부추 구	북 고
同²	鬭⁶	髟¹⁰	八¹²	冖¹⁶	赤²⁰	角²⁴	鬯²⁸	壴³²
멀 경	鬪의 정자	머리 늘어질표	여덟 팔	덮을 멱	붉을 적	뿔 각	울창주 창	세워 놓은 악기주
炯³	斲⁷	镸¹¹	十¹³	夊¹⁷	自²¹	鹵²⁵	黽²⁹	匸
빛날 형	깎을 착	長의 본자	열 십	길게 걸을 인	스스로 자	소금밭 로	맹꽁이 맹	감출 혜
鬥⁴	斱⁸	長	龜¹⁴	瓦¹⁸	鼻²²	鹿²⁶	无³⁰	
싸움 투(각)	斲의 변형		거북 귀(구·균)	기와 와	코 비	사슴 록	없을 무	

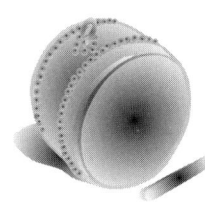

■낱말로 익히기

3)炯炯·炯眼	5)鬪爭·戰鬪	12)八字·八不出
13)十進法·十字架	14)龜鑑·龜甲船	14)龜尾·龜旨歌
14)龜裂	15)秋夕·七月七夕	18)瓦解·靑瓦臺
20)赤色·赤裸裸	21)自己·自畵自讚	22)鼻祖·耳目口鼻
24)頭角·鹿角	26)鹿角·馴鹿	31)小鼓·申聞鼓

■되짚어 익히기

炯²급	鬪³급	龜²급	八⁸급	十⁸급	夕⁶급	瓦준3급	自⁷급
鼻⁴급	角⁴급	赤⁴급	鹿³급	鼓²급			

■반복해 익히기

芝²급	湜²급	侍²급	牙²급	芽²급	邪²급	耶²급	舜²급
瞬²급	匪²급	排²급	俳²급	裵²급	籠²급	寵²급	龐²급

11date 총정리(월   일)

■41part

止 4급	址 2급	祉 2급	企 3급	齒 4급	徙 2급	之 준3급	芝 2급
是 4급	湜 2급	題 5급	提 3급	堤 3급	志 4급	誌 3급	市 5급

■42part

寺 4급	時 5급	詩 5급	侍 2급	持 4급	待 4급	特 4급	等 5급
牙 2급	芽 2급	雅 3급	邪 2급	邑 준5급	耶 2급	舜 2급	瞬 2급

■43part

非 4급	悲 4급	匪 2급	排 2급	輩 3급	俳 2급	裵 2급	節 4급
卽 준3급	絶 준3급	色 5급	龍 3급	籠 2급	寵 2급	龐 2급	

■44part

炯 2급	鬪 3급	龜 2급	八 8급	十 8급	夕 6급	瓦 준3급	自 7급
鼻 4급	角 4급	赤 4급	鹿 3급	鼓 2급			

11. 4음절 한자성어

芝蘭之交

지초(芝草)와 난초(蘭草)처럼 고결하고 향기로운 사귐. 좋은 감화(感化)를 주고 받으며 서로 이끌어 주는 사귐.

四面楚歌

초(楚)나라 항우(項羽)의 군대를 사방으로 포위한 한(漢)나라 군사들이 초나라 군사들의 사기(士氣)를 꺾기 위해 초나라 노래를 불렀다는 데서 비롯된 말로, 자기를 돕는 사람이 하나도 없는 고립(孤立)된 경우를 이름.

焦眉之急

눈썹에 불길이 붙음과 같이 급하다는 말로, 매우 위급(危急)함을 이름.

一到滄海

한번 넓고 큰 바다에 다다름.

三綱五倫

유교(儒敎)의 도덕(道德)에 있어서 바탕이 되는 세 가지 강목(綱目)과 사람이 지켜야 할 다섯 가지 윤리(倫理). 삼강(三綱)은 君爲臣綱·父爲子綱·夫爲婦綱이고, 오륜(五倫)은 父子有親·君臣有義·夫婦有別·長幼有序·朋友有信임.

杜門不出

문을 닫고 밖에 나다니지 않음.

昏定晨省

부모(父母)의 침소(寢所)에 가서 저녁에 잠자리를 정해 드리고, 새벽에 잠자리를 살핀다는 말.

梁上君子

후한(後漢)의 진 식(陳寔)이라는 사람이 자기 집 대들보에 웅크리고 있는 도둑을 보고 자손(子孫)들에게 "저 대들보 위에 있는 사람도 본래는 군자였다"라고 말한 옛 일에서 비롯된 말로, 오늘날은 도둑놈을 일컫는 데 쓰임.

雷聲霹靂

우레 소리와 벼락.

爛商討論

충분히 의견을 나누어 잘 의논한다는 말.

吹毛覓疵

털을 헤쳐 가며 그 속의 흠집을 찾는다는 뜻으로, 억지로 남의 드러나지 않는 결함까지 꼬치꼬치 들춰낸다는 말.

袖手傍觀

팔짱을 끼고 옆에서 지켜보기만 한다는 말로, 조금도 도와주지 않음을 이름.

脣亡齒寒

입술이 없으면 이가 시리다는 뜻으로, 서로 이해관계가 밀접하여 하나가 망하면 따라서 또 다른 하나가 망하게 됨을 이름.

沙鉢通文

격문(檄文)이나 호소문(呼訴文 등에서 주모자(主謀者)가 누군지 알 수 없도록 관계자 이름을 사발모양으로 둥글게 돌려 적은 글.

木[01]	水[01]	氵[01]	女[01]	口[01]	心[01]	耳[01]	釆[01]	田[01]
飛[01]	羽[01]	手[01]	扌[01]	車[02]	广[02]	子[02]	宀[02]	比[02]
瓜[02]	石[02]	頁[02]	目[02]	舌[03]	言[03]	音[03]	日[03]	入[03]
糸[03]	禾[03]	侖[03]	斗[03]	香[03]	曰[03]	弓[03]	身[03]	穴[03]
老[04]	耂[04]	長[04]	巾[04]	魚[04]	艸[04]	艹[04]	金[04]	白[04]
欠[04]	玉[05]	王[05]	門[05]	文[05]	忄[05]	貝[06]	支[06]	攵[06]
丨[06]	毋[06]	攴[06]	夂[06]	至[06]	矛[07]	力[07]	雨[07]	人[07]
亻[07]	二[07]	一[07]	走[08]	足[08]	丶[08]	馬[08]	山[08]	見[09]
儿[09]	示[09]	行[09]	彳[09]	米[09]	斤[09]	辵[09]	辶[09]	廾[10]
小[10]	邑[10]	殳[10]	癶[10]	立[11]	火[11]	土[11]	士[11]	鬼[12]
卜[12]	彡[12]	白[13]	舟[13]	巛[14]	川[14]	疋[14]	疋[14]	鳥[14]
食[15]	辛[15]	氏[15]	幺[15]	乙[16]	乚[16]	羊[16]	大[16]	氺[16]
用[17]	疋[17]	疒[17]	韋[17]	囗[17]	缶[18]	肉[18]	月[18]	月[18]
鼎[18]	又[19]	支[19]	爪[19]	爫[19]	虫[19]	衣[19]	辰[20]	青[20]
几[20]	隹[21]	灬[21]	犬[21]	矢[22]	豆[22]	皮[22]	革[22]	衤[22]

勹[23]	生[23]	爻[23]	臼[23]	厂[24]	玄[24]	牛[24]	麻[24]	谷[25]
父[25]	里[25]	毛[25]	耒[25]	工[26]	黃[26]	刀[27]	刂[27]	齊[27]
皿[27]	犭[27]	血[27]	无[28]	歹[28]	夂[28]	网[28]	罒[28]	小[29]
黑[29]	弋[30]	酉[30]	甘[30]	屮[31]	阜[31]	阝[31]	竹[31]	𥫗[31]
寸[31]	虍[32]	戈[32]	豕[32]	干[33]	气[33]	艮[34]	豸[34]	戶[34]
己[35]	高[35]	方[36]	曰[36]	風[37]	厶[37]	臣[38]	鬲[38]	尸[38]
匕[38]	首[38]	面[38]	丬[39]	襾[39]	而[39]	聿[39]	骨[39]	隶[39]
爿[40]	片[40]	麥[40]	止[41]	齒[41]	屮[41]	牙[42]	邑[42]	阝[42]
舛[42]	非[43]	匸[43]	卩[43]	巳[43]	色[43]	龍[43]	門[44]	鬥[44]
髟[44]	镸[44]	八[44]	十[44]	龜[44]	夕[44]	宀[44]	夊[44]	瓦[44]
内[44]	赤[44]	自[44]	鼻[44]	角[44]	鹵[44]	鹿[44]	韭[44]	巴[44]
黽[44]	无[44]	鼓[44]	匚[44]					

丿(삐칠 별), 亅(갈고리 궐), 亠(돼지해머리), 凵(입 벌릴 감), 尢(절름발이 왕), 彐(돼지머리 계), 黹(바느질할 치), 黍(기장 서), 鼠(쥐 서)자 등은 교육용 한자와 관련하여 그 역할이 미미하기에 본서의 학습 한자에서 생략했습니다. 부수를 좀 더 자세하게 알고 싶은 분은 부수 학습프로그램 동영상(www.hanja.tv)이나 부수 관련 서적(부수를 알면 한자가 보인다, 학민사)을 이용해 주십시오.

(부수를 확실히 학습한 뒤에 다음 과정으로 가야 합니다)

교육용 한자 관련 Program

- Part별 익히기
- 사자성어

45part

■풀어서 익히기

力+口	加[1]		貝	賀[5]	亻	何[11]		宀	寄[15]
	더할 가			하례할 하		어찌 하			붙어살 기
木	架[2]	口	柯[7]	可[6]	++	荷[12]		馬	騎[16]
	시렁 가		자루 가	옳을 가		연 하			말 탈 기
壴	嘉[3]	欠	哥[9]	歌[8]	阝	阿[13]		王	琦[17]
	아름다울 가		형 가	노래 가		언덕 아			옥 이름 기
亻	伽[4]		氵	河[10]	大	奇[14]			
	절 가			강 이름 하		기이할 기			

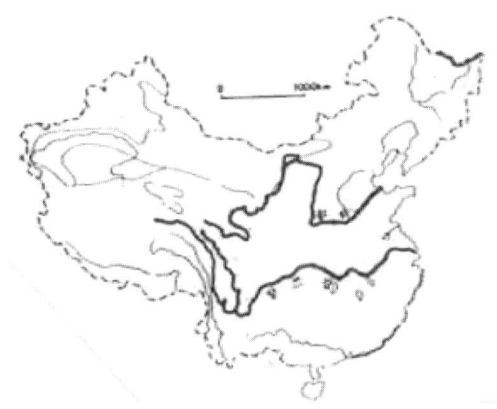

■낱말로 익히기

1)增加·添加	2)書架·十字架	3)嘉尙·嘉禮
4)伽藍	5)祝賀·賀客	6)可否·曰可曰否
8)歌手·愛國歌	10)黃河·百年河淸	11)何如歌·六何原則
12)薄荷·手荷物	13)阿諂·阿附	14)好奇心·奇奇妙妙
15)寄宿舍·寄生蟲	16)騎士·騎馬戰	

■되짚어 익히기

加 4급	架 3급	嘉 2급	伽 2급	賀 준3급	可 4급	歌 5급	河 4급
何 준3급	荷 2급	阿 2급	奇 3급	寄 3급	騎 2급	琦 2급	

46part

■풀어서 익히기

厂+又	叚¹	夊	各⁵	頁	額⁹	田	略¹³
	빌 가		각각 각		이마 액		간략할 략
	假²	門	閣⁶	糸	絡¹⁰	足	路¹⁴
	거짓 가		누각 각		이을 락		길 로
日	暇³	木	格⁷		洛¹¹	雨	露¹⁵
	겨를 가		격식 격		강 이름 락		이슬 로
王	瑕⁴	宀	客⁸	艹	落¹²	貝	賂¹⁶
	티 하		손 객		떨어질 락		뇌물 뢰

■낱말로 익히기

2)假名·假面	3)休暇·餘暇	4)瑕疵
5)各自·各個戰鬪	6)樓閣·碑閣	7)格式·破格的
8)不請客·主客顚倒	9)額子·扁額	10)連絡·脈絡
11)洛水·洛東江	12)落葉·墜落	13)簡略·省略
14)道路·大學路	15)朝露·綻露	16)賂物·受賂罪

■되짚어 익히기

假⁴급	暇³급	瑕²급	各⁵급	閣²급	格준3급	客⁴급	額³급
絡²급	洛²급	落⁴급	略준3급	路⁵급	露준3급	賂²급	

■반복해 익히기

嘉²급	伽²급	荷²급	阿²급	騎²급	琦²급	

47part

■풀어서 익히기

谷³	卻²	却¹	⺮	簡⁸	言 諫¹²	火 爛¹⁶
웃을 각	却의 본자	물리칠 각		대쪽 간	간할 간	빛날 란
月	腳⁵	脚⁴	門+木	閑⁹	門 闌¹³	糸 練¹⁷
	脚의 본자	다리 각		한가할 한	가로막을 란	익힐 련
䀠	門+月	閒⁶		柬¹⁰	木 欄¹⁴	金 鍊¹⁸
		사이 간(한)		가릴 간	난간 란	단련할 련
𨳇	日	間⁷	扌 揀¹¹		蘭¹⁵	火 煉¹⁹
		사이 간		가릴 간	난초 란	달굴 련

■낱말로 익히기

1)退却·敗却	4)脚線美·脚氣病	7)間隔·空間
8)竹簡·書簡文	9)閑暇·忙中閑	12)諫言·忠諫
14)欄干·空欄	15)蘭草·君子蘭	16)燦爛·絢爛
17)熟練·調練師	18)鍛鍊·訓鍊	19)煉獄·煉炭

■되짚어 익히기

却²급	脚준3급	間5급	簡²급	閑준3급	諫²급	欄²급	蘭²급
爛²급	練4급	鍊²급	煉²급				

■반복해 익히기

嘉²급	伽²급	荷²급	阿²급	騎²급	琦²급	瑕²급	閣²급
絡²급	洛²급	賂²급					

48part

■풀어서 익히기

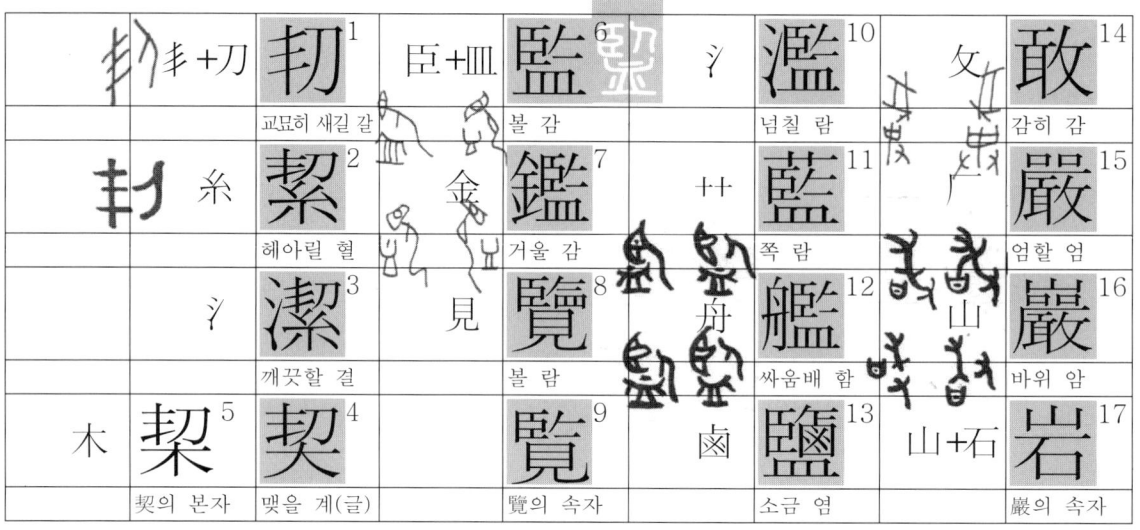

뇌+刀	刧[1]	臣+皿	監[6]		濫[10]		敢[14]
	교묘히 새길 갈		볼 감		넘칠 람		감히 감
糸	絜[2]		鑑[7]	++	藍[11]		嚴[15]
	헤아릴 혈	金	거울 감		쪽 람		엄할 엄
氵	潔[3]	見	覽[8]	舟	艦[12]	山	巖[16]
	깨끗할 결		볼 람	鹵	싸움배 함		바위 암
木	挈[5]	契[4]	覧[9]		鹽[13]	山+石	岩[17]
	契의 본자	맺을 계(글)	覽의 속자		소금 염		巖의 속자

■낱말로 익히기

3)淸潔·潔癖症		
4)契約·契主	4)契丹	6)監視·監督
7)龜鑑·鑑賞	8)觀覽·遊覽	10)氾濫·濫用
11)藍色·靑出於藍	12)潛水艦·航空母艦	13)鹽田·竹鹽
14)勇敢·果敢	15)嚴格·威嚴	16)巖石·落花巖

■되짚어 익히기

潔 준3급	契 3급	監 준3급	鑑 2급	覽 준3급	濫 2급	藍 2급	艦 2급
鹽 2급	敢 준3급	嚴 준3급	巖 준3급				

■반복해 익히기

阿 2급	騎 2급	琦 2급	瑕 2급	閣 2급	絡 2급	洛 2급	賂 2급
却 2급	簡 2급	諫 2급	欄 2급	蘭 2급	爛 2급	鍊 2급	煉 2급

49part

■풀어서 익히기

	甲[1]	宀+	降[5]	ㅆ+白	皆[9]			渴[14]
	첫째 천간 갑		내릴 강(항)		다 개			목마를 갈
金	鉀[2]		隆[6]		階[10]			葛[15]
	갑옷 갑		클 륭		섬돌 계			칡 갈
山	岬[3]	人	介[7]	亡[12]		匃[11]	才	揭[16]
	산허리 갑		끼일 개	망할 망		빌 개		들 게
才	押[4]	田	界[8]			曷[13]	言	謁[17]
	누를 압		지경 계			어찌 갈		아뢸 알

■낱말로 익히기

1)甲富·殊勳甲	4)押送·押留	5)下降·降下
5)降伏·投降	6)隆盛	7)介入·紹介
8)世界·外界人	9)皆勤·皆骨山	10)階段·層階
12)滅亡·敗亡	14)渴症·枯渴	15)葛藤·葛根湯
16)揭揚·揭示板	17)謁見	

■되짚어 익히기

甲4급	鉀2급	岬2급	押2급	降준3급	隆2급	介3급	界5급
皆준3급	階준3급	亡4급	渴준3급	葛2급	揭2급	謁2급	

■반복해 익히기

絡2급	洛2급	賂2급	却2급	簡2급	諫2급	欄2급	蘭2급
爛2급	鍊2급	煉2급	鑑2급	濫2급	藍2급	艦2급	鹽2급

50part

■풀어서 익히기

	巨¹ 巨	力	劫⁵	建¹⁰	手	毂¹⁶ 擊¹⁵
	클 거		위협할 겁	세울 건		칠 격 칠 격
	拒²	皿	盍⁶	健¹¹	糸	繫¹⁷
	막을 거		덮을 합	군셀 건	실 사	얽어맬 계
	距³		蓋⁷	金 鍵¹²	舛+木	桀¹⁸
	떨어질 거		덮을 개	열쇠 건		홰 걸
	去⁴ 廌⁹	法⁸		車 軎¹⁴ 毂¹³	亻	傑¹⁹
	갈 거	法의 고자 법 법		굴대 끝 위 칠 격		뛰어날 걸

■낱말로 익히기

1)巨大·巨人	2)拒絕·拒否	3)距離·距今
4)去來·過去	5)劫奪·億劫	7)無蓋車·蓋然性
8)法律·法則	10)建立·建築	11)健康·健忘症
12)關鍵	15)擊破·打擊	17)連繫
19)傑作品·英雄豪傑		

■되짚어 익히기

巨⁴급	拒³급	距³급	去⁵급	劫²급	蓋²급	法⁴급	建⁴급
健준3급	鍵²급	擊²급	繫²급	傑³급			

■반복해 익히기

蘭²급	爛²급	鍊²급	煉²급	鑑²급	濫²급	藍²급	艦²급
鹽²급	鉀²급	岬²급	押²급	隆²급	葛²급	揭²급	謁²급

12date 총정리(월   일)

■45part

加⁴급	架³급	嘉²급	伽²급	賀준3급	可⁴급	歌⁵급	河⁴급
何준3급	荷²급	阿²급	奇³급	寄³급	騎²급	琦²급	

■46part

假⁴급	暇³급	瑕²급	各⁵급	閣²급	格준3급	客⁴급	額³급
絡²급	洛²급	落⁴급	略준3급	路⁵급	露준3급	賂²급	

■47part

却²급	脚준3급	間⁵급	簡²급	閑준3급	諫²급	欄²급	蘭²급
爛²급	練⁴급	鍊²급	煉²급				

■48part

潔준3급	契³급	監준3급	鑑²급	覽준3급	濫²급	藍²급	艦²급
鹽²급	敢준3급	嚴준3급	巖준3급				

■49part

甲⁴급	鉀²급	岬²급	押²급	降준3급	隆²급	介³급	界⁵급
皆준3급	階준3급	亡⁴급	渴준3급	葛²급	揭²급	謁²급	

■50part

巨⁴급	拒³급	距³급	去⁵급	劫²급	蓋²급	法⁴급	建⁴급
健준3급	鍵²급	擊²급	繫²급	傑³급			

12. 4음절 한자성어

雨後竹筍

비가 온 뒤의 죽순이란 말로, 어떤 일이
나 사물이 일시에 많이 생겨남을 이름.

傲霜孤節

서릿발이 심한 속에서도 굴하지 않고
홀로 꿋꿋하게 지키는 절개(節槪)라는
말로, 국화(菊花)를 비유하여 이름.

旭日昇天

아침 해가 하늘에 떠오름. 또는 그러한
기세(氣勢).

拍掌大笑

손뼉을 치며 크게 웃음.

孤掌難鳴

손바닥 하나로는 소리를 내지 못한다는
말로, 혼자서는 일을 하지 못함을 이름.

寂寞江山

몹시 쓸쓸한 풍경(風景)을 이르는 말.

漸入佳境

차차 좋은 지경(地境)으로 들어간다는
말.

鴛鴦衾枕

원앙을 수놓은 이불과 베개.

君子豹變

군자는 허물을 고치어 선(善)에 옮김이
몹시 뚜렷하다 함을 이르는 말.

簞瓢陋巷

대나무로 만든 그릇과 표주박, 그리고
누추한 마을이란 말로, 소박한 시골 살
림을 형용하여 이름.

浩然之氣

하늘과 땅 사이에 가득 찬 넓고도 큰
원기(元氣). 도의(道義)에 뿌리를 박고
공명정대(公明正大)하여 조금도 부끄러
울 바 없는 도덕적 용기. 사물에서 해방
되어 자유롭고 즐거운 마음.

紙筆硯墨

종이·붓·벼루·먹의 네 가지를 함께 이르
는 말. 문방사우(文房四友).

偕老同穴

부부(夫婦)가 한 평생 같이 지내며 같이
늙고 죽어서는 같은 무덤에 묻힌다는
말로, 부부 사랑의 굳은 맹세를 이름.

天方地軸

어리석게 종잡을 수 없이 덤벙이는 상
태. 너무 급하여 허둥지둥 분주히 날뛰
는 상태를 이름. 天方地方(천방지방).

珍羞盛饌

보기 드물게 맛이 좋고 많이 잘 차린
음식.

伯仲之勢

맏형과 둘째형의 사이처럼 분간(分揀)할
수 없을 정도로 서로 비슷한 기세(氣勢)
를 이르는 말. 기술이나 지식 따위가 서
로 비슷하여 우열(優劣)이 없음을 이름.

51part

■풀어서 익히기

夬²	夬¹	忄	快⁶		广	廉¹¹		影¹⁵
깍지 결	깍지 결		쾌할 쾌			청렴할 렴		그림자 영
氵	決³	禾+又	秉⁸	兼⁷		京¹²		凉¹⁶
	터질 결		잡을 병	겸할 겸		서울 경		서늘할 량
缶	缺⁴	言	謙⁹		日	景¹³		諒¹⁷
	이지러질 결		겸손할 겸			볕 경		믿을 량
言	訣⁵	女	嫌¹⁰		王	璟¹⁴		掠¹⁸
	이별할 결		싫어할 혐			옥빛 경		노략질할 략

■낱말로 익히기

3)決心·自決	4)缺陷·完全無缺	5)訣別·永訣式
6)爽快·不快	7)兼用·兼職	9)謙遜·謙虛
10)嫌惡·嫌煙權	11)淸廉·破廉恥漢	12)上京·京釜線
13)光景·風景	15)影響·撮影	16)荒凉·淸凉飮料
17)諒解·諒知	18)鹵掠·掠奪	

■되짚어 익히기

決⁴급	缺³급	訣²급	快⁴급	秉²급	兼³급	謙²급	嫌²급
廉²급	京⁵급	景⁴급	璟²급	影²급	凉준3급	諒²급	掠²급

■반복해 익히기

濫²급	藍²급	艦²급	鹽²급	鉀²급	岬²급	押²급	隆²급
葛²급	揭²급	謁²급	劫²급	蓋²급	鍵²급	擊²급	繫²급

52part

■풀어서 익히기

巠巠 巠巠	巠 車	坙¹ 坙 又 지하수 경	苟⁶ 경계할 극	敬⁵ 공경할 경	土	境¹⁰ 지경 경		亻	傾¹⁶ 기울 경
	車	輕² 가벼울 경	馬	驚⁷ 놀랄 경	金	鏡¹¹ 거울 경		糸	系¹⁷ 이을 계
	糸	經³ 날 경	言	警⁸ 경계할 경	竸¹³ 競과 동자	競¹² 다툴 경		亻	係¹⁸ 맬 계
	彳	徑⁴ 지름길 경	辛+儿	竟⁹ 마칠 경	化¹⁵ 화할 화	匕+頁	頃¹⁴ 잠깐 경		

■낱말로 익히기

2)輕重·輕乘用車	3)經緯·經濟	4)捷徑·半徑
5)恭敬·尊敬	7)驚氣·大驚失色	8)警戒·警察
9)畢竟	10)地境·國境	11)鏡臺·破鏡
12)競爭·競技	14)食頃·頃刻	15)變化·老化
16)傾斜·左傾	17)體系·母系社會	18)關係·係員

■되짚어 익히기

輕^{4급}	經^{4급}	徑^{2급}	敬^{4급}	驚^{준3급}	警^{준3급}	竟^{2급}	境^{준3급}
鏡^{준3급}	競^{4급}	頃^{2급}	化^{4급}	傾^{3급}	系^{3급}	係^{3급}	

■반복해 익히기

揭^{2급}	謁^{2급}	劫^{2급}	蓋^{2급}	鍵^{2급}	擊^{2급}	繫^{2급}	訣^{2급}
秉^{2급}	謙^{2급}	嫌^{2급}	廉^{2급}	璟^{2급}	影^{2급}	諒^{2급}	掠^{2급}

53part

■풀어서 익히기

米	南	**庚**[1] 일곱째 천간 경	苗	**塘**[5] 못 당		**揆**[9] 헤아릴 규	日	**皓**[13] 밝을 호	
米	半	**康**[2] 편안할 강	戈+廾 **戒**[6] 경계할 계	半		**告**[10] 고할 고	酉	**酷**[14] 독할 혹	
庚+口	**唐**[3] 당나라 당	林 **械**[7] 틀 계	沓		**浩**[11] 넓을 호		**造**[15] 지을 조	
米	**糖**[4] 엿 당(탕)	**癸**[8] 열째 천간 계	白		**皓**[12] 흴 호		

■낱말로 익히기

1)庚戌國恥	2)健康·小康狀態	3)唐根·唐麵
4)糖分·糖尿病	4)砂糖·雪糖	5)印塘水
6)警戒·世俗五戒	7)機械	8)癸酉靖難
10)告白·不告知罪	11)浩蕩·浩然之氣	12)皓皓白髮·丹脣皓齒
14)酷毒·酷使	15)建造·人造人間	

■되짚어 익히기

庚4급	康준3급	唐2급	糖2급	塘2급	戒준3급	械3급	癸4급
揆2급	告4급	浩2급	皓2급	皓2급	酷2급	造4급	

■반복해 익히기

蓋2급	鍵2급	擊2급	繫2급	訣2급	秉2급	謙2급	嫌2급
廉2급	璟2급	影2급	諒2급	掠2급	徑2급	竟2급	頃2급

54part

■풀어서 익히기

口	古 1	女	姑 5	尸	居 9	木	果 13	
	예 고		시어미 고		살 거		열매 과	
艹	苦 2	口	固 6	月	胡 10	言	課 14	
	쓸 고		굳을 고		오랑캐 호		매길 과	
攵	故 3	亻	個 7	氵	湖 11	艹	菓 15	
	일 고		낱 개		호수 호		과자 과	
木	枯 4	竹	箇 8	示	祜 12	衤	裸 16	
	마를 고		낱 개		복 호		벌거숭이 라	

■낱말로 익히기

1)古代·古物	2)苦痛·甘呑苦吐	3)事故·故障
4)枯渴·枯死	5)姑母·姑婦間	6)固體·堅固
7)個人·個性	9)居住·同居	10)胡桃·丙子胡亂
11)湖水·火口湖	13)果實·果樹園	14)公課金·課外授業
15)菓子·茶菓會	16)裸體·赤裸裸	

■되짚어 익히기

古 5급	苦 5급	故 4급	枯 2급	姑 3급	固 4급	個 4급	箇 2급
居 준3급	胡 2급	湖 4급	祜 2급	果 5급	課 4급	菓 2급	裸 2급

■반복해 익히기

廉 2급	璟 2급	影 2급	諒 2급	掠 2급	徑 2급	竟 2급	頃 2급
唐 2급	糖 2급	塘 2급	揆 2급	浩 2급	皓 2급	晧 2급	酷 2급

55part

■ 풀어서 익히기

八 公¹ △⌐ㅂ	羽 翁⁵	王 瑢¹¹	木 權¹⁵
	공변될 공	늙은이 옹	패옥 소리 용	권세 권
木 松² 宏⁷	穴+公 容⁶	隹 雚¹²	欠 歡¹⁶
	소나무 송 容의 고자	담을 용	황새 관	기뻐할 환
頁 頌³ 金/火 熔⁹	鎔⁸	見 觀¹³ 白+放	敎¹⁷
	기릴 송 鎔의 속자	녹일 용	볼 관	노래할 교
言 訟⁴	氵 溶¹⁰	力 勸¹⁴	激¹⁸
	송사할 송	질펀히 흐를 용	권할 권	부딪칠 격

■ 낱말로 익히기

1)公平·公務員	2)老松·落落長松	3)稱頌·頌德碑
4)訟事·訴訟	5)老翁·塞翁之馬	6)包容·容納
8)鎔接·鎔鑛爐	10)溶解·水溶性	13)觀覽·袖手傍觀
14)勸誘·勸奬	15)權勢·權力	16)歡迎·歡呼聲
18)激浪·過激		

■ 되짚어 익히기

公⁴급	松⁴급	頌³급	訟³급	翁²급	容⁴급	鎔²급	溶²급
瑢²급	觀⁴급	勸준³급	權⁴급	歡준³급	激³급		

■ 반복해 익히기

竟²급	頃²급	唐²급	糖²급	塘²급	撲²급	浩²급	皓²급
晧²급	酷²급	枯²급	箇²급	胡²급	祜²급	菓²	裸²급

56part

■풀어서 익히기

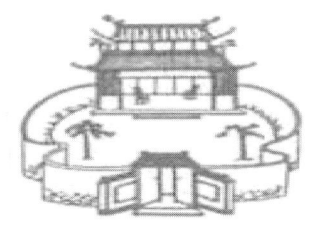宀	官¹	門	關⁵	言 話	話¹¹	話¹⁰	辶	過¹⁵
	벼슬 관		빗장 관		話의 본자	말씀 화		지날 과
竹	管²	耳	聯⁶		火+儿	光¹²	示	禍¹⁶
	대롱 관		잇닿을 련			빛 광		재앙 화
食	館³	氏+口	昏⁷	舌	日	晃¹³	又+土	圣¹⁷
	객사 관		입 막을 괄			밝을 황		밭 갈 골
	絟⁴	氵	湉⁹ 活⁸		凸+口	咼¹⁴	忄	怪¹⁸
	실 꿸 관		活의 본자 살 활			입 비뚤어질 괘		기이할 괴

■낱말로 익히기

1)官吏·官廳	2)管見·管樂器	3)旅館·圖書館
5)關聯·關鍵	6)關聯·聯合	8)活魚·復活
10)對話·手話	12)光彩·夜光	15)通過·過去
16)禍根·滅門之禍	18)怪異·怪奇小說	

■되짚어 익히기

官⁴급	管³급	館²급	關⁴급	聯³급	活⁵급	話⁵급	光⁵급
晃²급	過⁴급	禍²급	怪²급				

■반복해 익히기

塘²급	揆²급	浩²급	皓²급	晧²급	酷²급	枯²급 箇²급
胡²급	祜²급	菓²급	裸²급	翁²급	鎔²급	溶²급 瑢²급

13date 총정리(　　월　　일)

■51part

決4급	缺3급	訣2급	快4급	秉2급	兼3급	謙2급	嫌2급
廉2급	京5급	景4급	璟2급	影2급	凉준3급	諒2급	掠2급

■52part

輕4급	經4급	徑2급	敬4급	驚준3급	警준3급	竟2급	境준3급
鏡준3급	競4급	頃2급	化4급	傾3급	系3급	係3급	

■53part

庚4급	康준3급	唐2급	糖2급	塘2급	戒준3급	械3급	癸4급
揆2급	告4급	浩2급	皓2급	晧2급	酷2급	造4급	

■54part

古5급	苦5급	故4급	枯2급	姑3급	固4급	個4급	箇2급
居준3급	胡2급	湖4급	祜2급	果5급	課4급	菓2급	裸2급

■55part

公4급	松4급	頌3급	訟3급	翁2급	容4급	鎔2급	溶2급
瑢2급	觀4급	勸준3급	權4급	歡준3급	激3급		

■56part

官4급	管3급	館2급	關4급	聯3급	活5급	話5급	光5급
晃2급	過4급	禍2급	怪2급				

13. 4음절 한자성어

哀乞伏乞
부탁을 들어 달라고 애처롭게 사정하며 엎드려 간절히 빎.

門前乞食
이집 저집 돌아다니면서 밥을 빌어서 먹음.

大聲痛哭
목을 놓아 소리를 크게 하여 몹시 슬프게 욺. 방성대곡(放聲大哭).

感慨無量
어떤 사물에 깊이 감격하여 마음속에 사무친 느낌이 끝이 없음.

焉哉乎也
천자문(千字文)의 맨 끝 귀. 넉 자가 다 어조사(語助辭)로 쓰이는 글자임.

國祿之臣
나라의 녹봉(祿俸)을 받는 신하.

肝膽相照
간과 쓸개를 서로 보인다는 말로, 깊이 감춰 둔 마음속을 서로 알려서 통함을 이름.

鎖國政策
외국으로부터 정치적·경제적·문화적인 영향을 꺼려, 통상(通商)과 교역(交易)을 하지 않거나 극히 제한하는 정책. 17세기부터 19세기 중엽까지 동아시아 여러 나라가 이 정책을 썼음.

腰折腹痛
너무 우스워서 허리가 부러질 듯하고 배가 아픔.

口尙乳臭
입에서 아직도 젖내가 난다는 말로, 하는 짓이 유치(幼稚)한 사람을 보고 씀.

茫茫大海
한없이 넓고 큰 바다. 무변대해(無邊大海).

表裏不同
마음이 음충(陰蟲) 맞아서 겉과 속이 같지 않음.

同價紅裳
같은 값이면 다홍치마라는 말.

誇大妄想
자기의 위치를 사실보다 지나치게 높이 평가(評價)하는 바르지 못한 생각. 정신(精神) 분열증(分裂症) 등에 나타나는 증상임.

前人未踏
이제까지 세상 사람들 가운데 아무도 가보지 못했다는 말.

釋迦牟尼
불교의 개조(開祖). 세계 사성(四聖)의 한 사람. 처음 이름은 실달다(悉達多)로 29세에 생사해탈(生死解脫)의 법(法)을 구하러 집을 나와 35세에 정각(正覺)을 얻어 부처가 됨.

57part

■풀어서 익히기

⻊	交¹ 사귈 교	犭	狡⁵ 교활할 교	木	橋⁹ 다리 교	王	球¹⁴ 공 구
木	校² 학교 교	糸	絞⁶ 목맬 교	矢	矯¹⁰ 바로잡을 교	攵	救¹⁵ 구원할 구
車	較³ 견줄 교	攵	效⁷ 본받을 효		僑¹¹ 객지 살 교	鼎+廾	具¹⁶ 갖출 구
阝	郊⁴ 성 밖 교	高	喬⁸ 높을 교	衣	裘¹³ 갖옷 구 / 求¹² 구할 구		俱¹⁷ 함께 구

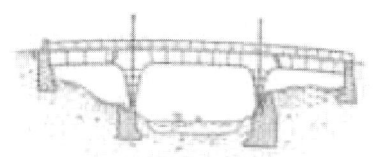

■낱말로 익히기

1)交叉·交友		
2)學校·校長	3)比較·日較差	4)近郊·郊外
5)狡猾·狡兔三窟	6)絞首刑	7)效果·效能
8)喬木·喬松	9)陸橋·人道橋	10)矯正·矯導所
11)僑胞·華僑	12)求入·求愛	14)蹴球·籠球
15)救援·救出	16)具備·文房具	17)俱樂部·不俱戴天

■되짚어 익히기

交⁵급	校⁵급	較³급	郊²급	狡²급	絞²급	效⁴급	橋⁴급
矯²급	僑²급	求⁴급	球준3급	救⁴급	具준3급	俱²급	

■반복해 익히기

晧²급	酷²급	枯²급	箇²급	胡²급	祜²급	菓²급	裸²급
翁²급	鎔²급	溶²급	瑢²급	館²급	晃²급	禍²급	怪²급

58part

■풀어서 익히기

丁	巧¹丂		乎⁶		穴	究¹⁰		日	旭¹⁴		
	공교할 교		어조사 호		罘鳥テ	궁구할 구			아침 해 욱		
丁丁	巧² 工丁		呼⁷		鳥テ	鳩¹¹			久¹⁵	九	
	공교할 교		부를 호		テ亻	비둘기 구			오랠 구		
丁丁 老丁 朿	考³		兮⁸			仇¹²		火九	灸¹⁶		
	상고할 고		어조사 혜			원수 구		玉	뜸 구		
虎 号	號⁴	号⁵	又	九⁹九	車	軌¹³			玖¹⁷		
	부르짖을 호	號의 약자		아홉 구		법 궤			옥돌 구		

■낱말로 익히기

2)工巧·巧妙	3)思考·考慮	4)口號·號令
6)斷乎·焉哉乎也	7)呼吸·呼名	9)望九·九九段
10)窮究·研究	11)傳書鳩·鳩首會議	13)軌道·軌跡
14)旭日昇天	15)永久的·持久力	16)鍼灸

■되짚어 익히기

巧²급	考⁴급	號⁵급	乎준3급	呼⁴급	兮²급	九⁸급	究⁴급
鳩²급	仇²급	軌²급	旭²급	久⁴급	灸²급	玖²급	

■반복해 익히기

菓²급	裸²급	翁²급	鎔²급	溶²급	瑢²급	館²급	晃²급
禍²급	怪²급	郊²급	狡²급	絞²급	矯²급	僑²급	俱²급

59part

■풀어서 익히기

匸+品	區¹ 區	冓⁵ 冓	ㄐ⁹ ㄐ+口	句¹³ 句
	나눌 구	짤 구	넝쿨 구	글귀 구
馬	驅²	木 構⁶	口 叫¹⁰	犭 狗¹⁴
	몰 구	얽을 구	부르짖을 규	개 구
鳥	鷗³	貝 購⁷ 糸	糾¹¹	扌 拘¹⁵
	갈매기 구	살 구	꼴 규	잡을 구
欠	歐⁴	言 講⁸	攵 收¹²	艹 苟¹⁶
	토할 구	풀이할 강	거둘 수	진실로 구

■낱말로 익히기

1)區分·區域	2)驅步·先驅者	3)白鷗·狎鷗亭洞
4)歐吐·西歐	6)構造·構築	7)購入·購販場
8)講義·休講	10)絶叫·阿鼻叫喚	11)紛糾·糾彈
12)收穫·收金	13)句節·文句	14)走狗·泥田鬪狗
15)拘束·拘禁	16)苟且	

■되짚어 익히기

區준3급	驅2급	鷗2급	歐2급	構3급	購2급	講3급	叫2급
糾2급	收4급	句4급	狗2급	拘2급	苟3급		

■반복해 익히기

禍2급	怪2급	郊2급	狡2급	絞2급	矯2급	僑2급	俱2급
巧2급	兮2급	鳩2급	仇2급	軌2급	旭2급	灸2급	玖2급

60part

■풀어서 익히기

山	丘¹	勹+米	匊⁵	刀	券⁹	亻	倦¹⁴
	언덕 구		움킬 국		문서 권		게으를 권
阝	邱²	++	菊⁶	手	拳¹⁰	逆¹⁶	欮¹⁵
	땅 이름 구		국화 국		주먹 권	거스를 역	쿨룩거릴 궐
目+隹	瞿³	革	鞠⁷	捲¹² 卷¹¹		厂	厥¹⁷
	볼 구		기를 국	말 권 책 권			그 궐
忄	懼⁴	米+廾	粢⁸	口	圈¹³	門	闕¹⁸
	두려워할 구		주먹밥 권		우리 권		대궐 궐

■낱말로 익히기

1)丘陵·首丘初心	2)大邱	4)悚懼·疑懼心
6)菊花·梅蘭菊竹	7)母鞠我身	9)福券·招待券
10)拳鬪·跆拳道	11)壓卷·手不釋卷	13)商圈·首都圈
14)倦怠期	16)拒逆·叛逆	17)厥者·厥女
18)大闕·宮闕		

■되짚어 익히기

丘²급	邱²급	懼²급	菊²급	鞠²급	券³급	拳³급	卷준3급
圈²급	倦²급	逆⁴급	厥²급	闕²급			

■반복해 익히기

巧²급	兮²급	鳩²급	仇²급	軌²급	旭²급	灸²급	玖²급
驅²급	鷗²급	毆²급	購²급	叫²급	糾²급	狗²급	拘²급

61part

■풀어서 익히기

土	圭¹	行	街⁵		扌	掛⁹		糸	級¹⁴
	홀 규		거리 가			걸 괘			등급 급
王	珪²	圭亻	佳⁶	山+厂	崖¹¹	厓¹⁰	忿¹⁶	急¹⁵	
	홀 규		아름다울 가		厓와 동자	언덕 애	急과 동자	급할 급	
門	閨³	圭木	桂⁷			涯¹²		口	吸¹⁷
	안방 규		계수나무 계			물가 애			마실 흡
大	奎⁴	卜	卦⁸			及¹³			
	별 이름 규		점괘 괘			미칠 급			

■낱말로 익히기

3)閨房·閨中處女	4)奎章閣	5)遊興街·街路樹
6)佳作·絶世佳人	7)桂皮·月桂樹	8)占卦·四卦
9)掛圖·掛鐘時計	12)生涯·天涯孤兒	13)波及·足脫不及
14)等級·級數	15)急迫·火急	17)吸收·吸血鬼

■되짚어 익히기

圭²급	珪²급	閨²급	奎²급	街⁴급	佳⁴급	桂²급	卦²급
掛²급	涯³급	及⁴급	級준3급	急⁵급	吸준3급		

■반복해 익히기

鷗²급	歐²급	購²급	叫²급	糾²급	狗²급	拘²급	丘²급
邱²급	懼²급	菊²급	鞠²급	圈²급	倦²급	厥²급	闕²급

62part

■풀어서 익히기

勹	勻[1] 적을 균	筍	筍[5] 죽순 순	勹辶	運[10] 움직일 운	木	機[14] 틀 기
土	均[2] 고를 균	艹	荀[6] 풀 이름 순	扌	揮[11] 휘두를 휘	食+几	飢[16] 饑와 동자	饑[15] 주릴 기
勻+日	旬[3] 열흘 순	王	珣[7] 옥 이름 순	光	輝[12] 빛날 휘	田	畿[17] 경기 기
歺	殉[4] 따라 죽을 순	勻+車	軍[9] 軍의 본자	軍[8] 군사 군	幾[13] 몇 기		

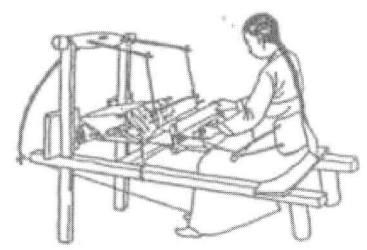

■낱말로 익히기

2)均等·均衡	3)下旬·漢城旬報	4)殉葬·殉敎者
5)竹筍	6)荀子	8)軍人·豫備軍
10)運動·運轉	11)指揮·一筆揮之	12)光輝·輝煌燦爛
13)幾十萬·幾何學	14)機械·孟母斷機	15)饑餓·饑饉
17)畿內·京畿道		

■되짚어 익히기

均 4급	旬 3급	殉 2급	筍 2급	荀 2급	珣 2급	軍 5급	運 5급
揮 3급	輝 2급	幾 준3급	機 3급	饑 2급	畿 3급		

■반복해 익히기

丘 2급	邱 2급	懼 2급	菊 2급	鞠 2급	圈 2급	倦 2급	厥 2급
闕 2급	圭 2급	珪 2급	閨 2급	奎 2급	桂 2급	卦 2급	掛 2급

14date 총정리(월   일)

■57part

交⁵급	校⁵급	較³급	郊²급	狡²급	絞²급	效⁴급	橋⁴급
矯²급	僑²급	求⁴급	球준3급	救⁴급	具준3급	俱²급	

■58part

巧²급	考⁴급	號⁵급	乎준3급	呼⁴급	兮²급	九⁸급	究⁴급
鳩²급	仇²급	軌²급	旭²급	久⁴급	灸²급	玖²급	

■59part

區준3급	驅²급	鷗²급	歐²급	構³급	購²급	講³급	叫²급
糾²급	收⁴급	句⁴급	狗²급	拘²급	苟³급		

■60part

丘²급	邱²급	懼²급	菊²급	鞠²급	芬³급	拳³급	卷준3급
圈²급	倦²급	逆⁴급	厥²급	闕²급			

■61part

圭²급	珪²급	閨²급	奎²급	街⁴급	佳⁴급	桂²급	卦²급
掛²급	涯³급	及⁴급	級준3급	急⁵급	吸준3급		

■62part

均⁴급	旬³급	殉²급	筍²급	苟²급	珣²급	軍⁵급	運⁵급
揮³급	輝²급	幾준3급	機³급	饑²급	畿³급		

14. 4음절 한자성어

前途有望

앞날이 좋게 될 희망(希望)이 있음.

中原逐鹿

中原은 중국이나 천하를 말하고, 逐鹿은 서로 경쟁한다는 말. 영웅(英雄)들이 다투어 천하를 얻고자 함을 이름.

錦衣還鄉

높은 벼슬자리에 오르거나 어떤 일을 성공(成功)하여 자기 고향(故鄉)으로 돌아온다는 말.

變化無雙

변화(變化)가 너무 많거나 심하여 다시는 그런 변화가 있을 수 없음.

附和雷同

자기의 주장이 없이 남의 의견을 그대로 좇아 따르거나 덩달아서 같이 행동(行動)함을 이르는 말.

五里霧中

후한(後漢) 때 도술(道術)을 잘 부리는 장해(張楷)가 만나고 싶지 않은 사람이 찾아오면 5리 안에 안개를 자욱하게 피워 그 속에 숨어버렸다는 데서 비롯된 말로, 짙은 안개 속에서 방향(方向)을 알 수 없는 것처럼 무슨 일에 대해 갈피를 잡을 수 없음을 비유함.

臥龍鳳雛

누워 있는 용(龍)과 봉황(鳳凰)의 새끼란 말로, 영웅(英雄)이 아직 세상에 나타나지 않고 숨어 있음을 비유하여 이르는 말.

鶴首苦待

학의 목처럼 목을 길게 빼고 기다린다는 말로, 몹시 기다림을 이름.

美辭麗句

아름답게 표현된 말과 글귀.

父母俱存

아버지와 어머니가 모두 살아 계심.

公卿大夫

삼공(三公)과 구경(九卿)과 대부(大夫)를 아울러 이르던 말. 벼슬이 높은 사람을 이르기도 함.

壓力團體

특정한 이익의 달성을 목적으로, 정치의 면에서 자신들의 요구를 실현하려고 국회(國會)·정당(政黨)·관청(官廳) 등에 압력을 가하는 조직.

率先垂範

여러 사람에 앞서서 먼저 모범을 보임.

天機漏泄

모든 조화를 꾸미는 하늘의 기밀이 누설된다는 말. 중대한 기밀이 누설됨을 이름.

種瓜得瓜

오이를 심으면 오이가 난다는 뜻으로, 일정한 원인이 있으면 반드시 일정한 결과가 생김의 비유. 종두득두(種豆得豆).

63part

■풀어서 익히기

堇[1] 墓	木	槿[5]			氵	漢[11]	糸	結[15]
		진흙 근	무궁화나무 근			한나라 한		맺을 결
力 勤[2]	王	瑾[6]			鼓	豈[12]	壺[17]	壹[16]
부지런할 근		구슬 근				어찌 기(개)	병 호	한 일
言 謹[3]	隹	艱[8]	難[7]			凱[13] 士+土		堅[18]
삼갈 근		難의 속자	어려울 난			즐길 개		흙덩이 견
亻 僅[4]	口/欠	嘆[10]	歎[9]			吉[14]	辶	遣[19]
겨우 근		歎과 동자	탄식할 탄			길할 길		보낼 견

■낱말로 익히기

2)勤勉·皆勤	3)謹愼·謹賀新年	
4)僅僅·僅少	5)槿域	
7)難題·難兄難弟	9)歎息·恨歎	11)漢字·漢江
13)凱歌·凱旋將軍	14)吉日·立春大吉	15)結合·結婚
16)壹百萬	19)派遣	

■되짚어 익히기

勤준3급	謹3급	僅2급	槿2급	瑾2급	難준3급	歎3급	漢5급
豈2급	凱2급	吉4급	結4급	壹2급	遣2급		

■반복해 익히기

倦2급	厥2급	闕2급	圭2급	珪2급	閨2급	奎2급	桂2급
卦2급	掛2급	殉2급	筍2급	荀2급	珣2급	輝2급	饑2급

64part

■풀어서 익히기

今[1] 이제 금	阝 雲[7] 구름 운	陰[6] 그늘 음	貝 貪[12] 탐할 탐	口+又	亟[16] 재빠를 극
琴[2] 거문고 금	酉+欠 歠[9] 飮의 고자	飮[8] 마실 음	矛 矜[13] 자랑할 긍	木	極[17] 다할 극
擒[4] 사로잡을 금	禽[3] 짐승 금	心 念[10] 생각 념	口+禾 囷[14] 곳집 균	殳 殼[19] 껍질 각	殼[18] 껍질 각
口 吟[5] 읊을 음	口 含[11] 머금을 함	++ 菌[15] 버섯 균		禾	穀[20] 곡식 곡

■낱말로 익히기

1)只今·今方	2)琴瑟·風琴	3)禽獸·猛禽類
5)呻吟·吟遊詩人	6)陰地·陰陽	7)雲霧·雲集
8)飮酒·飮料水	10)一念·無念無想	11)含有·包含
12)貪慾·貪官汚吏	13)矜持·自矜心	15)細菌·病菌
17)至極·極限狀況	19)貝殼·甲殼類	20)穀食·穀倉地帶

■되짚어 익히기

今5급	琴2급	禽2급	吟준3급	陰4급	飮5급	念4급	含2급
貪2급	矜2급	菌3급	極4급	穀준3급			

■반복해 익히기

桂2급	卦2급	掛2급	殉2급	筍2급	荀2급	珦2급	輝2급
饑2급	僅2급	槿2급	瑾2급	豈2급	凱2급	壹2급	遣2급

65part

■풀어서 익히기

﹁﹁	箕²	其¹其	欠	欺⁶	馬	騏¹⁰	月	亙¹⁴
	키 기	그 기		속일 기		준마 기		걸칠 긍
﹂	﹂㐱	旗³旗	鹿	麒⁷	斤	斯¹¹	恒¹⁶	恆¹⁵
		기 기		기린 기		이 사	항상 항	恒의 본자
﹄	﹂土	基⁴	木	棋⁸	日+比	昆¹²	肱¹⁸	厷¹⁷
		터 기		바둑 기		함께 곤	팔뚝 굉	팔뚝 굉
﹃	其月	期⁵	王	琪⁹	氵	混¹³	隹	雄¹⁹
		기약할 기		옥 기		섞일 혼		수컷 웅

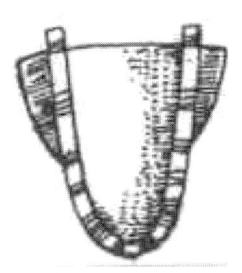

■낱말로 익히기

1)其他·不知其數	3)國旗·太極旗	4)基礎·基本
5)期約·期間	6)詐欺·欺瞞	7)麒麟
8)棋院·將棋	11)斯界·斯文亂賊	13)混濁·混血兒
16)恒常·恒星	19)雌雄·英雄	

■되짚어 익히기

其⁴급	旗준3급	基⁴급	期⁴급	欺³급	麒²급	棋²급	琪²급

騏²급	斯³급	混준3급	恒준3급	雄⁴급			

■반복해 익히기

荀²급	珣²급	輝²급	饑²급	僅²급	槿²급	瑾²급	豈²급

凱²급	壹²급	遣²급	琴²급	禽²급	含²급	貪²급	矜²급

66part

■풀어서 익히기

女+又	奴¹		月	腦⁵		灬	熊¹⁰	能⁹		弓	彈¹⁴
							곰 웅	능할 능(태)			탄알 탄
	怒²			惱⁶				心	態¹¹		示	禪¹⁵
	성낼 노			괴로워할 뇌					모양 태			선 선
力	努³		辰	農⁷				皿	罷¹²		戈	戰¹⁶
	힘쓸 노			농사 농					파할 파			싸움 전
囟	甾⁴		氵	濃⁸					單¹³			
	머리 위의 털 노			짙을 농					홑 단			

■낱말로 익히기

1)奴隷·奴婢	2)憤怒·震怒	3)努力
5)頭腦·腦震蕩	6)苦惱·煩惱	7)農事·農業
8)濃度·濃縮	9)能力·能手能爛	11)態度·姿態
12)罷業·罷免	13)單一·單式競技	14)彈丸·爆彈
15)參禪·坐禪	16)戰爭·山戰水戰	

■되짚어 익히기

奴³급	怒⁴급	努준3급	腦³급	惱²급	農⁵급	濃²급	能⁴급
態³급	罷²급	單⁴급	彈³급	禪²급	戰⁴급		

■반복해 익히기

僅²급	槿²급	瑾²급	豈²급	凱²급	壹²급	遣²급	琴²급
禽²급	唅²급	貪²급	矜²급	麒²급	棋²급	琪²급	騏²급

67part

■풀어서 익히기

		旦¹	木	檀⁷	厂+殳	段¹¹		담¹⁵
음	음日	아침 단		박달나무 단		조각 단		깊을 담
		但²		端⁸	金	鍛¹²	扌	探¹⁶
음	음亻	다만 단		끝 단		단련할 단		찾을 탐
稟⁵	亩⁴	亶³	立	端⁹	豕	彖¹³	氵	深¹⁷
곳집 름(품)	곳집 름	믿음 단		바를 단		돼지 달아날 단		깊을 심
	土	壇⁶	王	瑞¹⁰	糸	緣¹⁴		
		제단 단		상서로울 서		인연 연		

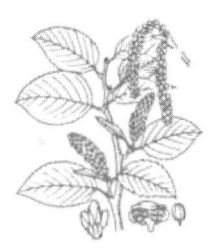

■낱말로 익히기

1)元旦·一旦停止	2)但只·但書	6)祭壇·社稷壇
7)檀君·檀紀	9)端正·端雅	10)祥瑞·瑞雪
11)分段·段落	12)鍛鍊	14)因緣·血緣
16)探索·探査	17)水深·深深山川	

■되짚어 익히기

旦^{2급}	但^{준3급}	壇^{준3급}	檀^{2급}	端^{4급}	瑞^{2급}	段^{준3급}	鍛^{2급}
緣^{3급}	探^{4급}	深^{준3급}					

■반복해 익히기

凱^{2급}	壹^{2급}	遣^{2급}	琴^{2급}	禽^{2급}	含^{2급}	貪^{2급}	矜^{2급}
麒^{2급}	棋^{2급}	琪^{2급}	騏^{2급}	惱^{2급}	濃^{2급}	罷^{2급}	禪^{2급}

68part

■풀어서 익히기

水+曰	沓¹ 유창할 답	至+人	到⁵ 이를 도		冬¹⁰ 겨울 동	洞¹⁴ 골 동(통)
足	踏² 밟을 답		倒⁶ 넘어질 도	糸	終¹¹ 마칠 종	桐¹⁵ 오동나무 동
	帶³ 띠 대	阝+缶	陶⁸ 질그릇 도	匋⁷ 질그릇 도	凡+口 同¹² 한가지 동	舁¹⁷ 마주 들 여 / 興¹⁶ 일 흥
氵	滯⁴ 막힐 체			萄⁹ 포도 도	金 銅¹³ 구리 동	

■낱말로 익히기

2)踏査·前人未踏	3)革帶·腰帶	4)停滯·遲滯
5)到達·到着	6)倒産·卒倒	8)陶工·陶瓷器
9)葡萄	10)冬至·春夏秋冬	11)終了·臨終
12)同一·同姓同本	13)靑銅·金銀銅	14)洞口·洞窟
14)洞察·洞燭	15)梧桐	16)興起·復興

■되짚어 익히기

踏²급	帶³급	滯²급	到⁴급	倒³급	陶²급	萄²급	冬⁵급
終⁴급	同⁶급	銅³급	洞⁵급	桐²급	興⁴급		

■반복해 익히기

禽²급	含²급	貪²급	矜²급	麒²급	棋²급	琪²급	騏²급
惱²급	濃²급	罷²급	禪²급	旦²급	檀²급	瑞²급	鍛²급

15date 총정리(월   일)

■63part

勤^{준3급}	謹^{3급}	僅^{2급}	槿^{2급}	瑾^{2급}	難^{준3급}	歎^{3급}	漢^{5급}
豈^{2급}	凱^{2급}	吉^{4급}	結^{4급}	壹^{2급}	遣^{2급}		

■64part

今^{5급}	琴^{2급}	禽^{2급}	吟^{준3급}	陰^{4급}	飮^{5급}	念^{4급}	含^{2급}
貪^{2급}	矜^{2급}	菌^{3급}	極^{4급}	穀^{준3급}			

■65part

其^{4급}	旗^{준3급}	基^{4급}	期^{4급}	欺^{3급}	麒^{2급}	棋^{2급}	琪^{2급}
騏^{2급}	斯^{3급}	混^{준3급}	恒^{준3급}	雄^{4급}			

■66part

奴^{3급}	怒^{4급}	努^{준3급}	腦^{3급}	惱^{2급}	農^{5급}	濃^{2급}	能^{4급}
態^{3급}	罷^{2급}	單^{4급}	彈^{3급}	禪^{2급}	戰^{4급}		

■67part

旦^{2급}	但^{준3급}	壇^{준3급}	檀^{2급}	端^{4급}	瑞^{2급}	段^{준3급}	鍛^{2급}
緣^{3급}	探^{4급}	深^{준3급}					

■68part

踏^{2급}	帶^{3급}	滯^{2급}	到^{4급}	倒^{3급}	陶^{2급}	萄^{2급}	冬^{5급}
終^{4급}	同^{6급}	銅^{3급}	洞^{5급}	桐^{2급}	興^{4급}		

15. 4음절 한자성어

完全無缺
충분히 갖추어져 있어 부족함이나 결점이 없음.

英雄豪傑
재지(才智)와 무용(武勇)이 몹시 뛰어나고 도량이 넓으며 풍도(風度)가 있는 사람.

開封迫頭
새로 수입했거나 제작한 영화를 처음으로 상영하는 날이 가까이 닥침.

錦繡江山
비단에 수를 놓은 것처럼 아름다운 산천. 우리나라를 달리 이르는 말.

佳人薄命
아름다운 사람은 대개 박복(薄福)한 운명을 지닌다는 말. 또는 수명(壽命)이 짧다는 말.

刻舟求劍
배에서 칼을 물속에 떨어뜨린 위치를 뱃전에 표시 해놓은 후 배가 물가에 머무른 뒤에 표시 해놓은 뱃전 물밑에서 칼을 찾으려고 한다는 말. 시세(時勢)의 변천(變遷)도 모르고 낡은 생각만을 고집(固執)하여 이를 고치지 않는 어리석음을 비유하여 이름.

甘言利說
남의 비위(脾胃)에 맞게 꾸미거나 이로운 조건(條件)을 내세워 그럴 듯하게 꾀는 말.

甘泉先竭
물맛이 좋은 샘은 먼저 마른다는 뜻으로, '재능이 출중한 사람은 빨리 쇠폐(衰廢)함'을 비유하여 이르는 말. 甘泉必竭(감천필갈).

張三李四
장 서방의 셋째 아들과 이 서방의 넷째 아들이란 말로, 흔히 어디에나 있는 평범(平凡)한 사람들을 이름. 필부필부(匹夫匹婦).

今昔之感
지금과 옛날을 서로 비교할 때에 변한 차이(差異)가 너무도 심한 데서 일어나는 느낌.

見利思義
눈앞의 이로움을 보고 의로움을 생각함.

堅忍不拔
굳게 참고 버티어 마음을 빼앗기지 아니함.

兼人之勇
혼자서 능히 몇 사람을 당해낼 만한 용기.

瓜田李下
오이 밭에서 신을 고쳐 신지 말라는 瓜田不納履(과전불납리)와 오얏나무 아래에서 갓을 바로 잡지 말라는 李下不整冠(이하부정관)을 줄인 말로, 조금이라도 남의 의심(疑心)을 받지 않도록 매사(每事)에 조심하라는 의미.

69part

■풀어서 익히기

	東¹ 동녘 동	力	動⁵ 움직일 동		金	鍾¹⁰ 鐘과 통자	鐘⁹ 쇠북 종	糸	純¹⁴ 순수할 순
	凍² 얼 동	禾	種⁶ 씨 종			屯¹¹ 진칠 둔	艸+日	萅¹⁶ 春의 본자	春¹⁵ 봄 춘
	棟³ 용마루 동	行	衝⁷ 부딪칠 충		金	鈍¹² 무딜 둔	臀¹⁹ 볼기 둔	屍¹⁸ 볼기 둔	屍¹⁷ 볼기 둔
	重⁴ 무거울 중	辛	童⁸ 아이 동		頁	頓¹³ 조아릴 돈		殳	殿²⁰ 큰 집 전

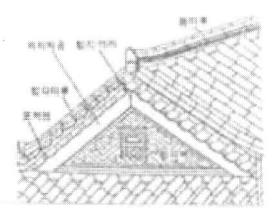

■낱말로 익히기

1)東方·東西南北	2)冷凍·解凍	3)棟樑·汗牛充棟
4)輕重·重量級	5)動作·運動	6)種子·播種
7)衝突·衝擊	8)兒童·童謠	9)鐘閣·晚鐘
11)駐屯·屯田制	12)鈍角·鈍器	13)整頓·查頓
14)純粹·不純物	15)春三月·春夏秋冬	20)殿閣·宮殿

■되짚어 익히기

東⁶급	凍²급	棟²급	重⁵급	動⁴급	種⁴급	衝²급	童⁵급
鐘준3급	屯²급	鈍²급	頓²급	純⁴급	春⁵급	殿²급	

■반복해 익히기

棋²급	琪²급	騏²급	惱²급	濃²급	罷²급	禪²급	旦²급
檀²급	瑞²급	鍛²급	踏²급	滯²급	陶²급	萄²급	桐²급

70part

■풀어서 익히기

癶+豆	登		賴	賴⁶		良⁹	月	朗¹³
	오를 등		힘입을 뢰			어질 량		밝을 랑
火	燈²	麥	來⁷		浪¹⁰		女	娘¹⁴
	등잔 등		올 래		물결 랑			아가씨 낭
言	證³	艹	萊⁸		郎¹¹		東	量¹⁵
	증명할 증		명아주 래		사내 랑			헤아릴 량
刂	束⁵ 剌⁴				廊¹²	米	糧¹⁷	糧¹⁶
	묶을 속 어그러질 랄				행랑 랑		糧과 동자	양식 량

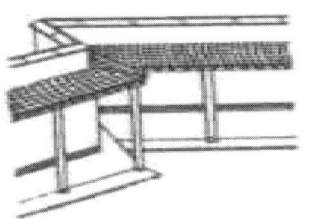

■낱말로 익히기

1)登山·登龍門	2)燈盞·螢光燈	3)證明·免許證
4)才氣潑剌	5)結束·束手無策	6)依賴·信賴
7)去來·未來	8)蓬萊山	9)善良·不良品
10)風浪·波浪注意報	11)新郎·花郎徒	12)行廊·舍廊房
13)朗朗·明朗	14)娘子	15)測量·質量
16)糧食·軍糧米		

■되짚어 익히기

登⁵급	燈⁴급	證준3급	剌²급	束준3급	賴²급	來⁵급	萊²급
良⁴급	浪준3급	郎준3급	廊²급	朗²급	娘³급	量⁴급	糧³급

■반복해 익히기

旦²급	檀²급	瑞²급	鍛²급	踏²급	滯²급	陶²급	萄²급
桐²급	凍²급	棟²급	衝²급	屯²급	鈍²급	頓²급	殿²급

71part

■풀어서 익히기

厂	萬² 일만 만	厲¹ 엄할 려	止	歷⁶ 지낼 력	心	戀¹⁰ 사모할 련	氵	灣¹⁴ 물굽이 만

(표)

厂	萬²	厲¹	止	歷⁶	心	戀¹⁰	氵	灣¹⁴
	일만 만	엄할 려		지낼 력		사모할 련		물굽이 만
	力	勵³	車+辶	連⁷	攵	變¹¹		巤¹⁵
		힘쓸 려		이을 련		변할 변		목 갈기 렵
厤	厂+秝	厤⁴	++	蓮⁸	虫	蠻¹²	犭	獵¹⁶
		책력 력		연꽃 련		오랑캐 만		사냥할 렵
	日	曆⁵	絲+言	䜌⁹	弓	彎¹³		
		책력 력		말 끊이지 아니할 련		굽을 만		

■낱말로 익히기

2)萬一·萬歲	3)激勵·獎勵賞	5)冊曆·陽曆
6)前歷·履歷書	7)連結·一連番號	8)睡蓮·木蓮
10)戀人·悲戀	11)變化·豹變	12)蠻行·野蠻人
14)港灣·韓國灣	16)狩獵·密獵	

■되짚어 익히기

萬⁵급	勵²급	曆²급	歷⁴급	連⁴급	蓮³급	戀³급	變⁴급
蠻²급	灣²급	獵²급					

■반복해 익히기

滯²급	陶²급	萄²급	桐²급	凍²급	棟²급	衝²급	屯²급
鈍²급	頓²급	殿²급	刺²급	賴²급	萊²급	廊²급	朗²급

72part

■풀어서 익히기

卩	令¹ 	齒	齡⁵	雨	霝⁹			骨	體¹⁵
	명령할 령		나이 령		떨어질 령				몸 체
頁	領²	王	玲⁶	巫¹¹	靈¹⁰		米+頁	類¹⁶
	거느릴 령		옥소리 령	무당 무	신령 령			닮을 뢰
山	嶺³		冷⁷	豆	豐¹³	豊¹²	犬	類¹⁷
	고개 령		찰 랭		풍성할 풍	굽높은그릇 례		무리 류
雨	零⁴	口	命⁸		示	禮¹⁴		
	떨어질 령		명령할 명			예도 례		

■낱말로 익히기

1)命令·號令	2)首領·大統領	3)分水嶺·大關嶺
4)零點·零度	5)年齡·婚齡期	6)玲瓏
7)冷冷·寒冷前線	8)命令·特命	10)神靈·魂靈
11)巫堂·巫俗人	13)豐盛·豊饒	14)禮度·無禮
15)身體·體格	17)種類·哺乳類	

■되짚어 익히기

令⁴급	領⁴급	嶺³급	零²급	齡²급	玲²급	冷⁴급	命⁵급
靈²급	巫²급	豐준3급	禮⁵급	體⁵급	類준3급		

■반복해 익히기

棟²급	衝²급	屯²급	鈍²급	頓²급	殿²급	刺²급	賴²급
萊²급	廊²급	朗²급	勵²급	曆²급	蠻²급	灣²급	獵²급

73part

■풀어서 익히기

糸	彔 1 나무 새길 록		畾 5 밭 갈피 뢰	亻	僚 11 동료 료	尸	屢 15 여러 루
金	綠 2 푸를 록	雨	䨓 7 우레 뢰	靁 6 雷의 본자	療 12 병 고칠 료	攵	數 16 셀 수(삭·촉)
	錄 3 기록할 록		累 9 포갤 루	纍 8 累의 본자	婁 13 끌 루	尸+雨	扇 17 잡에 비가 샐루
示	祿 4 복 록		尞 10 밝을 료	女 木	樓 14 다락 루	氵	漏 18 샐 루

■낱말로 익히기

2)草綠·常綠樹	3)記錄·附錄	4)福祿·爵祿
7)落雷·避雷針	9)累積·累卵之危	11)同僚·官僚
12)治療·醫療院	14)樓閣·鐘樓	15)屢屢·屢次
16)數爻·數學	16)頻數·數尿症	16)數罟
18)漏水·漏泄		

■되짚어 익히기

綠 5급	錄 준3급	祿 2급	雷 2급	累 2급	僚 2급	療 2급	樓 2급
屢 2급	數 4급	漏 2급					

■반복해 익히기

殿 2급	刺 2급	賴 2급	萊 2급	廊 2급	朗 2급	勵 2급	曆 2급
蠻 2급	灣 2급	獵 2급	零 2급	齡 2급	玲 2급	靈 2급	巫 2급

74part

■풀어서 익히기

			1 六 여섯 륙		6 賣 팔 매	5 賣 행상할 육	車	11 輪 바퀴 륜	阝	15 陵 언덕 릉
		土	2 坴 언덕 륙			7 續 이을 속	亻	12 倫 인륜 륜	禾+刂	16 利 이로울 리
		阝	3 陸 뭍 륙		言	8 讀 읽을 독(두)	言	13 論 논할 론		17 梨 배 리
		目	4 睦 화목할 목		10 冊 책 책	9 侖 둥글 륜	夊	14 夌 넘을 릉		

바퀴통 · 바퀴살 · 축 구멍 · 바퀴테

■낱말로 익히기

1)五六日	1)六月·五六月	3)陸地·水陸兩用
4)和睦·親睦	6)賣買·賣店	7)繼續·連續
8)讀書·牛耳讀經	8)句讀點	10)冊床·空冊
11)競輪·四輪馬車	12)人倫·不倫	13)討論·卓上空論
15)丘陵·王陵	16)銳利·有利	17)梨花·烏飛梨落

■되짚어 익히기

六8급	陸4급	睦3급	賣4급	續4급	讀5급	冊4급	輪3급
倫4급	論4급	陵2급	利5급	梨3급			

■반복해 익히기

蠻2급	灣2급	獵2급	零2급	齡2급	玲2급	靈2급	巫2급
祿2급	雷2급	累2급	僚2급	療2급	樓2급	屢2급	漏2급

16date 총정리(월   일)

■69part

東 6급	凍 2급	棟 2급	重 5급	動 4급	種 4급	衝 2급	童 5급
鐘 준3급	屯 2급	鈍 2급	頓 2급	純 4급	春 5급	殿 2급	

■70part

登 5급	燈 4급	證 준3급	刺 2급	束 준3급	賴 2급	來 5급	萊 2급
良 4급	浪 준3급	郎 준3급	廊 2급	朗 2급	娘 3급	量 4급	糧 3급

■71part

萬 5급	勵 2급	曆 2급	歷 4급	連 4급	蓮 3급	戀 3급	變 4급
蠻 2급	灣 2급	獵 2급					

■72part

令 4급	領 4급	嶺 3급	零 2급	齡 2급	玲 2급	冷 4급	命 5급
靈 2급	巫 2급	豐 준3급	禮 5급	體 5급	類 준3급		

■73part

綠 5급	錄 준3급	祿 2급	雷 2급	累 2급	僚 2급	療 2급	樓 2급
屢 2급	數 4급	漏 2급					

■74part

六 8급	陸 4급	睦 3급	賣 4급	續 4급	讀 5급	冊 4급	輪 3급
倫 4급	論 4급	陵 2급	利 5급	梨 3급			

16. 4음절 한자성어

鷄鳴狗盜

비굴한 꾀를 써서 남을 속이는 천박(淺薄)한 사람을 이름. 전국시대에 제(齊)의 맹상군(孟嘗君)이 진(秦)의 소왕(昭王)에게 붙잡혀 죽을 지경이 되자, 개 흉내와 닭 흉내를 잘 내는 식객(食客)들의 도움을 받아 사지(死地)에서 벗어 난 옛 일에서 비롯된 말.

高枕短命

베개를 높이 하고 자면 목숨이 짧다는 말.

權不十年

권세(權勢)가 십 년을 가지 못한다는 말로, 아무리 높고 센 권세라도 그렇게 오래 가지 못한다는 의미.

曲學阿世

진리에 어그러진 학문(學問)으로 세상 사람에게 아첨(阿諂)함.

過猶不及

지나친 것은 모자란 것과 같다는 말. 중용(中庸)을 중히 여김.

矯角殺牛

뿔을 바로 잡으려다 소를 죽인다는 말로, 결점이나 흠을 고치려다 지나쳐서 도리어 일을 그르침을 비유함.

九牛一毛

아홉 마리 소의 털에서 한 오리의 털이란 말로, 매우 많은 가운데서 매우 적은 수를 이름.

君子不器

어질고 덕망 있는 군자(君子)는 몸에 갖추지 않은 것이 없어서 한 재예(才藝)만 능한 것이 아님을 이름.

經世濟民

세상을 다스리고 백성의 고생을 덜어 구제(救濟)함. 줄여서 경제(經濟)라 함.

近墨者黑

먹을 가까이 하면 검은 빛이 된다는 뜻으로, 사람은 그가 늘 가까이 하는 사람에 따라 그 영향(影響)을 받아서 변하므로 조심하라는 말.

金城湯池

견고(堅固)하여 쳐부수기 어려운 성(城)과 그 둘레에 파 놓은 못이란 말로, 견고한 본거지(本據地)를 이름.

難兄難弟

누구를 형이라 하고 아우라 하기 어렵다는 말로, 두 사물(事物)이 서로 엇비슷하여 낮고 못함을 정하기 어려움을 비유함.

大器晚成

큰 솥과 같은 것을 만드는 데 시간이 오래 걸린다는 말로, 큰 인물(人物)이 될 사람도 늦게 이뤄짐을 비유함.

身言書判

당대(唐代)에 관리를 뽑을 때의 네 가지 기준. 나아가 사람이 갖춰야 할 네 가지 조건. 곧 신수·말씨·문필·판단력.

75part

■ 풀어서 익히기

	离¹	憐⁵ 불쌍히 여길 런		慢¹⁰ 게으를 만	瞞¹⁴ 속일 만
佳	離² 떠날 리	林⁶ 수풀 림		漫¹¹ 질펀할 만	買¹⁵ 살 매
舛	粦³ 도깨비불 런	示 禁⁷ 금할 금		蒲¹² 평평할 만 賣¹⁷ 賣의 본자	賣¹⁶ 팔 매
阝	隣⁴ 이웃 린	目+又 冃⁹ 쓰개 모	曼⁸ 끌 만	滿¹³ 찰 만	

■ 낱말로 익히기

2)離別·分離	4)隣近·近隣施設	5)可憐·同病相憐
6)森林·密林	7)禁止·禁煙	10)怠慢·自慢心
11)放漫·漫畫	13)充滿·滿足	14)欺瞞
15)賣買·買入	16)販賣·賣店	

■ 되짚어 익히기

離³급	隣²급	憐²급	林⁵급	禁⁴급	慢²급	漫²급	滿⁴급
瞞²급	買⁴급	賣⁴급					

■ 반복해 익히기

灣²급	獵²급	零²급	齡²급	玲²급	靈²급	坐²급	祿²급
雷²급	累²급	僚²급	療²급	樓²급	屢²급	漏²급	陵²급

76part

■풀어서 익히기

艸艸³	㒼²	莫¹	月	膜⁷	小	慕¹¹	力	勉¹⁵
풀 무성할 망	莫의 본자	없을 막(모)		꺼풀 막		사모할 모		힘쓸 면
(고문자)	(고문자 巾)	幕⁴	日	暮⁸	言	謨¹²	日	晩¹⁶
		장막 막		저물 모		꾀 모		늦을 만
(고문자)	(고문자 氵)	漠⁵	木	模⁹	土	墓¹³	女	娩¹⁷
		사막 막		본뜰 모		무덤 묘		해산할 만
	宀	寞⁶	力	募¹⁰		免¹⁴		
		쓸쓸할 막		모을 모		면할 면		

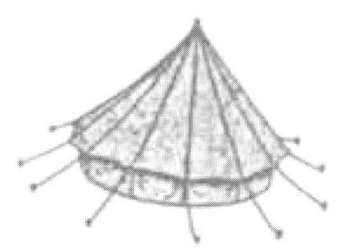

■낱말로 익히기

1)莫大·莫上莫下	4)帳幕·幕舍	5)沙漠·廣漠
6)寂寞·寞寞江山	7)角膜·鼓膜	8)歲暮·朝三暮四
9)模倣·模唱	10)募集·募金	11)思慕·追慕
13)墓地·墓所	14)免除·免責特權	15)勤勉·勉學
16)晚鐘·大器晚成	17)分娩	

■되짚어 익히기

莫 준3급	幕 2급	漠 2급	寞 2급	膜 2급	暮 준3급	模 3급	募 3급
慕 3급	謨 2급	墓 준3급	免 준3급	勉 준3급	晚 준3급	娩 2급	

■반복해 익히기

靈 2급	巫 2급	祿 2급	雷 2급	累 2급	僚 2급	療 2급	樓 2급
屢 2급	漏 2급	陵 2급	隣 2급	憐 2급	慢 2급	漫 2급	瞞 2급

77part

■풀어서 익히기

亾²	亡¹	女	妄⁶	糸	網¹⁰	自+穴+方		夐¹⁴
亡의 본자	망할 망		망령될 망		그물 망			보이지 아니할 멱
月	望³	氵	汒⁷	目	盲¹¹			邊¹⁵
	바랄 망		큰 물 망		소경 맹			가 변
心	忘⁴	++	茫⁸		㠩¹²	火	戌¹⁷	威¹⁶
	잊을 망		아득할 망		물 넘칠 황		열한째 지지 술	불 꺼질 멸
忄	忙⁵	罒	罔⁹	++	荒¹³			滅¹⁸
	바쁠 망		없을 망		거칠 황			멸할 멸

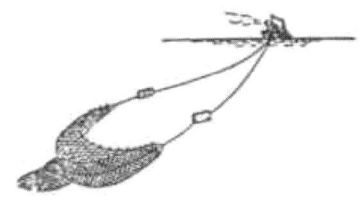

■낱말로 익히기

1)滅亡·亡國之歎	3)素望·希望	4)忘却·健忘症
5)奔忙·公私多忙	6)妄靈·老妄	8)茫漠·茫茫大海
9)罔極·駭怪罔測	10)漁網·底引網	11)盲人·夜盲症
13)荒野·荒蕪地	15)邊方·海邊	17)庚戌國恥
18)滅亡·永久不滅		

■되짚어 익히기

亡⁴급	望⁴급	忘⁴급	忙준3급	妄³급	茫²급	罔²급	網²급
盲³급	荒²급	邊³급	戌⁴급	滅²급			

■반복해 익히기

療²급	樓²급	屢²급	漏²급	陵²급	隣²급	燐²급	慢²급
漫²급	瞞²급	幕²급	漠²급	寞²급	膜²급	謨²급	娩²급

- 123 -

■풀어서 익히기

母² 어미 모	每¹ 매양 매	亻 侮⁶ 업신여길 모	皿 盟¹⁰ 맹세할 맹	言	謀¹⁵ 꾀할 모
木 梅³ 매화나무 매	攵 敏⁷ 민첩할 민	夕+日 名¹¹ 이름 명		女	媒¹⁶ 중매 매
氵 海⁴ 바다 해	糸 繁⁸ 번성할 번	金 銘¹² 새길 명		冃+目	冒¹⁷ 무릅쓸 모
忄 悔⁵ 뉘우칠 회	日+月 明⁹ 밝을 명	木 楳¹⁴ 매화나무 매	某¹³ 아무 모	巾	帽¹⁸ 모자 모

■낱말로 익히기

1)每樣·每日	2)母親·母系社會
3)梅花·梅蘭菊竹	4)海洋·東海	5)後悔·悔改
6)侮辱·侮蔑感	7)敏捷·敏感	8)繁盛·繁華街
9)明暗·燈下不明	10)盟誓·同盟	11)姓名·別名
12)銘心·座右銘	13)某年·某月	15)圖謀·謀議
16)仲媒·媒婆	17)冒險·冒瀆	18)帽子·中折帽

■되짚어 익히기

每⁵급	母⁸급	梅³급	海⁵급	悔³급	侮²급
敏³급	繁³급	明⁵급	盟³급	名⁶급	銘³급	某³급	謀²급

媒²급	冒²급	帽²급

■반복해 익히기

隣²급	憐²급	慢²급	漫²급	瞞²급	幕²급	漠²급	寞²급
膜²급	謨²급	娩²급	茫²급	罔²급	網²급	荒²급	滅²급

79part

■풀어서 익히기

又	回[2]	曼[1] 北 北	卯[7] 卯	金	釗[11]	戈+止	武[15]
		돌 회	가라앉을 몰		넷째 지지 묘	쇠 류	굳셀 무
	氵	沒[3]	貝	貿[8]	劉[12]	貝	賦[16]
		빠질 몰		바꿀 무	죽일 류		구실 부
豕	冃[5]	冡[4]	木	柳[9]	戈	戊[13]	无	無[17]
		겹쳐 덮을 모	덮어쓸 몽	버들 류		다섯째 천간 무	없을 무
	艹	蒙[6]	田	留[10]	艹	茂[14]	舛	舞[18]
		어두울 몽		머무를 류		무성할 무	춤출 무

■낱말로 익히기

2)回轉·旋回	3)沈沒·水沒	6)啓蒙·無知蒙昧
7)丁卯胡亂	8)貿易	9)美柳·路柳墻花
10)殘留·停留場	12)劉備·劉邦	13)戊午士禍
14)茂盛·松茂柏悅	15)武勇·步武堂堂	16)賦課·雜賦金
17)無識·前無後無	18)舞踊·舞蹈會	

■되짚어 익히기

回 4급	沒 2급	蒙 2급	卯 4급	貿 3급	柳 준3급	留 준3급	劉 2급
戊 준3급	茂 준3급	武 3급	賦 2급	無 5급	舞 준3급		

■반복해 익히기

幕 2급	漠 2급	寞 2급	膜 2급	謨 2급	娩 2급	茫 2급	罔 2급
網 2급	荒 2급	滅 2급	侮 2급	謀 2급	媒 2급	冒 2급	帽 2급

80part

刀	勿 1)	口	味 5)	目	民 9)	又	反 14)	叛 13)
	말 물		맛 미		백성 민		돌이킬 반	배반할 반
牛	物 2)	女	妹 6)	王	珉 10)		伴 15)
	만물 물		누이 매		옥돌 민		짝 반
心	忽 3)	日	昧 7)	目	眠 11)		判 16)
	소홀히 할 홀		어두울 매		잠잘 면		가를 판
木	未 4)	宀+床	寐 8)	八+牛	半 12)		
	아닐 미		잠잘 매		절반 반		

■낱말로 익히기

1)勿驚·勿忘草	2)萬物·物物交換	3)疏忽·忽待
4)未完成·未成年	5)味覺·別味	6)姉妹·男妹
7)愚昧·無知蒙昧	8)夢寐·寤寐不忘	9)民族·國民
11)睡眠·不眠症	12)折半·半信半疑	13)背叛·叛亂
14)反對·如反掌	15)伴侶者·同伴者	16)判決·裁判

■되짚어 익히기

勿 준3급	物 5급	忽 2급	未 4급	味 4급	妹 4급	昧 2급	寐 2급
民 5급	珉 2급	眠 준3급	半 5급	叛 2급	反 5급	伴 2급	判 4급

■반복해 익히기

謨 2급	媛 2급	茫 2급	岡 2급	網 2급	荒 2급	滅 2급	侮 2급
謀 2급	媒 2급	冒 2급	帽 2급	沒 2급	蒙 2급	劉 2급	賦 2급

17date 총정리(　월　일)

■75part

離³급	隣²급	憐²급	林⁵급	禁⁴급	慢²급	漫²급	滿⁴급
瞞²급	買⁴급	賣⁴급					

■76part

莫준3급	幕²급	漠²급	寞²급	膜²급	暮준3급	模³급	募³급
慕³급	謨²급	墓준3급	免준3급	勉준3급	晩준3급	娩²급	

■77part

亡⁴급	望⁴급	忘⁴급	忙준3급	妄³급	茫²급	罔²급	網²급
盲³급	荒²급	邊³급	戌⁴급	滅²급			

■78part

每⁵급	梅³급	海⁵급	悔³급	侮²급	敏³급	繁³급	明⁵급
盟³급	名⁶급	銘³급	某³급	謀²급	媒²급	冒²급	帽²급

■79part

回⁴급	沒²급	蒙²급	卯⁴급	貿³급	柳준3급	留준3급	劉²급
戊준3급	茂준3급	武³급	賦²급	無⁵급	舞준3급		

■80part

勿준3급	物⁵급	忽²급	未⁴급	味⁴급	妹⁴급	昧²급	寐²급
民⁵급	珉²급	眠준3급	半⁵급	叛²급	反⁵급	伴²급	判⁴급

17. 4음절 한자성어

獨不將軍

혼자서는 장군이 되지 못한다는 말로, 저 혼자 잘난 체하며 뽐내다가 남에게 핀잔을 받고 고립(孤立)된 처지(處地)에 있는 사람이나 혼자서 모든 일을 처리하려는 사람을 이름.

同病相憐

같은 병으로 고생하는 사람끼리 서로 가엾게 여긴다는 말로, 같은 처지에 있는 사람이라야 서로 그 고충(苦衷)도 알고 동정(同情)도 함을 이름.

凍足放尿

언 발에 오줌을 누어 녹인다는 말로, 일시 구급(救急)은 되나 곧 그 효력(效力)이 없어질 뿐 아니라 더 악화(惡化)됨을 이름.

登高自卑

높은 곳에 올라가려면 낮은 곳에서부터 오른다함이니 일의 진행(進行)에는 차례(次例)가 있음을 이르는 말. 지위(地位)가 높아질수록 스스로를 낮춘다는 말.

晚時之歎

기회(機會)를 놓쳐 뒤늦었음을 안타까워하는 탄식.

北窓三友

거문고와 술과 시(詩)를 일컬음.

我田引水

자기 논에 물대기라는 말로, 자신의 이익(利益)만 생각함을 이름.

亡羊之歎

양(羊)을 잃었는데 길이 많고 복잡하여 어디로 갔는지 모름을 한탄한다는 말로, 학문(學問)의 갈래가 많아 길을 잡기 어려움을 비유함.

孟母斷機

학문을 중도에서 폐(廢)함을 훈계하는 말. 맹자(孟子)의 어머니가 짜던 베를 칼로 끊으면서 아들에게 학문을 크게 이루라고 타이른 옛 일에서 비롯됨.

馬耳東風

남의 말을 조금도 귀담아 듣지 않고 지나쳐 흘려버림을 이르는 말.

吾鼻三尺

내 코가 석자라는 말로, 내 문제(問題)의 해결에 여념(餘念)이 없어 남의 일은 거들떠볼 시간(時間)이 없음을 이름.

遺臭萬年

더러운 이름을 영원한 장래(將來)에까지 남겨 놓음.

自畵自讚

자기가 그린 그림을 자기 스스로 칭찬한다는 말로, 자기가 한 일을 자기 스스로 자랑함을 이름.

泰山北斗

태산(泰山)과 북두성(北斗星)이 합쳐진 말. 세상 사람으로부터 존경(尊敬)을 받는 사람, 또는 어느 한 분야의 최고 권위자(權威者)를 지칭. 태두(泰斗).

81part

■풀어서 익히기

又	反¹	片	版⁵		皿	盤⁹	才	拔¹³
	돌이킬 반		조각 판			소반 반		뺄 발
食	飯²	貝	販⁶	才		搬¹⁰	亻+戈	伐¹⁴
	밥 반		팔 판			옮길 반		칠 벌
辶	返³	阝	阪⁷	犬		犮¹¹	門	閥¹⁵
	돌아올 반		비탈 판			달릴 발		문벌 벌
木	板⁴	舟+殳	般⁸	镸+彡	髟	髮¹²		
	널빤지 판		돌 반			터럭 발		

■낱말로 익히기

1)反對·如反掌	2)白飯·朝飯	3)返品·返還點
4)板子·松板	5)版畵·出版社	6)販賣·自販機
7)大阪	8)萬般·彼此一般	9)小盤·錚盤
10)運搬·搬入	12)毛髮·白髮	13)拔萃·選拔
14)征伐·伐草	15)門閥·財閥	

■되짚어 익히기

反⁵급	飯⁴급	返³급	板준3급	版³급	販³급	阪²급	般³급
盤²급	搬²급	髮³급	拔²급	伐⁴급	閥²급		

■반복해 익히기

滅²급	侮²급	謀²급	媒²급	冒²급	帽²급	沒²급	蒙²급
劉²급	賦²급	忽²급	昧²급	寐²급	珉²급	叛²급	伴²급

82part

■풀어서 익히기

帆² 돛 범	凡¹ 무릇 범	辟	壁⁶ 벽 벽	言 辯¹⁰ 말 잘할 변	甹¹⁵ 끌 병
	汎³ 뜰 범	亻	僻⁷ 후미질 벽	刂 辨¹¹ 나눌 변	耳 聘¹⁶ 부를 빙
鳥	鳳⁴ 봉새 봉	辶	避⁸ 피할 피	倂¹³ 幷¹² 竝¹⁹ 아우를 병 아우를 병 나란할 병	竝¹⁸ 普¹⁷ 普의 본자 널리 보
尸+辛	辟⁵ 허물 벽	辛	辡⁹ 송사할 변	尸 屛¹⁴ 병풍 병	言 譜²⁰ 족보 보

■낱말로 익히기

1)平凡·非凡	3)汎稱·汎國民運動	4)鳳凰·臥龍鳳雛
6)障壁·壁畵	7)僻村·山間僻地	8)避身·避難
10)雄辯·辯護士	11)辨別·魚魯不辨	12)合幷·幷呑
14)屛風	16)招聘·聘丈	17)普及·普遍的
19)竝立·竝行	20)族譜·畵譜	

■되짚어 익히기

凡 준3급	汎 2급	鳳 2급	壁 3급	僻 2급	避 3급	辯 3급	辨 2급
幷 2급	屛 2급	聘 2급	普 3급	竝 2급	譜 3급		

■반복해 익히기

帽 2급	沒 2급	蒙 2급	劉 2급	賦 2급	忽 2급	昧 2급	寐 2급
珉 2급	叛 2급	伴 2급	阪 2급	盤 2급	搬 2급	拔 2급	閥 2급

83part

■풀어서 익히기

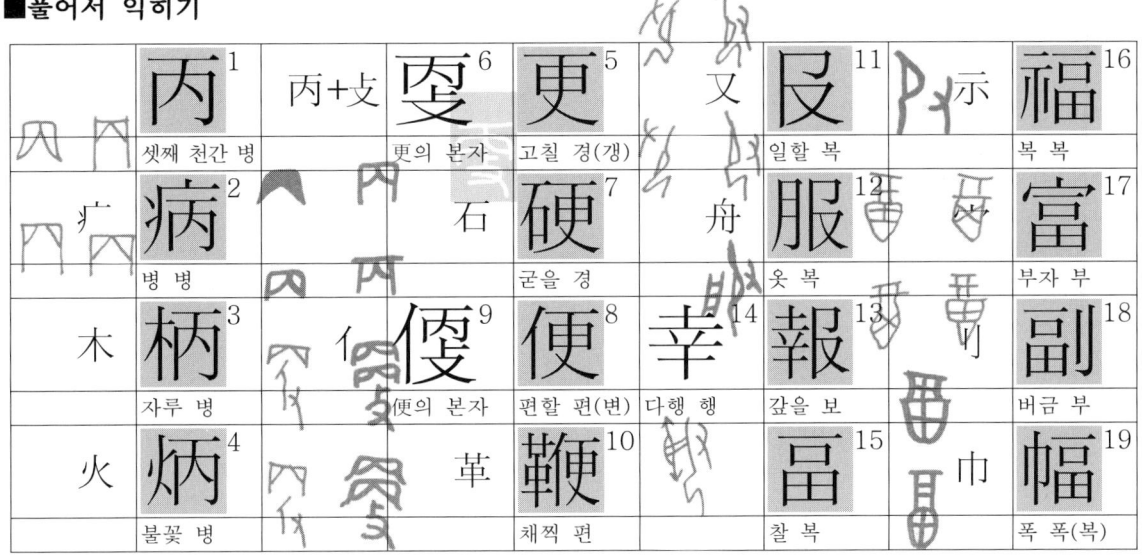

	丙¹ 셋째 천간 병	丙+攴	叓⁶ 更의 본자	更⁵ 고칠 경(갱)		叏¹¹ 일할 복	示	福¹⁶ 복 복
广	病² 병 병	石		硬⁷ 굳을 경	舟	服¹² 옷 복		富¹⁷ 부자 부
木	柄³ 자루 병	亻	㑶⁹ 便의 본자	便⁸ 편할 편(변)	幸¹⁴	報¹³ 갚을 보		副¹⁸ 버금 부
火	炳⁴ 불꽃 병			鞭¹⁰ 채찍 편		畐¹⁵ 찰 복	巾	幅¹⁹ 폭 폭(복)

■낱말로 익히기

1)丙子胡亂	2)疾病·病院	3)身柄引受
5)更新·變更	5)更新·更生	7)硬度·硬直
8)便利·不便	8)小便·便所	10)鞭撻·教鞭
12)服從·校服	13)報答·結草報恩	14)多幸·幸福
16)幸福·五福	17)富者·甲富	18)副業·副班長
19)畵幅·步幅	19)幅巾	

■되짚어 익히기

丙⁴급	病⁵급	柄²급	炳²급	更⁴급	硬³급	便⁵급	鞭²급
服⁵급	報⁴급	幸⁵급	福⁴급	富⁴급	副준3급	幅²급	

■반복해 익히기

珉²급	叛²급	伴²급	阪²급	盤²급	搬²급	拔²급	閥²급
汎²급	鳳²급	僻²급	辨²급	幷²급	屛²급	聘²급	竝²급

84part

■풀어서 익히기

	甫¹ 클 보	扌	捕⁵ 사로잡을 포	艹	葡⁹ 포도 포	^^	簿¹³ 문서 부	
	補² 기울 보	口	哺⁶ 먹일 포	寸	尃¹⁰ 펼 부	艹	薄¹⁴ 얇을 박	
車	輔³ 도울 보	金	鋪⁷ 가게 포	貝	賻¹¹ 부의 부	十	博¹⁵ 넓을 박	
氵	浦⁴ 물가 포	勹	匍⁸ 길 포	氵	溥¹² 넓을 부			

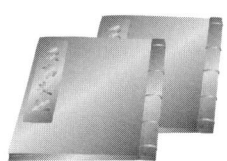

■낱말로 익히기

1)杜甫·皇甫氏	2)補充·補藥	3)輔弼·輔佐官
4)浦口·三千浦	5)捕虜·逮捕	6)哺乳類·反哺鳥
7)店鋪·典當鋪	9)葡萄	11)賻儀
13)家計簿·出席簿	14)薄氷·淺薄	15)博識·博士

■되짚어 익히기

甫²급	補³급	輔²급	浦³급	捕³급	哺²급	鋪²급	葡²급
賻²급	簿²급	薄³급	博³급				

■반복해 익히기

盤²급	搬²급	拔²급	閥²급	汎²급	鳳²급	僻²급	辨²급
幷²급	屏²급	聘²급	竝²급	柄²급	炳²급	鞭²급	幅²급

85part

■풀어서 익히기

	1 复 갈 복	兩	5 覆 덮을 복			10 蜂 벌 봉	イ	14 俸 녹 봉
夂	2 複 겹칠 복		6 丰 풀 무성할 봉	辶		11 逢 만날 봉	土+寸	15 封 봉할 봉
月	3 腹 배 복		7 夆 끌 봉	糸		12 縫 꿰맬 봉	阝	16 邦 나라 방
イ	4 復 돌아올 복(부)	山	9 峰 峯과 동자	8 峯 봉우리 봉	廾+手	13 奉 받들 봉		

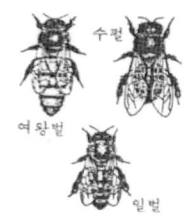

수펄
여왕벌
일벌

■낱말로 익히기

2)重複·複寫	3)腹部·腹痛	4)往復·復歸
4)復活·復興	5)覆面·覆蓋工事	8)最高峯·希望峰
10)養蜂·蜂起	11)相逢·逢着	12)裁縫·縫製工場
13)奉仕·奉養	14)俸給·年俸	15)封墳·封建制度
16)友邦·異邦人		

■되짚어 익히기

複3급	腹3급	復4급	覆2급	峯3급	蜂2급	逢준3급	縫2급
奉4급	俸2급	封2급	邦3급				

■반복해 익히기

辨2급	幷2급	屛2급	聘2급	竝2급	柄2급	炳2급	鞭2급
幅2급	甫2급	輔2급	哺2급	鋪2급	葡2급	賻2급	簿2급

86part

■풀어서 익히기

木+大	夫¹ 지아비 부	肉 木+木	腐⁵ 썩을 부	水+付	浮⁹ 뜰 부	米	粉¹³ 가루 분		
木+才	扶² 도울 부	阝	附⁶ 붙을 부		北¹⁰ 북녘 북(배)	糸	紛¹⁴ 어지러울 분		
亻+寸	付³ 줄 부	竹	符⁷ 부신 부	月	背¹¹ 등 배	皿	盆¹⁵ 동이 분		
广	府⁴ 곳집 부	爫+子	孚⁸ 미쁠 부	八+刀	分¹² 나눌 분	貝	貧¹⁶ 가난할 빈		

■낱말로 익히기

1)夫婦·夫唱婦隨	2)扶助·相扶相助	3)交付·貸付
4)政府·行政府	5)腐敗·防腐劑	6)附錄·附屬品
7)符信·免罪符	9)浮力·浮萍草	10)北韓·東西南北
10)敗北	11)背囊·背泳	12)分離·半分
13)粉末·粉乳	14)紛亂·紛爭	15)花盆·覆盆子
16)貧困·貧益貧富益富		

■되짚어 익히기

夫 6급	扶 준3급	付 3급	府 3급	腐 2급	附 2급	符 2급	浮 준3급
北 6급	背 준3급	分 5급	粉 3급	紛 3급	盆 2급	貧 4급	

■반복해 익히기

柄 2급	炳 2급	鞭 2급	幅 2급	甫 2급	輔 2급	哺 2급	鋪 2급
葡 2급	賻 2급	簿 2급	覆 2급	蜂 2급	縫 2급	俸 2급	封 2급

18date 총정리(월 일)

■81part

反 5급	飯 4급	返 3급	板 준3급	版 3급	販 3급	阪 2급	般 3급
盤 2급	搬 2급	髮 3급	拔 2급	伐 4급	閥 2급		

■82part

凡 준3급	汎 2급	鳳 2급	壁 3급	僻 2급	避 3급	辯 3급	辨 2급
幷 2급	屛 2급	聘 2급	普 3급	竝 2급	譜 3급		

■83part

丙 4급	病 5급	柄 2급	炳 2급	更 4급	硬 3급	便 5급	鞭 2급
服 5급	報 4급	幸 5급	福 4급	富 4급	副 준3급	幅 2급	

■84part

甫 2급	補 3급	輔 2급	浦 3급	捕 3급	哺 2급	鋪 2급	葡 2급
購 2급	簿 2급	薄 3급	博 3급				

■85part

複 3급	腹 3급	復 4급	覆 2급	峯 3급	蜂 2급	逢 준3급	縫 2급
奉 4급	俸 2급	封 2급	邦 3급				

■86part

夫 6급	扶 준3급	付 3급	府 3급	腐 2급	附 2급	符 2급	浮 준3급
北 6급	背 준3급	分 5급	粉 3급	紛 3급	盆 2급	貧 4급	

18. 3음절 한자성어

姜太公

중국 주(周)나라의 조신(朝臣). 문왕(文王)이 위수(渭水) 가에서 처음 만나 군사(軍師)로 삼았으며, 뒤에 무왕(武王)을 도와 은(殷)을 멸하고 천하를 평정하였음. 낚시질 하는 사람을 이르기도 함.

肩臂痛

신경통의 하나. 어깨 부분이나 또는 어깨에서 팔까지의 부분이 저리고 아파서 팔을 잘 놀리지 못함.

鬼哭聲

귀신이 우는 소리. 곧 죽은 사람의 혼이 밤에 우는 소리라는 뜻.

比丘尼

출가하여 머리를 깎고 구족계(具足戒)를 받은 여자 중.

楊貴妃

중국 당나라 현종의 비. 이름은 옥환(玉環), 또는 태진(太眞). 양귀비꽃과에 딸린 한해 또는 두해살이풀.

淋巴腺

임파관(淋巴管)의 각 곳에 있는 좁쌀 또는 콩알만 한 크기의 덩이. 목·겨드랑이·샅에 특히 많으며, 병원균(病原菌)이 옮겨 가는 것을 막음.

俱樂部

정치·사교·문예·오락·친목 그 밖의 같은 목적에 의하여 결합한 사람들의 단체. 클럽(club).

歐羅巴

육대주(六大洲)의 하나. 유라시아 대륙 서부의 반도 모양으로 된 부분을 차지함. Europe을 중국에서 가차(假借)하여 표기한 말.

楓嶽山

가을의 금강산(金剛山)을 달리 이르는 말.

翰林院

고려 때에 임금의 명령을 받아 문서를 꾸미는 일을 맡아보던 관청.

狹心症

심장벽 혈관의 경화(硬化)나 폐색(閉塞) 등으로 일어나는 매우 심한 동통 발작(疼痛發作)의 증세.

木覓山

서울 중앙에 있는 남산(南山)의 옛 이름. 인왕산·북악산 등과 더불어 서울 분지를 둘러싼 자연의 방벽 역할을 함.

赤裸裸

몸에 아무 것도 걸치지 않고 발가벗은 상태. 있는 그대로 다 드러내어 숨김이 없음.

蓬萊山

중국에서 상상하던 삼신산(三神山)의 하나. 동쪽 바다 가운데에 있어서 신선(神仙)이 살고, 불로초와 불사약이 있다는 영산(靈山). 여름철의 금강산(金剛山)을 이르기도 함.

87part

■풀어서 익히기

貝	卉²	賁¹	不⁶	不+口	音¹⁰	土	培¹⁴
	풀 훼	클 분	아닐 불(부)	비웃을 부(투)	북돋을 배		
忄	憤³	口	否⁷	阝	部¹¹	貝	賠¹⁵
	분할 분		아닐 부(비)	거느릴 부	물어 줄 배		
土	墳⁴	木	杯⁸	剖¹²	市¹⁷	巿¹⁶	
	무덤 분		잔 배	쪼갤 부	저자 시	슬갑 불	
口	噴⁵	皿	盃⁹	倍¹³	月	肺¹⁸	
	뿜을 분		杯의 속자	곱 배		허파 폐	

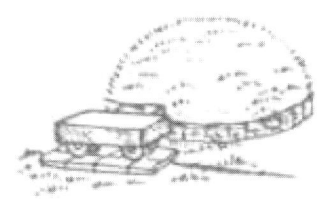

■낱말로 익히기

3)憤怒·憤氣撑天	4)墳墓·古墳	5)噴水·噴霧器
6)不可·不義	6)不當·不正	7)否認·拒否
7)否塞	8)乾杯·後來三杯	11)部下·幹部
12)解剖·剖檢	13)倍數·勇氣百倍	14)栽培·培養
15)賠償	17)市場·門前成市	18)肺病·肺結核

■되짚어 익히기

憤²급	墳²급	噴²급	不⁵급	否⁴급	杯준3급	部⁵급	剖²급
倍준3급	培²급	賠²급	市⁵급	肺³급			

■반복해 익히기

甫²급	輔²급	哺²급	鋪²급	葡²급	賻²급	簿	覆²급
蜂²급	縫²급	俸²급	封²급	腐²급	附²급	符²급	盆²급

88part

■풀어서 익히기

	弗¹		朋⁵		婢⁹		謝¹⁴
	아닐 불		벗 붕		계집종 비		사례할 사
	佛²		崩⁶		巳¹⁰		虒¹⁵
	부처 불		무너질 붕		여섯째 지지 사		뿔범 사
	拂³		卑⁷		祀¹¹		遞¹⁶
	떨 불		낮을 비		제사 사		갈마들 체
	費⁴		碑⁸	弓+又 弝¹³	射¹²		
	쓸 비		비석 비	射의 본자	쏠 사		

■낱말로 익히기

1)弗素·弗貨	2)佛陀·佛教	
3)拂拭·支拂	4)消費·浪費	5)朋黨·朋友有信
6)崩壞·天崩之痛	7)卑下·男尊女卑	8)碑石·墓碑
9)婢女·奴婢	10)乙巳年·乙巳勒約	11)祭祀·告祀
12)發射·射擊	14)謝禮·感謝	16)郵遞局·遞信部

■되짚어 익히기

弗2급	佛4급	拂3급	費준3급	朋준3급	崩2급	卑2급	碑2급
婢2급	巳4급	祀3급	射준3급	謝4급	遞2급		

■반복해 익히기

簿2급	覆2급	蜂2급	縫2급	俸2급	封2급	腐2급	附2급
符2급	盆2급	憤2급	墳2급	噴2급	剖2급	培2급	賠2급

89part

■풀어서 익히기

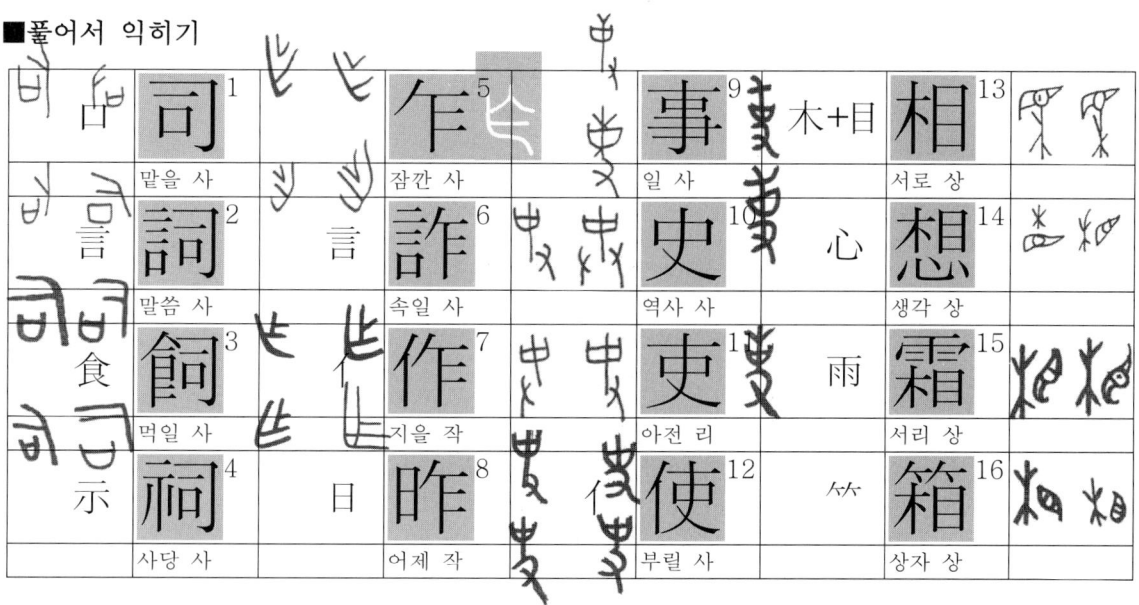

		司¹ 맡을 사		乍⁵ 잠깐 사		事⁹ 일 사	木+目	相¹³ 서로 상	
	言	詞² 말씀 사	言	詐⁶ 속일 사		史¹⁰ 역사 사	心	想¹⁴ 생각 상	
	食	飼³ 먹일 사		作⁷ 지을 작		吏¹¹ 아전 리	雨	霜¹⁵ 서리 상	
	示	祠⁴ 사당 사		昨⁸ 어제 작	日	使¹² 부릴 사	竹	箱¹⁶ 상자 상	

■낱말로 익히기

1)上司·司法府	2)名詞·冠詞	3)飼料·飼育
4)祠堂·顯忠祠	6)詐欺·詐稱	7)製作·作品
8)昨今·昨年	9)事件·人事	10)歷史·史劇
11)官吏·貪官汚吏	12)使臣·天使	13)相對·相扶相助
14)想像·誇大妄想	15)風霜·雪上加霜	16)箱子

■되짚어 익히기

司³급	詞²급	飼²급	祠²급	詐³급	作⁵급	昨⁵급	事⁵급
史⁴급	吏³급	使⁴급	相⁴급	想⁴급	霜준3급	箱²급	

■반복해 익히기

腐²급	附²급	符²급	盆²급	憤²급	墳²급	噴²급	剖²급
培²급	賠²급	弗²급	崩²급	卑²급	碑²급	婢²급	遞²급

90part

■풀어서 익히기

ﻌ	ﻌ	它¹	土	地⁶	扌	撒¹²	桑	喪¹⁶
		뱀 사(타)		땅 지		뿌릴 살		잃을 상
虫	虵³	蛇²		池⁷		象¹³	牛	犀¹⁷
	蛇의 속자	뱀 사	氵	못 지		코끼리 상		무소 서
	也⁴		亻	他⁸	亻	像¹⁴	辶	遲¹⁸
	어조사 야			남 타		형상 상		더딜 지
攸	施⁵	月	橵¹¹	散¹⁰	散⁹	木	桑¹⁵
	베풀 시		흩을 산	散과 동자	흩을 산		뽕나무 상

■낱말로 익히기

2)毒蛇·殺母蛇	4)及其也·言則是也	5)施行·施賞式
6)土地·地球	7)天池·貯水池	8)他人·自他共認
9)解散·分散	12)撒布·撒水車	13)象牙·群盲撫象
14)銅像·自畵像	15)桑田碧海	16)喪失·喪心
18)遲滯·遲刻		

■되짚어 익히기

蛇²급	也준3급	施준3급	地⁵급	池³급	他⁴급	散⁴급	撒²급
象준3급	像³급	桑²급	喪준3급	遲²급			

■반복해 익히기

憤²급	墳²급	噴²급	剖²급	培²급	賠²급	弗²급	崩²급
卑²급	碑²급	婢²급	遞²급	詞²급	飼²급	祠²급	箱²급

91part

■풀어서 익히기

		庶[1] 庚	氵	渡[5]	竹	籍[9]		舄[13]
广+石+火		여러 서		건널 도		문서 적		까치 석
		遮[2]	日	昔[6] 晉	金	錯[10]		寫[14]
		막을 차		예 석		섞일 착		베낄 사
	巾	席[3]	小	惜[7]	亻	借[11]	罍[16]	寋[15]
		자리 석		아낄 석		빌 차	罍의 본자	높은 곳에 오를 선
	又	度[4]	未	耤[8]	扌	措[12]	辶	遷[17]
		법도 도(탁)		적전 적		둘 조		옮길 천

■낱말로 익히기

1)庶民·庶子	2)遮斷·遮陽	3)方席·坐不安席
4)法度·度量衡	4)忖度·晝思夜度	5)渡江·渡河訓練
6)今昔之感	7)惜別·買占賣惜	9)書籍·除籍
10)錯誤·錯覺	11)賃借·借用證	12)措置·措處
14)複寫·寫眞	17)遷都·孟母三遷	

■되짚어 익히기

庶[3급]	遮[2급]	席[5급]	度[5급]	渡[2급]	昔[준3급]	惜[준3급]	籍[3급]
錯[2급]	借[준3급]	措[2급]	寫[준3급]	遷[2급]			

■반복해 익히기

培[2급]	賠[2급]	弗[2급]	崩[2급]	卑[2급]	碑[2급]	婢[2급]	遞[2급]
詞[2급]	飼[2급]	祠[2급]	箱[2급]	蛇[2급]	撒[2급]	桑[2급]	遲[2급]

92part

■풀어서 익히기

止+儿	先¹ 먼저 선		言	讚⁵ 기릴 찬		亘¹¹ 펼 선	穴+釆	竊¹⁷ 훔칠 절
氵	洗² 씻을 세	言⁸ 다투어 말할 경	譱⁷ 善의 본자	善⁶ 착할 선	宀	宣¹² 베풀 선	耳	聶¹⁸ 소곤거릴 섭
	兟³ 나아갈 신	羊	羊 糸	繕⁹ 기울 선	木	桓¹³ 굳셀 환	扌	攝¹⁹ 당길 섭
貝	贊⁴ 도울 찬	羊	羊 月	膳¹⁰ 반찬 선	咼¹⁶ 卨의 속자	卨¹⁵ 卨의 속자	卨¹⁴ 사람 이름 설	

■낱말로 익히기

1)先生·率先垂範	2)洗滌·洗手	4)協贊·贊助金
5)稱讚·自畫自讚	6)性善說·善男善女	9)修繕
10)膳物·膳賜	12)宣傳·宣言	13)桓因·桓雄
17)竊盜·剽竊	19)包攝·攝取	

■되짚어 익히기

先 5급	洗 4급	贊 3급	讚 2급	善 4급	繕 2급	膳 2급	宣 3급
桓 2급	竊 2급	攝 2급					

■반복해 익히기

碑 2급	婢 2급	遞 2급	詞 2급	飼 2급	祠 2급	箱 2급	蛇 2급
撒 2급	桑 2급	遲 2급	遮 2급	渡 2급	錯 2급	措 2급	遷 2급

19date 총정리(월   일)

■87part

憤²급	墳²급	噴²급	不⁵급	否⁴급	杯준3급	部⁵급	剖²급
倍준3급	培²급	賠²급	市⁵급	肺³급			

■88part

弗²급	佛⁴급	拂³급	費준3급	朋준3급	崩²급	卑²급	碑²급
婢²급	巳⁴급	祀³급	射준3급	謝⁴급	遞²급		

■89part

司³급	詞²급	飼²급	祠²급	詐³급	作⁵급	昨⁵급	事⁵급
史⁴급	吏³급	使⁴급	相⁴급	想⁴급	霜준3급	箱²급	

■90part

蛇²급	也준3급	施준3급	地⁵급	池³급	他⁴급	散⁴급	撒²급
象준3급	像³급	桑²급	喪준3급	遲²급			

■91part

庶³급	遮²급	席⁵급	度⁵급	渡²급	昔준3급	惜준3급	籍³급
錯²급	借준3급	措²급	寫준3급	遷²급			

■92part

先⁵급	洗⁴급	贊³급	讚²급	善⁴급	繕²급	膳²급	宣³급
桓²급	竊²급	攝²급					

19. 3음절 한자성어

耆老所

조선조 때, 나이가 많은 임금이나 실직(實職)에 있는 70세가 넘는 정2품 이상의 문관(文官)들이 모여서 놀도록 마련한 곳.

永訣式

장례 때, 친지가 모여 죽은 사람과 영원히 이별을 고하는 의식.

狂犬病

광견병 바이러스를 가지고 있는 개에게 물려서 옮는 급성 전염병.

葡萄糖

포도처럼 단맛이 있는 열매에 들어 있는 단당류(單糖類)의 한 가지. 물에 잘 녹으며 생물의 에너지 원료가 됨.

秦始皇

중국 진(秦)나라의 초대 황제. 기원전 246년 13세 때에 왕이 되어 기원전 221년에 천하를 통일하고 스스로 시황제(始皇帝)라 칭했음.

瓊玉膏

혈액 순환을 고르게 하기 위한 보약의 한 가지. 생지황·인삼·백복령 따위 약재를 씀.

三昧境

다른 생각을 하지 않고 오직 한 가지 일에만 마음을 모아 생각하는 일심불란(一心不亂)의 경지.

奎章閣

조선조에 설치된 역대 시문(詩文)·서화(書畵)·고명(顧命)·유교(遺敎)·보감(寶鑑) 등을 보관하던 관청.

鍊金術

구리·납·주석 등의 비금속(卑金屬)으로부터 금·은 등의 귀금속(貴金屬) 제조, 나아가서는 불로장생(不老長生)의 약까지 제조하는 원시적인 화학 기술.

驅逐艦

속력에 중점을 두고, 어뢰(魚雷)를 주요 무기로 하여, 적의 주력함(主力艦)·순양함(巡洋艦)·잠수함(潛水艦) 등의 공격을 임무로 하는 군함(軍艦).

謁聖試

조선조 때 임금이 문묘(文廟)에 참배한 뒤 성균관(成均館)에서 보이던 과거시험.

蓋然性

일정한 조건 아래에서 어떤 현상의 발생, 또는 지식(知識)이나 인식(認識)에 관한 확실성의 정도.

懇談會

정답게 서로의 의견(意見)을 나누기 위한 모임.

茶菓會

간단히 차와 과자를 차려 놓고 하는 모임.

93part

■풀어서 익히기

十	世[1] 세상 세	火	燥[5] 마를 조			巽[10] 유순할 손	禾·言	秀[14] 빼어날 수
貝	貰[2] 세낼 세		束[6] 묶을 속			選[11] 가릴 선		誘[15] 꾈 유
	槀[3] 울 소		速 빠를 속	子+系	孫[12] 손자 손		透[16] 통할 투
才	操[4] 잡을 조	力/攵	敕[9] 勅과 동자	勅[8] 칙서 칙		遜[13] 공손할 손		

■낱말로 익히기

1)世上·世界	2)月貰·專貰	4)操作·操縱士
5)乾燥·焦燥	6)拘束·束手無策	7)迅速·速戰速決
8)勅書·勅使	11)選擇·選擧	12)孫子·子子孫孫
13)恭遜·不遜	14)優秀·秀麗	15)誘惑·誘拐
16)透明·透視力		

■되짚어 익히기

世5급	貰2급	操준3급	燥2급	束준3급	速5급	勅2급	選4급
孫5급	遜2급	秀준3급	誘2급	透2급			

■반복해 익히기

箱2급	蛇2급	撒2급	桑2급	遲2급	遮2급	渡2급	錯2급
措2급	遷2급	讚2급	繕2급	膳2급	桓2급	竊2급	攝2급

94part

■풀어서 익히기

	受¹ 받을 수		郵⁶ 역참 우		辶	遂¹⁰ 이룰 수	享¹⁶ 누릴 향	孰¹⁵ 누구 숙
爪+又	授² 줄 수		雨	需⁷ 구할 수	墜¹² 떨어질 추	隊¹¹ 무리 대	巛	熟¹⁷ 익을 숙
土	坙⁴ 垂의 본자	垂³ 드리울 수	亻	儒⁸ 선비 유	宀+亻	宿¹³ 잘 숙(수)	盾¹⁸ 방패 순
日	睡⁵ 졸 수		豕	彖⁹ 뜻을 따를 수		縮¹⁴ 줄 축	循¹⁹ 좇을 순

■낱말로 익히기

1)授受·受話器	2)授與·授業料	3)垂直·懸垂幕
5)睡眠·午睡	6)郵便·郵票	7)必需品·婚需品
8)儒學者·焚書坑儒	10)完遂·未遂犯	11)軍隊·海兵隊
13)下宿·旅人宿	13)星宿	14)縮小·縮約
16)享年·享有	17)白熟·半熟	18)矛盾
19)循環·循行		

■되짚어 익히기

受⁴급	授⁴급	垂²급	睡²급	郵³급	需²급	儒준3급	遂²급
隊준3급	宿⁴급	縮²급	孰²급	享³급	熟³급	盾²급	循²급

■반복해 익히기

渡²급	錯²급	措²급	遷²급	讚²급	繕²급	膳²급	桓²급
竊²급	攝²급	貰²급	燥²급	勅²급	遜²급	誘²급	透²급

95part

■풀어서 익히기

		尗¹	宀	寂⁶	灬	烝¹⁰	湻¹⁴	淳¹³
		넝쿨 숙		고요할 적		김 오를 증	淳의 고자	순박할 순
艹	菽³	叔²	戊	戚⁷	艹	蒸¹¹	攵	敦¹⁵
	콩 숙	아재비 숙		겨레 척		찔 증		도타울 돈
		淑⁴	又	丞⁸	宀+火+又		夋¹⁷	叟¹⁶
		맑을 숙		도울 승			叟의 고자	늙은이 수
	目	督⁵	手	承⁹	享+羊	孰¹²	才	搜¹⁸
		살필 독		이을 승		폭 삶을 순		찾을 수

■낱말로 익히기

2)叔父·堂叔	4)貞淑·淑女	5)監督·督促
6)寂寞·閑寂	7)親戚·姻戚	9)繼承·傳承
11)蒸氣·汗蒸幕	13)淳朴	15)敦篤·敦義門
18)搜索·搜査官		

■되짚어 익히기

叔 준3급	淑 준3급	督 3급	寂 2급	戚 2급	承 4급	蒸 2급	淳 2급
敦 2급	搜 2급						

■반복해 익히기

竊 2급	攝 2급	貰 2급	燥 2급	勅 2급	遜 2급	誘 2급	透 2급
垂 2급	睡 2급	需 2급	遂 2급	縮 2급	孰 2급	盾 2급	循 2급

96part

■풀어서 익히기

	升[1] 되 승	糸	織[5] 짤 직	識	伸[9] 펼 신	腦	囟[13] 정수리 신	
	昇[2] 오를 승	耳	職[6] 직분 직	示	神[10] 귀신 신	心	恖[15] 思의 본자	思[14] 생각 사
	戠[3] 찰 진흙 시	戈	申[7] 아홉째 지지 신	糸	紳[11] 큰 띠 신	女		媤[16] 시집 시
	識[4] 알 식(지)	雨	電[8] 번개 전	土	坤[12] 땅 곤	糸	絪[18] 細의 본자	細[17] 가늘 세

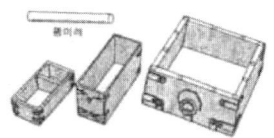

■낱말로 익히기

2)上昇·昇降機	4)知識·無識	4)標識
5)織女·紡織工場	6)職分·職業	7)申告·甲申政變
8)電氣·電光石火	9)伸縮性·女權伸張	10)鬼神·無神論者
11)紳士	12)坤殿·乾坤一擲	14)思想·相思病
16)媤宅·媤父母	17)纖細·微細	

■되짚어 익히기

升2급	昇2급	識4급	織3급	職준3급	申4급	電5급	伸2급
神5급	紳2급	坤준3급	思4급	媤2급	細4급		

■반복해 익히기

誘2급	透2급	垂2급	睡2급	需2급	遂2급	縮2급	孰2급
盾2급	循2급	寂2급	戚2급	蒸2급	淳2급	敦2급	搜2급

97part

■풀어서 익히기

手	失¹		義⁵	牛	犧⁹	++	藥¹³
	잃을 실		옳을 의		희생 희		약 약
禾	秩²	イ	儀⁶		亞¹⁰	日+女	晏¹⁴
	차례 질		거동 의		버금 아		편안할 안
戈	我³	言	議⁷	心	惡¹¹	宀	宴¹⁵
	나 아		의논할 의		악할 악(오)		잔치 연
食	餓⁴	兮	羲⁸		樂¹²		
	주릴 아		숨 희		풍류 악(락·요)		

■낱말로 익히기

1)紛失·失手	2)秩序	3)自我·唯我獨尊
4)饑餓·餓死者	5)不義·見利思義	6)儀式·國民儀禮
7)議論·不可思議	9)犧牲	10)亞流·亞熱帶
11)惡魔·性惡說	11)憎惡·嫌惡	12)風樂·音樂
12)快樂·娛樂	12)樂山樂水·仁者樂山	13)藥草·萬病通治藥
15)宴會·古稀宴		

■되짚어 익히기

失⁵급	秩³급	我준3급	餓³급	義⁴급	儀³급	議준3급	犧²급
亞³급	惡⁴급	樂⁵급	藥⁵급	宴³급			

■반복해 익히기

遂²급	縮²급	孰²급	盾²급	循²급	寂²급	戚²급	蒸²급
淳²급	敦²급	搜²급	升²급	昇²급	伸²급	紳²급	媤²급

98part

■풀어서 익히기

宀+女	安¹肉	日	晏⁵		日	映⁹	扌	抑¹³
	편안할 안		늦을 안			비칠 영		누를 억
木	案²	大	央⁶			印¹⁰	弓	弱¹⁴
	책상 안		가운데 앙			나 앙		약할 약
扌	按³		殃⁷			仰¹¹	氵	溺¹⁵
	누를 안		재앙 앙			우러를 앙		빠질 닉
革	鞍⁴	艹	英⁸		辶	迎¹²		
	안장 안		꽃부리 영			맞을 영		

■낱말로 익히기

1)便安·坐不安席	2)酒案床·螢窓雪案	3)按摩·按手祈禱
4)鞍裝·鞍馬競技	6)中央·震央地	7)災殃·殃及池魚
8)紫雲英·育英事業	9)映畫·映寫機	11)信仰·仰天大笑
12)歡迎·送舊迎新	13)抑制·抑壓	14)弱者·弱肉强食
15)溺死·耽溺		

■되짚어 익히기

安⁵급	案⁴급	按²급	鞍²급	晏²급	央준3급	殃²급	英⁵급
映³급	仰준3급	迎준3급	抑²급	弱⁵급	溺²급		

■반복해 익히기

縮²급	孰²급	盾²급	循²급	寂²급	戚²급	蒸²급	淳²급
敦²급	搜²급	升²급	昇²급	伸²급	紳²급	媤²급	犧²급

20date 총정리(월   일)

■93part

世 5급	貰 2급	操 준3급	燥 2급	束 준3급	速 5급	勅 2급	選 4급
孫 5급	遜 2급	秀 준3급	誘 2급	透 2급			

■94part

受 4급	授 4급	垂 2급	睡 2급	郵 3급	需 2급	儒 3급	遂 2급
隊 준3급	宿 4급	縮 2급	孰 2급	享 3급	熟 3급	盾 2급	循 2급

■95part

叔 준3급	淑 준3급	督 3급	寂 2급	戚 2급	承 4급	蒸 2급	淳 2급
敦 2급	搜 2급						

■96part

升 2급	昇 2급	識 4급	織 3급	職 준3급	申 4급	電 5급	伸 2급
神 5급	紳 2급	坤 준3급	思 4급	媤 2급	細 4급		

■97part

失 5급	秩 3급	我 준3급	餓 3급	義 4급	儀 3급	議 준3급	犧 2급
亞 3급	惡 4급	樂 5급	藥 5급	宴 3급			

■98part

安 5급	案 4급	按 2급	鞍 2급	晏 2급	央 준3급	殃 2급	英 5급
映 3급	仰 준3급	迎 준3급	抑 2급	弱 5급	溺 2급		

20. 3음절 한자성어

東夷族
옛날 중국 사람들이 그들 동쪽에 있는 나라의 사람들을 이르던 말. 곧 우리나라나 일본 등을 가리켰음.

僞證罪
법원이나 국회 등에서 법률에 의하여 선서한 증인이 고의로 허위의 진술(陳述)을 함으로써 성립하는 죄.

茶毗式
불교에서 시신(屍身)을 화장(火葬)하는 의식. 불을 재생(再生)의 정화(淨化)라 믿는 데서 생겨남.

義捐金
어떤 사회적 자선(慈善)이나 공익(公益)을 위해 내는 돈.

糖尿病
당(糖)이 많이 섞여 나오는 오줌이 오랜 동안을 두고 나오는 병.

白鹿潭
제주도(濟州道) 한라산의 봉우리에 있는 화구호(火口湖).

瞬息間
눈을 한번 깜짝하거나 숨을 한번 쉴 만한 사이. 극히 짧은 동안.

抛物線
물체를 던졌을 때에 그려지는 선과 같은 원추(圓錐) 곡선(曲線)의 한 가지.

象牙塔
예술(藝術) 지상주의(至上主義)의 사람들이 속세를 떠나 정적한 예술만을 즐기는 경지, 또는 학자들의 현실 생활과 교섭이 없는 연구 생활.

托鉢僧
경문(經文)을 외면서 집집마다 돌아다니며 동냥을 하는 중.

屯田兵
고려·조선조 때 평시(平時)에는 토지를 경작해 식량을 자급(自給)하고, 전시(戰時)에는 전투원으로 동원되던 병사(兵士).

毘盧峰
내금강(內金剛)에 딸린 금강산 중의 최고봉(最高峰). 높이 1천 638m.

憂鬱症
마음이 흐리고 명랑하지 못한 심리 상태에 이른 증세. 번민(煩悶)·무능감(無能感)·자살 기도 따위를 나타냄.

標準語
일정한 규준에 따라 만들어진 언어로, 음운(音韻)·문법(文法)·어휘(語彙) 등의 모든 면에서 이상적이며 공용어(公用語)로서 쓰이는 말.

崔判官
불가(佛家)에서 죽은 사람에 대해 살았을 때의 선악(善惡)을 판단한다고 하는 저승의 벼슬아치.

■풀어서 익히기

	若¹	日+彡	昜⁵	亻+矢	傷¹⁰		湯¹⁴
	같을 약(야)		볕 양		상할 상		끓을 탕
心	惹²		陽⁶		場¹¹		易¹⁵
	이끌 야		볕 양		마당 장		바꿀 역(이)
言	諾³	扌/攵	敭⁸	揚⁷	腸¹²	金	錫¹⁶
	허락할 낙		揚의 고자	오를 양	창자 장		주석 석
匚	匿⁴			木 楊⁹	申 暢¹³	貝	賜¹⁷
	숨길 닉			버들 양	펼 창		줄 사

■낱말로 익히기

1)萬若·上善若水	1)般若心經	
2)惹起·惹端	3)許諾·承諾	4)隱匿·匿名
6)陽地·太陽	7)揭揚·揚水機	9)垂楊·楊枝
10)傷處·火傷	11)市場·運動場	12)胃腸·盲腸
13)流暢·和暢	14)蔘鷄湯·補身湯	15)交易·易地思之
15)容易·難易度	16)朱錫·錫杖	17)下賜·賜藥

■되짚어 익히기

若⁴급	惹²급	諾²급	匿²급	陽⁵급	揚준3급	楊²급	傷준3급
場⁵급	腸준3급	暢²급	湯²급	易준3급	錫²급	賜²급	

■반복해 익히기

蒸²급	淳²급	敦²급	搜²급	升²급	昇²급	伸²급	紳²급
媤²급	犧²급	按²급	鞍²급	晏²급	殃²급	抑²급	溺²급

100part

■풀어서 익히기

衣	襄¹ 도울 양		㫃⁵ 깃발 언	木	榦¹⁰ 幹의 본자	幹⁹ 줄기 간		㕣¹⁵ 늪 연
言	讓² 사양할 양	疋	旋⁶ 돌 선	韋	韓¹² 韓의 본자	韓¹¹ 나라 이름 한	金	鉛¹⁶ 납 연
土	壤³ 흙 양		倝⁷ 해 돋을 간	羽		翰¹³ 붓 한	氵	沿¹⁷ 따를 연
女	孃⁴ 아가씨 양	乙	乾⁸ 마를 건			斡¹⁴ 관리할 알	舟	船¹⁸ 배 선

■낱말로 익히기

2)辭讓·讓步	3)土壤·天壤之差	4)案內孃·交換孃
6)旋回·旋風	8)乾燥·乾魚物	9)根幹·幹部
11)韓國·韓民族	13)書翰·翰林院	14)斡旋
16)黑鉛·鉛筆	17)沿岸·沿近海	18)漁船·造船所

■되짚어 익히기

讓 준3급	壤 3급	孃 2급	旋 2급	乾 4급	幹 2급	韓 5급	翰 2급
斡 2급	鉛 3급	沿 3급	船 4급				

■반복해 익히기

媤 2급	犧 2급	按 2급	鞍 2급	晏 2급	殃 2급	抑 2급	溺 2급
惹 2급	諾 2급	匿 2급	楊 2급	暢 2급	湯 2급	錫 2급	賜 2급

101part

■풀어서 익히기

予¹ 广 나 여	序⁵ 차례 서	手 舉⁹ 들 거	月 朔¹³ 초하루 삭	
里 野² 들 야	臼+廾 舁⁶ 마주 들 여	事 輿¹⁰ 수레 여	广 庻¹⁵ 斥의 정자	斥¹⁴ 물리칠 척
象 豫³ 미리 예	牙 與⁷ 줄 여	屰¹¹ 거스를 역	言/心 愬¹⁷ 訴와 동자	訴¹⁶ 하소연할 소
頁 預⁴ 맡길 예	言 譽⁸ 기릴 예	辶 逆¹² 거스를 역		

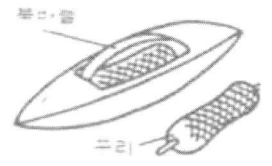

■낱말로 익히기

2)平野·廣野	3)豫習·豫買	4)預金·預託
5)秩序·長幼有序	7)授與·賞與金	8)名譽·榮譽
9)選擧·擧手敬禮	10)喪輿·大東輿地圖	12)逆風·逆利用
13)滿朔·朔月貰	14)排斥·斥和碑	16)呼訴·訴訟

■되짚어 익히기

予2급	野5급	豫2급	預2급	序4급	與4급	譽2급	擧4급
輿2급	逆4급	朔2급	斥2급	訴2급			

■반복해 익히기

殃2급	抑2급	溺2급	惹2급	諾2급	匿2급	楊2급	暢2급
湯2급	錫2급	賜2급	孃2급	旋2급	幹2급	翰2급	斡2급

102part

■풀어서 익히기

予 仝 仝	余¹ 仝 斗	斜⁶ 기울 사	氵 涂¹¹ 길 도	予 舒¹⁵ 펼 서
予 食 仝	餘² 남을 여	阝 除⁷ 덜 제	土 塗¹² 바를 도	仝 彳/彳 役¹⁷ 役의 고자	役¹⁶ 부릴 역
彳	徐³ 천천할 서	仝 十 茶⁹ 茶의 본자	茶⁸ 茶 차 다(차)	舍¹³ 仝 집 사	广 疫¹⁸ 염병 역
攴	敍⁴ 베풀 서	叙⁵ 敍의 속자	辶 途¹⁰ 길 도	扌 捨¹⁴ 버릴 사 仝 仝	仝 仝

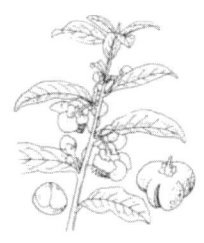

■낱말로 익히기

2)餘裕·餘白	3)徐徐·徐行	4)敍述·自敍傳
6)傾斜·斜塔	7)除去·削除	8)茶房·茶菓會
8)紅茶·雀舌茶	10)壯途·前途有望	12)塗褙·塗色
13)幕舍·寄宿舍	14)喜捨·取捨選擇	16)兵役·苦役
18)疫疾·紅疫		

■되짚어 익히기

余 준3급	餘 4급	徐 2급	敍 2급	斜 2급	除 4급	茶 3급	途 2급
塗 2급	舍 4급	捨 3급	舒 2급	役 3급	疫 2급		

■반복해 익히기

湯 2급	錫 2급	賜 2급	孃 2급	旋 2급	幹 2급	翰 2급	斡 2급
予 2급	豫 2급	預 2급	譽 2급	輿 2급	朔 2급	斥 2급	訴 2급

103part

■풀어서 익히기

目+幸	睪[1]		金	鐸[5]		足	蹟[11]	跡[10]	亦+攵	赦[15]

目+幸	睪[1]	金	鐸[5]	足	蹟[11] 跡[10]	亦+攵	赦[15]
	엿볼 역		방울 탁		跡과 동자 / 자취 적		용서할 사
馬	驛[2]	扌	擇[6]	辶	迹[12]	月	蜎[16]
	역참 역		가릴 택		자취 적		장구벌레 연
言	譯[3]		澤[7]	亦+夕	夜[13]	扌	捐[17]
	번역할 역		못 택		밤 야		버릴 연
采	釋[4]	腋[9]	亦[8]		液[14]	糸	絹[18]
	풀 석	겨드랑이 액	또 역		진 액		명주 견

■낱말로 익히기

2)驛站·驛前	3)飜譯·通譯	4)解釋·釋放
5)木鐸	6)選擇·兩者擇一	7)惠澤·沼澤地
8)亦是·馬行處牛亦去	10)足跡·追跡	12)人迹·潛迹
13)夜間·熱帶夜	14)津液·液體	15)赦免·特赦
17)出捐·義捐金	18)絹絲·絹織物	

■되짚어 익히기

驛3급	譯2급	釋2급	鐸2급	擇3급	澤3급	亦준3급	跡2급
迹2급	夜5급	液2급	赦2급	捐2급	絹2급		

■반복해 익히기

斡2급	予2급	豫2급	預2급	譽2급	輿2급	朔2급	斥2급
訴2급	徐2급	敍2급	斜2급	途2급	塗2급	舒2급	疫2급

104part

■풀어서 익히기

止+爻	延 ¹ 끌 연	⺶ 氵	淡 ⁵ 묽을 담	口+月+犬	厭 ¹¹ 싫을 염(엽)	虫	蝶 ¹⁵ 나비 접
言	誕 ² 태어날 탄	⺶ 毛	毯 ⁶ 담요 담	土	壓 ¹² 누를 압	言	諜 ¹⁶ 염탐할 첩
火	炎 ³ 불탈 염	髥 ⁸ 구레나룻 염	冄 ⁷ 부드러울 염	世+木	枼 ¹³ 모진 나무 엽	敖 ¹⁸ 敖의 본자	敖 ¹⁷ 놀 오
言	談 ⁴ 말씀 담	阝	那 ¹⁰ 어찌 나	冄 ⁹ 那의 본자	⾋	葉 ¹⁴ 잎사귀 엽(섭)	亻	傲 ¹⁹ 거만할 오

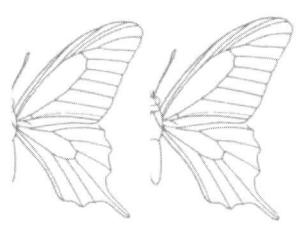

■낱말로 익히기

1)延期·延長戰	2)誕生·誕辰	3)暴炎·炎天
4)談話·相談	5)淡淡·淡泊	6)毯褥·洋毯子
10)那落·利那	11)厭症·厭世主義	12)壓力·壓縮
14)落葉·針葉樹	15)蝶泳·探花蜂蝶	16)諜者·間諜
19)傲慢·傲氣		

■되짚어 익히기

延³급	誕²급	炎준3급	談⁴급	淡³급	毯2급	那²급	厭2급
壓²급	葉⁴급	蝶²급	諜2급	傲²급			

■반복해 익히기

徐²급	敍²급	斜²급	途²급	塗²급	舒2급	疫²급	譯²급
釋²급	鐸2급	跡²급	迹2급	液²급	赦2급	捐2급	絹²급

21date 총정리(월   일)

■99part

若⁴급	惹²급	諾²급	匿²급	陽⁵급	揚준3급	楊²급	傷준3급
場⁵급	腸준3급	暢²급	湯²급	易³급	錫²급	賜²급	

■100part

讓준3급	壤³급	孃²급	旋²급	乾⁴급	幹²급	韓⁵급	翰²급
斡²급	鉛³급	沿³급	船⁴급				

■101part

予²급	野⁵급	豫²급	預²급	序⁴급	與⁴급	譽²급	擧⁴급
興²급	逆⁴급	朔²급	斥²급	訴²급			

■102part

余준3급	餘⁴급	徐²급	敍²급	斜²급	除⁴급	茶³급	途²급
塗²급	舍⁴급	捨³급	舒²급	役³급	疫²급		

■103part

驛³급	譯²급	釋²급	鐸²급	擇³급	澤³급	亦준3급	跡²급
迹²급	夜⁵급	液²급	赦²급	捐²급	絹²급		

■104part

延³급	誕²급	炎준3급	談⁴급	淡³급	毯²급	那²급	厭²급
壓²급	葉⁴급	蝶²급	諜²급	傲²급			

21. 3음절 한자성어

斬首刑

사람의 목을 베어 죽이는 형벌. 1894년 갑오경장(甲午更張)으로 폐지되었음.

泌尿器

포유류의 오줌을 만드는 콩팥과 그것을 몸 밖으로 내보내기 위한 기관.

舶來品

예전에 주로 서양에서 국내에 들어온 신식 물품을 이르던 말.

鍾鼎文

중국의 은나라·주나라 때의 금석붙이나 그릇붙이 따위에 새겨져 있는 고문(古文).

奠雁禮

구식 혼인 때 신랑이 신부 집에 기러기를 가지고 가서 상 위에 놓고 절하는 예법(禮法).

長蘆蔘

사람이 심어서 기른 산삼(山蔘). 장뇌삼(長腦蔘).

嫌煙權

담배의 연기를 싫어해 거부할 수 있는 권리.

傳書鳩

통신에 이용하기 위해 훈련된 비둘기. 비둘기의 잘 발달된 귀소성(歸巢性)을 이용함.

社稷壇

임금이 백성을 위해 토신(土神)과 곡신(穀神)에게 제사지내던 제단.

哺乳類

어미가 젖으로 새끼를 먹이어 기르는 동물 중 가장 고등(高等)한 무리.

稻熱病

흔히 벼 종류의 잎 등에 어두운 갈색의 불규칙한 얼룩점이 생겨 퍼져 결국 말라 죽는 병.

諷喩法

본뜻을 뒤에 숨기고 비유되는 말만으로 숨겨진 본래의 뜻을 암시하는 방법.

水刺床

임금에게 올리는 음식을 차리어 놓은 상.

戴冠式

유럽에서 임금이 즉위(卽位)한 뒤에, 정식으로 왕관을 받아서 쓰고 등극(登極)을 선시(宣示)하는 의식.

里程標

도로 등의 길가에 일정한 곳으로부터 다른 일정한 곳에 이르는 거리를 적어 놓은 푯말.

漂白劑

종이나 피륙 따위를 바래서 희게 하는 데 쓰는 약제.

105part

■풀어서 익히기

艹	刻	永¹ 길 영	沁	埶⁶ 심을 예	埶	五¹⁰ 다섯 오	本	梧¹⁴ 오동나무 오
沁	刻	泳² 헤엄칠 영	艹	藝⁷ 재주 예	埶	伍¹¹ 다섯 사람 오	吾	語¹⁵ 말씀 어
言/口	咏⁴ 詠과 동자	詠³ 읊을 영	艹	熱⁸ 더울 열	口	吾¹² 나 오	尸+至	屋¹⁶ 집 옥
	日	昶⁵ 밝을 창	力	勢⁹ 기세 세	忄	悟¹³ 깨달을 오	才	握¹⁷ 쥘 악

■낱말로 익히기

1)永遠·永久的	2)水泳·蝶泳	
3)詠嘆法·吟風詠月	7)曲藝·藝術	8)熱氣·以熱治熱
9)氣勢·破竹之勢	10)五色·三三五五	11)隊伍·落伍
12)吾鼻三尺·吾不關焉	13)覺悟·大悟覺醒	14)梧桐
15)言語·國語	16)家屋·屋塔房	17)握手·掌握

■되짚어 익히기

永^{5급}	泳^{3급}	詠^{2급}	昶^{2급}	藝^{4급}	熱^{4급}	勢^{4급}	五^{8급}
伍^{2급}	吾^{준3급}	悟^{준3급}	梧^{2급}	語^{5급}	屋^{4급}	握^{2급}	

■반복해 익히기

釋^{2급}	鐸^{2급}	跡^{2급}	迹^{2급}	液^{2급}	赦^{2급}	捐^{2급}	絹^{2급}
誕^{2급}	毯^{2급}	那^{2급}	厭^{2급}	壓^{2급}	蝶^{2급}	諜^{2급}	傲^{2급}

106part

■풀어서 익히기

木 杵²	午¹	吳⁶	口 鳴¹⁰	女 要¹⁴
	공이 저	알곱째 지지 오	나라 이름 오	탄식할 오	중요할 요
彳+止+口	御³	女 娛⁷	於¹¹	月 腰¹⁵
	어거할 어	즐거워할 오	어조사 어	허리 요
示	禦⁴	言 誤⁸	心 慇¹²	臼+曰 舀¹⁶
	막을 어	그릇될 오	삼갈 온	확에서 퍼낼 요
言	許⁵	鳥 烏⁹	阝 隱¹³	禾 稻¹⁷
	허락할 허	까마귀 오	숨길 은	벼 도

■낱말로 익히기

1)午前·壬午軍亂	3)御駕·制御	4)防禦
5)許諾·許可	6)吳越同舟	7)娛樂
8)誤謬·誤解	9)烏鵲橋·烏飛梨落	10)鳴咽·鳴呼痛哉
11)於中間·於此彼	13)隱匿·隱蔽	14)重要·三府要人
15)腰痛·腰折腹痛	17)稻熱病·立稻先賣	

■되짚어 익히기

午⁵급	御²급	禦²급	許⁴급	吳²급	娛²급	誤⁴급	烏준3급
鳴²급	於준3급	隱²급	要⁴급	腰²급	稻²급		

■반복해 익히기

赦²급	捐²급	絹²급	誕²급	毯²급	那²급	厭²급	壓²급
蝶²급	諜²급	傲²급	詠²급	昶²급	伍²급	梧²급	握²급

107part

■풀어서 익히기

犭+言+犬	獄¹	王	王⁷	犭	狂¹¹	火	燒¹⁵		
			옥 옥			임금 왕		미칠 광	사를 소
丘+山	岳³	嶽²	玉曰	旺⁸	皇	皇¹²	曉¹⁶		
		큰 산 악	嶽과 동자		성할 왕		임금 황	새벽 효
皿	囚⁵	昷⁴	氵	汪⁹	凡	凰¹³	林隹	雍¹⁷	
		가둘 수	어질 온	狂	넓을 왕		봉황새 황	화목할 옹
		氵	溫⁶	彳+止	往¹⁰	垚+兀	堯¹⁴	扌	擁¹⁸
			따뜻할 온		갈 왕		요 임금 요	안을 옹

■낱말로 익히기

1)監獄·獄死	3)山岳·雪岳山	5)罪囚·死刑囚
6)溫室·三寒四溫	7)女王·廣開土大王	8)旺盛
10)往來·右往左往	11)狂奔·狂犬病	12)皇帝·秦始皇
13)鳳凰	14)堯舜時節	15)燃燒·燒却
16)曉星	18)抱擁·擁護	

■되짚어 익히기

獄²급	岳²급	囚³급	溫⁴급	王⁸급	旺²급	汪²급	往⁴급
狂²급	皇준3급	凰²급	堯²급	燒²급	曉²급	擁²급	

■반복해 익히기

蝶²급	諜²급	傲²급	詠²급	昶²급	伍²급	梧²급	握²급
御²급	禦²급	吳²급	娛²급	嗚²급	隱²급	腰²급	稻²급

108part

■ 풀어서 익히기

又	尤¹		宀	宇⁵	彳	優¹¹	亻	偶¹⁵
	허물 우			집 우		넉넉할 우		짝 우
京	就²	氵	汙⁷ 汗⁶		禺¹²	宀	寓¹⁶
足		나아갈 취	더러울 오	汙의 본자	짐승 우		머무를 우
	蹴³	于大/言	誇⁹ 夸⁸		遇¹³	戈	戉¹⁷
	찰 축	자랑할 과	자랑할 과		만날 우	도끼 월
	于⁴		頁+心+夂	憂¹⁰ 心	愚¹⁴	走	越¹⁸
	어조사 우			근심 우	어리석을 우		넘을 월

■ 낱말로 익히기

2)就職·進就的	3)蹴球·失蹴	4)于先·于山國
5)宇宙·大宇	7)汙水·汙染	9)誇示·誇張
10)憂患·杞憂	11)優秀·優等生	13)遭遇·千載一遇
14)愚鈍·萬愚節	15)偶像·配偶者	16)寓話
18)超越·越牆		

■ 되짚어 익히기

尤 준3급	就 준3급	蹴 2급	于 준3급	宇 준3급	汙 2급	誇 2급	憂 준3급
優 3급	遇 4급	愚 3급	偶 2급	寓 2급	越 2급		

■ 반복해 익히기

吳 2급	娛 2급	嗚 2급	隱 2급	腰 2급	稻 2급	獄 2급	岳 2급
旺 2급	汪 2급	狂 2급	凰 2급	堯 2급	燒 2급	曉 2급	擁 2급

109pa

■풀어서

	云¹ 이를 운	完⁵ 완전할 완	鼎¹⁰ 員의 고자	員⁹ 인원 원	夗¹⁴ 누워 뒹굴 원
	雲² 구름 운	院⁶ 집 원		圓¹¹ 둥글 원	怨¹⁵ 원망할 원
	魂³ 넋 혼	冠⁷ 깎을 완		韻¹² 운 운	苑¹⁶ 나라 동산 원
	元⁴ 으뜸 원	冠⁸ 갓 관		損¹³ 덜 손	

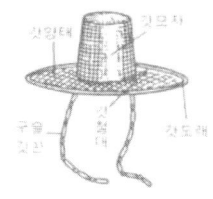

■낱말로 익히기

1)云云·云謂	2)雲霧·雲集	3)魂魄·靈魂
4)壯元·國家元首	5)完全·完成	6)學院·病院
8)王冠·月桂冠	9)人員·滿員	11)圓形·圓卓會議
12)音韻·韻字	13)損害·損失	15)怨望·怨恨
16)秘苑		

■되짚어 익히기

云 준3급	雲 4급	魂 2급	元 5급	完 4급	院 준3급	冠 3급	員 준3급

圓 준3급	韻 2급	損 준3급	怨 준3급	苑 2급			

■반복해 익히기

獄 2급	岳 2급	旺 2급	汪 2급	狂 2급	凰 2급	堯 2급	燒 2급
曉 2급	擁 2급	蹴 2급	汚 2급	誇 2급	偶 2급	寅 2급	越 2급

110part

■풀어서 익히기

爫+又	爱¹ 이에 원	煖⁶ 暖과 동자	暖⁵ 따뜻할 난	目	寰¹¹ 寰과 동자	睘¹⁰ 돌아올 선	僞¹⁵ 거짓 위
才	援² 당길 원	衣 / 袁⁷ 옷 길 원			還¹² 돌아올 환	胃¹⁷ 胃의 고자	胃¹⁶ 밥통 위
女	媛³ 미인 원	辶 / 遠⁸ 멀 원		王	環¹³ 고리 환	言	謂¹⁸ 이를 위
糸	緩⁴ 느릴 완	口 / 園⁹ 동산 원			爫+象 爲¹⁴ 할 위		渭¹⁹ 강 이름 위

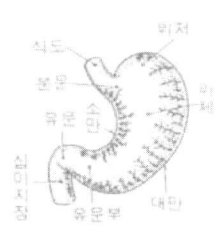

■낱말로 익히기

2)後援·孤立無援	3)才媛	4)弛緩·緩行列車
5)溫暖·暖房	8)永遠·遠隔操縱	9)公園·樂園
12)歸還·錦衣還鄕	13)花環·玉指環	14)行爲·人爲的
15)僞造·僞證罪	16)胃腸·胃癌	18)云謂·所謂
19)涇渭		

■되짚어 익히기

援3급	媛2급	緩2급	暖준3급	袁2급	遠5급	園4급	還2급
環3급	爲4급	僞2급	胃3급	謂2급	渭2급		

■반복해 익히기

汪2급	狂2급	凰2급	堯2급	燒2급	曉2급	擁2급	蹴2급
汚2급	誇2급	偶2급	寓2급	越2급	魂2급	韻2급	苑2급

22date 총정리(　월　일)

■105part

永⁵급	泳³급	詠²급	昶²급	藝⁴급	熱⁴급	勢⁴급	五⁸급
伍²급	吾준3급	悟준3급	梧²급	語⁵급	屋⁴급	握²급	

■106part

午⁵급	御²급	禦²급	許⁴급	吳²급	娛²급	誤⁴급	烏준3급
嗚²급	於준3급	隱²급	要⁴급	腰²급	稻²급		

■107part

獄²급	岳²급	囚³급	溫⁴급	王⁸급	旺²급	汪²급	往⁴급
狂²급	皇준3급	凰²급	堯²급	燒²급	曉²급	擁²급	

■108part

尤준3급	就준3급	蹴²급	于준3급	宇준3급	汚²급	誇²급	憂준3급
優³급	遇⁴급	愚³급	偶²급	寓²급	越²급		

■109part

云준3급	雲⁴급	魂²급	元⁵급	完⁴급	院준3급	冠³급	員준3급
圓준3급	韻²급	損준3급	怨준3급	苑²급			

■110part

援³급	媛²급	緩²급	暖준3급	袁²급	遠⁵급	園⁴급	還²급
環³급	爲⁴급	僞²급	胃³급	謂²급	渭²급		

22. 3음절 한자성어

餘滴欄

신문이나 잡지 따위에서 여록(餘祿) 등을 싣기 위해 특별히 마련한 지면(紙面).

田柴科

고려 때 관리나 공신, 또는 각 관아(官衙)에 그 관급(官級)에 따라 토지와 땔나무를 댈 임야를 나누어 주던 제도.

蔽一言

이러니저러니 할 것 없이 한 마디 말로 휩싸서 말함.

未嘗不

정말 아닌 게 아니라. 과연.

五十肩

50세 전후에 생기는 어깨 부위의 통증.

冥王星

예전에 태양계 가장 바깥 궤도를 도는 행성(行星)으로 여겼으나 2006년 그 지위가 소행성으로 격하됨.

燕尾服

뒤가 길고 두 갈래로 째져 제비꼬리처럼 되어 있는 남자용 예복(禮服)의 하나.

覆盆子

장미과에 딸린 갈잎 떨기나무에 열리는 열매로 약용(藥用) 및 식용(食用)함.

森林浴

나무가 많이 우거진 곳에서의 휴양(休養). 나무는 박테리아 등 미생물을 죽이는 살균효과를 지닌 피톤치드라는 물질을 발산함. 피톤치드는 또 신체 각 부위에 활력을 주고 피부에 탄력을 주어 노화방지에 큰 효능이 있음.

鄭鑑錄

조선조 중엽 이후에 민간에 성행하게 된 나라의 운명에 대한 것을 예언한 책.

數尿症

오줌이 자주 마려운 병. 대개는 방광 결석·방광 질환에 의해 생김.

底引網

바다 밑바닥으로 끌고 다니면서 깊은 데 사는 물고기를 잡는 그물의 한 가지.

中折帽

둥글게 생긴 꼭대기의 가운데 부분을 꺾어서 쓰는 모자.

反哺鳥

커서는 돌이켜 어미에게 먹이를 물어다 주는 새라는 뜻으로, 까마귀를 달리 이르는 말.

斥和碑

조선조에 흥선(興宣) 대원군(大院君)이 국민에게 외세의 침입을 경계하라는 뜻으로 서울을 비롯한 각처에 세운 비석.

111part

■풀어서 익히기

禾+女	委[1]	心	慰[5]			宀	宙[9]	亻+攵	攸[13]
	맡길 위		위로할 위				집 주		바 유
亻	倭[2]	艹	蔚[6]			扌	抽[10]		悠[14]
	왜나라 왜		고을 이름 울				뺄 추		멀 유
尸+火+寸	尉[3]			由[7]		車	軸[11]		修[15]
	벼슬 이름 위			말미암을 유			굴대 축		닦을 수
火	熨[4]			氵	油[8]	竹	笛[12]		條[16]
	尉의 속자				기름 유		피리 적		가지 조

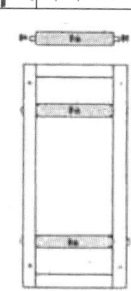

■낱말로 익히기

1)委任·委託	2)倭國·壬辰倭亂	3)少尉·駙馬都尉
5)慰勞·慰藉料	6)蔚山	7)由來·事由書
8)石油·注油所	9)宇宙	10)抽出·抽籤
11)車軸·中心軸	12)鼓笛隊·萬波息笛	14)悠久·悠悠自適
15)修道·修身齊家	16)鐵條網·星條旗	

■되짚어 익히기

委 3급	倭 2급	尉 2급	慰 2급	蔚 2급	由 4급	油 5급	宙 준3급
抽 2급	軸 2급	笛 2급	悠 3급	修 4급	條 3급		

■반복해 익히기

蹴 2급	汚 2급	誇 2급	偶 2급	寓 2급	越 2급	魂 2급	韻 2급
苑 2급	媛 2급	緩 2급	袁 2급	還 2급	僞 2급	謂 2급	渭 2급

112part

■풀어서 익히기

俞[2] 俞의 속자 / 心 / 口 / 足	兪[1] 성 유 / 愈[3] 나을 유 / 喩[4] 깨우칠 유 / 踰[5] 넘을 유	木 楡[6] 느릅나무 유 / 車 輸[7] 보낼 수 / 臼+土 臾[8] 잠깐 유 / 貝 賮[10] 貴의 본자	遺[11] 辶 남을 유 / 斿[12] 认+子 기 유 / 遊[13] 辶 놀 유 / 貴[9] 귀할 귀	口 君[15] 임금 군 / 阝 郡[16] 고을 군 / 羣[18] 군과 동자 · 群[17] 무리 군 / 尹[14] 又 다스릴 윤 · 伊[19] 亻 저 이

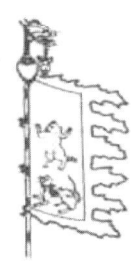

■낱말로 익히기

1)兪吉濬	4)比喩·諷喩法	7)輸送·輸出
9)貴賤·貴公子	11)遺産·遺書	13)遊說·遊覽船
14)京兆尹·漢城判尹	15)君王·暴君	16)郡廳·郡守
17)群衆·群鷄一鶴	19)伊太利·不可殺伊	

■되짚어 익히기

兪2급	愈2급	喩2급	踰2급	楡2급	輸3급	貴4급	遺4급
遊준3급	尹2급	君4급	郡5급	群준3급	伊2급		

■반복해 익히기

韻2급	苑2급	媛2급	緩2급	袁2급	還2급	僞2급	謂2급
渭2급	倭2급	尉2급	慰2급	蔚2급	抽2급	軸2급	笛2급

113part

■풀어서 익히기

儿	允¹ 진실로 윤	山	峻⁵ 높을 준	口	唆⁹ 부추길 사	冫 凝¹³ 얼 응
金	銃² 병기 윤	馬	駿⁶ 준마 준	罒+土	垩¹⁰ 가까이 하여 구할 읍	寻¹⁶ 잡을 애 碍¹⁵ 礙의 속자 礙¹⁴ 거리낄 애
夊	夋³ 천천히 갈 준	土	埈⁷ 가파를 준	氵	淫¹¹ 음란할 음	鳥 鷹¹⁸ 매 응 雁¹⁷ 매 응
亻	俊⁴ 준걸 준	酉	酸⁸ 초 산		疑¹² 의심할 의	心 應¹⁹ 응할 응

■낱말로 익히기

1)允許	4)俊傑·俊秀	5)險峻·高峰峻嶺
6)駿馬·駿足	8)酸化·酸性	9)示唆·殺人敎唆犯
11)淫亂·淫談悖說	12)疑心·疑妻症	13)凝固·凝集力
15)妨碍·障碍物	19)應答·順應	

■되짚어 익히기

允²급	銃²급	俊³급	峻²급	駿²급	埈²급	酸²급	唆²급
淫²급	應⁴급	疑³급	凝²급	碍²급			

■반복해 익히기

謂²급	渭²급	倭²급	尉²급	慰²급	蔚²급	抽²급	軸²급
笛²급	兪²급	愈²급	喩²급	踰²급	楡²급	尹²급	伊²급

114part

■풀어서 익히기

音+心	意 1	異 6	異 5	水+皿	溢 11	益 10	女	姻 15			
	뜻 의	異의 본자	다를 이		넘칠 일	더할 익		혼인할 인			
口	噫 2	羽	翼 7		阝	隘 12	心	恩 16			
	탄식할 희		날개 익			좁을 애		은혜 은			
亻	億 3	大+弓	夷 8	金	鎰 13		寅 17			
	억 억		오랑캐 이		스물 넉 냥 일		셋째 지지 인			
忄	憶 4	女	姨 9	口+大	因 14		演 18			
	기억할 억		이모 이		말미암을 인		펼 연			

■낱말로 익히기

1)意志·如意棒	3)億丈·億萬長者	4)記憶·追憶
5)異見·異邦人	7)一翼·左翼手	8)東夷族·以夷制夷
9)姨母·姨從四寸	10)利益·無益	12)隘路事項
14)原因·因果應報	15)婚姻·姻戚	16)恩惠·聖恩
17)丙寅洋擾	18)演藝人·口演童話	

■되짚어 익히기

意 5급	噫 2급	億 4급	憶 준3급	異 4급	翼 2급	夷 2급	姨 2급
益 4급	隘 2급	鎰 2급	因 4급	姻 3급	恩 4급	寅 4급	演 3급

■반복해 익히기

愈 2급	喩 2급	踰 2급	楡 2급	尹 2급	伊 2급	允 2급	銃 2급
峻 2급	駿 2급	埈 2급	酸 2급	唆 2급	淫 2급	凝 2급	碍 2급

115part

■풀어서 익히기

匕刀	刃[1]	火	烟[6]	煙[5]	貝	賃[11]	目	眈[15]
	칼날 인		煙과 동자	연기 연		품팔이 임		노려볼 탐
心	忍[2]		壬[7]			妊[12]		市[16]
	참을 인		아홉째 천간 임			게으를 임		성장을 그칠 자
言	認[3]	亻	任[8]		氵	沈[13]	姉[18]	姊[17]
	알 인		맡길 임			가라앉을 침(심)	姉의 속자	누이 자
土	堙[4]	女	姙[10]	姙[9]	木	枕[14]		
	막을 인		姙과 동자	아이 밸 임		베개 침		

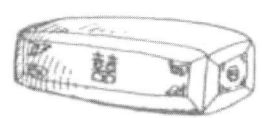

■낱말로 익히기

2)忍耐·目不忍見	3)認識·自他共認	5)煙氣·無煙炭
7)壬辰倭亂	8)委任·擔任	9)姙娠·姙産婦
11)賃金·無賃乘車	13)沈沒·意氣銷沈	13)沈淸傳
14)鴛鴦枕·高枕短命	15)虎視眈眈	18)姉妹·姉兄

■되짚어 익히기

刃 2급	忍 준3급	認 4급	煙 준3급	壬 4급	任 준3급	姙 2급	賃 2급
沈 2급	枕 2급	眈 2급	姉 4급				

■반복해 익히기

允 2급	銃 2급	峻 2급	駿 2급	埈 2급	酸 2급	唆 2급	淫 2급
凝 2급	碍 2급	噎 2급	翼 2급	夷 2급	姨 2급	隘 2급	鎰 2급

116part

■풀어서 익히기

灬	煮²	者¹	皿	署⁶	著	着¹⁰	心	慈¹⁶
	삶을 자	놈 자		관청 서	着의 본자	붙을 착		사랑 자
(전서)	大(전서)	奢³	聿+者	書⁷	(전서)言	諸¹¹	石	磁¹⁷
		사치할 사		글 서		모든 제		자석 자
(전서)	日(전서)	暑⁴	竹	箸⁸		阝 都¹²	氵	滋¹⁸
		더위 서		젓가락 저		도읍 도		불을 자
	糸(전서)	緒⁵	++	著⁹	玄	茲¹³ 玆¹⁴		玆¹⁵
		실마리 서		드러날 저		무성할 자 검을 자		茲·玆의 약자

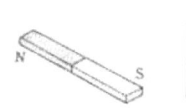

■낱말로 익히기

1)學者·第一人者	3)奢侈·豪奢	4)避暑·酷暑期
5)端緒·頭緒	6)官署·警察署	7)讀書·血書
8)匙箸·衛生箸	9)著者·著名人士	10)附着·着陸
11)諸君·諸般事項	12)都邑·首都	14)玆山魚譜
16)慈愛·父慈子孝	17)磁石·磁氣力	18)滋味·滋養分

■되짚어 익히기

者 5급	奢 2급	暑 준3급	緒 2급	署 3급	書 5급	箸 2급	著 준3급
着 4급	諸 준3급	都 4급	玆 2급	慈 준3급	磁 2급	滋 2급	

■반복해 익히기

唆 2급	淫 2급	凝 2급	碍 2급	噫 2급	翼 2급	夷 2급	姨 2급
隘 2급	鎰 2급	刃 2급	姙 2급	賃 2급	沈 2급	枕 2급	眈 2급

23date 총정리(월   일)

■111part

委³급	倭²급	尉²급	慰²급	蔚²급	由⁴급	油⁵급	宙준3급
抽²급	軸²급	笛²급	悠³급	修⁴급	條³급		

■112part

兪²급	愈²급	喩²급	踰²급	楡²급	輸³급	貴⁴급	遺⁴급
遊준3급	尹²급	君⁴급	郡⁵급	群준3급	伊²급		

■113part

允²급	銃²급	俊³급	峻²급	駿²급	埈²급	酸²급	唆²급
淫²급	應⁴급	疑³급	凝²급	碍²급			

■114part

意⁵급	噫²급	億⁴급	憶준3급	異⁴급	翼²급	夷²급	姨²급
益⁴급	隘²급	鎰²급	因⁴급	姻³급	恩⁴급	寅⁴급	演³급

■115part

刃²급	忍준3급	認⁴급	煙준3급	壬⁴급	任준3급	姙²급	賃²급
沈²급	枕²급	眈²급	姊⁴급				

■116part

者⁵급	奢²급	暑준3급	緒²급	署³급	書⁵급	箸²급	著준3급
着⁴급	諸준3급	都⁴급	玆²급	慈준3급	磁²급	滋²급	

23. 3음절 한자성어

雀舌茶
참새의 혀처럼 잘게 눈이 터져 나온 차나무의 새싹을 따서 만든 차.

詠嘆法
격렬하고 비통한, 깊고 애달픈 감정을 나타내는 강조법(强調法)의 하나.

滋養分
몸의 영양을 도와 건강을 좋게 하는 음식의 성분.

碧梧桐
줄기가 늙어도 푸르른 벽오동과에 딸린 갈잎 큰키나무.

缺席屆
결석을 했을 때나, 하려 할 때에 그 사유를 적어서 소속 기관에 신고하는 서류.

分岐點
길이 여러 갈래로 갈라져 나가기 시작한 곳.

篤志家
마음이 독실한 사람. 어떤 사회적 사업에 특히 마음을 쓰고 원조(援助)하는 사람.

萌芽期
식물의 싹이 처음 트는 시기. 사물이 비롯하는 때.

氾濫原
하천의 양쪽에 발달하는 저지(低地). 홍수가 나면 하수가 넘쳐 표면을 덮음.

落下傘
공중에 날고 있는 항공기에서 사람이나 물건이 안전하게 땅으로 떨어져 내리도록 하는 데 쓰는 기구.

伴侶者
마음이 통하여 짝이 되는 사람.

劣等感
자신을 남보다 못한, 무가치한 인간으로 낮추어 평가하는 감정.

矯導所
징역형·금고형 등의 처분을 받은 수형자(受刑者)나 재판 중에 있는 피고인을 격리하여 가두는 국가 시설.

噴霧器
물이나 약제(藥劑)를 안개 모양으로 가늘게 뿜어내는 기구.

交叉路
두 길이 서로 엇갈린 곳. 네거리.

碧昌牛
평안북도의 벽동(碧潼)과 창성(昌城) 지방에서 나는 크고 억센 소. 고집이 세고 성질이 무뚝뚝한 사람의 비유.

117part

■풀어서 익히기

		束¹			亻	債⁶		∫	勺¹²		糸	約¹⁵
		가시 자				빚 채			구기 작			맺을 약
	刂	刺²			禾	積⁷		酉	酌¹³		金	釣¹⁶
		찌를 자(척·라)				쌓을 적			잔질할 작			낚시 조
	ㅅㅅ	策³			糸	績⁸		白	的¹⁴		豸	豹¹⁷
		꾀 책				길쌈 적			과녁 적			표범 표
貝	賫⁵	責⁴		足	蹟⁹	跡¹⁰	迹¹¹				木	柌¹⁸
	責의 고자	꾸짖을 책			자취 적	蹟과 동자	蹟과 동자					자루 표

■낱말로 익히기

2)刺客·刺戟	2)刺殺	2)水刺床
3)妙策·糊口之策	4)叱責·詰責	6)私債·農家負債
7)山積·積金	8)成績·紡績機	9)蹤蹟·筆蹟
13)酬酌·自酌	14)的中·標的	15)約束·百年佳約
16)釣師·釣況	17)豹變·豹死留皮	

■되짚어 익히기

刺2급	策3급	責4급	債3급	積준3급	績3급	蹟2급	酌2급
的4급	約4급	釣2급	豹2급	柌2급			

■반복해 익히기

夷2급	姨2급	隘2급	鎰2급	刃2급	姙2급	賃2급	沈2급
枕2급	眈2급	奢2급	緖2급	箸2급	茲2급	磁2급	滋2급

118part

■풀어서 익히기

戈	戔[1]	疋	踐[5]	王	璋[9]	木	杖[13]
	해칠 잔		밟을 천		반쪽 홀 장		지팡이 장
	殘[2]	貝	賤[6]	木	樟[10]	广+土	庄[14]
	남을 잔		천할 천		녹나무 장		농막 장
金	錢[3]	辛	章[7] 	彡	彰[11]	米	粧[15]
	돈 전		글 장		밝을 창		단장할 장
氵	淺[4]	阝	障[8]	又	丈[12]		
	얕을 천		막을 장		어른 장		

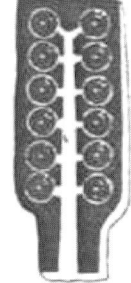

■낱말로 익히기

2)殘骸·殘飯	3)銅錢·有錢無罪	4)淺薄·淺海
5)實踐	6)賤民·貴賤	7)文章·國民敎育憲章
8)障壁·障碍物	9)弄璋之慶	11)表彰狀
12)丈夫·椿府丈	13)棍杖·賊反荷杖	15)丹粧·化粧

■되짚어 익히기

殘³급	錢준3급	淺준3급	踐³급	賤³급	章⁵급	障³급	璋²급
樟²급	彰²급	丈³급	杖²급	粧²급			

■반복해 익히기

賃²급	沈²급	枕²급	眈²급	奢²급	緒²급	箸²급	茲²급
磁²급	滋²급	刺²급	蹟²급	酌²급	釣²급	豹²급	杓²급

119part

■ 풀어서 익히기

災²	災¹		土	扗⁷	在⁶	車	載¹²	◠+又	爭¹⁵
災의 고자	재앙 재			在의 본자	있을 재		실을 재		다툴 쟁
	才³	戈	戋⁹	戋⁸	衣	裁¹³	⺡	淨¹⁶
	재주 재		戋의 본자	손상할 재		마를 재		깨끗할 정
木	材⁴		木	栽¹⁰	異	戴¹⁴		宁¹⁷
	재목 재			심을 재		일 대		쌓을 저
貝	財⁵		口	哉¹¹			貝	貯¹⁸
	재물 재			어조사 재				쌓을 저

■ 낱말로 익히기

1)災殃·火災	3)才能·天才	4)材木·製材所
5)財物·財閥	6)存在·在學生	10)栽培·盆栽
11)快哉·嗚呼痛哉	12)積載·搭載	13)裁斷·洋裁店
14)戴冠式·男負女戴	15)爭取·爭奪戰	16)淨水器·自淨作用
18)貯藏·貯金		

■ 되짚어 익히기

災 준3급	才 5급	材 4급	財 4급	在 5급	栽 준3급	哉 준3급	載 2급
裁 2급	戴 2급	爭 4급	淨 준3급	貯 4급			

■ 반복해 익히기

緖 2급	箸 2급	茲 2급	磁 2급	滋 2급	刺 2급	蹟 2급	酌 2급
釣 2급	豹 2급	杓 2급	璋 2급	樟 2급	彰 2급	杖 2급	粧 2급

120part

■풀어서 익히기

寸	專[1] 오로지 전	羽+隹	翟[5] 꿩 적	光	耀[9] 빛날 요		辶	逝[15] 갈 서
亻	傳[2] 전할 전	氵	濯[6] 씻을 탁	木/斤	斯[11] 折의 본자	折[10] 꺾을 절	卜+口	占[16] 점칠 점
車	轉[3] 구를 전	足	躍[7] 뛸 약	口/吉	喆[13] 哲과 동자	哲[12] 밝을 철		店[17] 가게 점
口	團[4] 둥글 단	日	曜[8] 빛날 요			言	誓[14] 맹세할 서	黑	點[18] 점 점

■낱말로 익히기

1)專攻·專門家	2)傳達·父傳子傳	3)回轉·自轉車
4)團結·集團	6)洗濯·濯足	7)跳躍·歡呼雀躍
8)曜日	10)折半·百折不屈	12)明哲·哲學者
14)盟誓·誓約	15)逝去·急逝	16)占卦·占星術
17)商店·書店	18)黑點·點線	

■되짚어 익히기

專 준3급	傳 4급	轉 준3급	團 준3급	濯 3급	躍 2급	曜 2급	耀 2급
折 2급	哲 2급	誓 2급	逝 2급	占 3급	店 4급	點 준3급	

■반복해 익히기

磁 2급	滋 2급	刺 2급	蹟 2급	酌 2급	釣 2급	豹 2급	杓 2급
璋 2급	樟 2급	彰 2급	杖 2급	粧 2급	載 2급	裁 2급	戴 2급

121part

■풀어서 익히기

金	釘[2] 못 정	丁[1] 넷째 천간 정	言	訂[6] 바로잡을 정	土	城[10] 재 성	扌	打[14] 칠 타		
一		頁	頂[3] 정수리 정	田	町[7] 밭두둑 정	皿	盛[11] 성할 성		弟[15] 아우 제	
		高	亭[4] 정자 정	氵	汀[8] 물가 정	言	誠[12] 정성 성		第[16] 차례 제	
		亻	停[5] 머무를 정	戊	成[9] 이룰 성	日	晟[13] 밝을 성			

■낱말로 익히기

1)壯丁·丁酉再亂		
3)頂上·頂門一鍼	4)亭子·老人亭	5)停止·停車場
6)修訂·改訂	7)町步	9)成功·自手成家
10)山城·萬里長城	11)豐盛·珍羞盛饌	12)精誠·誠心誠意
14)毆打·打擊	15)兄弟·妻弟	16)第一·落第

■되짚어 익히기

丁 준3급	頂 준3급	亭 3급	停 4급	訂 3급	町 2급	汀 2급	成 5급
城 4급	盛 4급	誠 4급	晟 2급	打 4급	弟 6급	第 5급	

■반복해 익히기

杓 2급	璋 2급	樟 2급	彰 2급	杖 2급	粧 2급	載 2급	裁 2급
戴 2급	躍 2급	曜 2급	耀 2급	折 2급	哲 2급	誓 2급	逝 2급

122part

■풀어서 익히기

口+止 甼 甼	正 1 바를 정	宀 正正 正正	定 5 정할 정	宖 彡	未 耕 10 밭갈 경	阝井 邢 16 성 형
甼 甼	征 2 칠 정	疒	症 6 증세 증	形 12 形과 동자	井 形 11 형상 형	井刂 制 17 마를 제 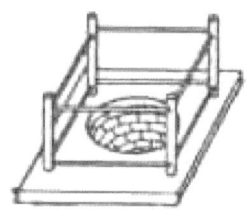
攵	政 3 정사 정	井 8 井의 본자	井 7 우물 정	刂 刑 14 刑과 동자	井彡 刑 13 형벌 형	井衣 製 18 지을 제
束+攵	整 4 가지런할 정	穴	窀 9 함정 정	井 井 井 井 土	型 15 틀 형	

■낱말로 익히기

1)端正·不正行爲	2)征伐·征服	3)政事·政治
4)整然·整理整頓	5)定石·未定	6)症勢·不眠症
7)井華水·坐井觀天	9)陷穽	10)耕作·耕耘機
11)形狀·人形	13)刑罰·死刑	15)模型·理想型
17)制裁·自制力	18)製造·外製	

■되짚어 익히기

正 6급	征 3급	政 4급	整 3급	定 4급	症 3급	井 4급	窀 2급
耕 4급	形 5급	刑 준3급	型 2급	邢 2급	制 준3급	製 4급	

■반복해 익히기

彰 2급	杖 2급	粧 2급	載 2급	裁 2급	戴 2급	躍 2급	曜 2급
耀 2급	折 2급	哲 2급	誓 2급	逝 2급	町 2급	汀 2급	晟 2급

24date 총정리(월   일)

■117part

刺²급	策³급	責⁴급	債³급	積준3급	績³급	蹟²급	酌²급
的⁴급	約⁴급	釣²급	豹²급	杓²급			

■118part

殘³급	錢준3급	淺준3급	踐³급	賤³급	章5급	障³급	璋²급
樟²급	彰²급	丈3급	杖²급	粧²급			

■119part

災준3급	才5급	材⁴급	財⁴급	在5급	栽준3급	哉준3급	載²급
裁²급	戴²급	爭4급	淨준3급	貯⁴급			

■120part

專준3급	傳⁴급	轉준3급	團준3급	濯³급	躍²급	曜²급	耀²급
折2급	哲²급	誓²급	逝²급	占3급	店⁴급	點준3급	

■121part

丁준3급	頂준3급	亭³급	停⁴급	訂³급	町²급	汀²급	成5급
城⁴급	盛⁴급	誠⁴급	晟²급	打⁴급	弟6급	第5급	

■122part

正6급	征³급	政⁴급	整³급	定⁴급	症³급	井4급	穽²급
耕⁴급	形5급	刑준3급	型2급	邢2급	制준3급	製⁴급	

24. 2음절 한자성어

濫觴

양자강(揚子江)과 같이 큰 강물도 그 원천(源泉)은 겨우 술잔을 넘쳐흐를 정도의 조그마한 물이었다는 말로, 사물의 시초(始初)나 출발(出發)을 이름. 효시(嚆矢).

矛盾

창과 방패. 일의 앞뒤가 일치되지 아니한 상태. 자가당착(自家撞着).

雙璧

한 쌍의 구슬이라는 뜻으로, 여럿 중에 우열을 가릴 수 없이 뛰어난 인물을 이름.

效顰

월(越)의 서시(西施)가 불쾌하여 찡그렸더니, 어떤 추녀(醜女)가 그걸 보고 미인(美人)은 찡그린다고 여겨 자기도 찡그렸다는 옛 일에서 온 말. 남의 결점을 장점인 줄 알고 본뜸.

龜鑑

거북은 길흉(吉凶)을 점치고, 거울은 사물의 형체(形體)를 비침. 행위의 기준이 되거나 거울로 삼아 본받을 만한 것.

桓雄

우리나라 건국 신화에 등장하는 환인(桓因)의 아들. 웅녀(熊女)와 결혼하여 단군을 낳았다 함.

賄賂

뇌물(賂物)을 주고받는 일.

侯爵

오등작(五等爵)의 둘째.

麒麟

성인(聖人)이 세상에 나면 나타난다고 하는 상상의 동물. 가장 걸출한 인물을 비유하여 이르는 말. 우제목(偶蹄目) 기린과에 딸린 동물.

嘉禮

임금의 성혼(成婚)·즉위(卽位) 또는 왕세자·왕세손의 탄생(誕生)·책봉(冊封) 등의 예식.

蛇足

뱀을 그리는 데 실물에 없는 발을 그렸다는 데서 나온 말로, 쓸데없는 군일을 하다가 도리어 실패함을 이름.

還穀

각 고을에서 곡물을 사창(社倉)에 간직하였다가 춘궁기(春窮期)인 봄에 백성에게 꾸어 주고 추수기인 가을에 받아들이던 제도.

槿域

우리나라를 달리 이르는 말. 산해경(山海經)에 동방(東方) 군자국(君子國)이 있는데 근화(槿花)가 많다고 한 데서 온 말.

嚆矢

우는살. 옛날 전쟁에서 개전(開戰)의 신호로 적진에 쏘았다는 우는살로, 온갖 사물의 시초(始初)를 이르는 말.

123part

■풀어서 익히기

壬	壬[1]	王	珽[5]	心	懲[10]	月+又+示		祭[15]
	줄기 정		옥홀 정		징계할 징			제사 제
夊	廷[2]	口	呈[6]	耳+心	直[12]	聽[11]	阝	際[16]
	조정 정		드릴 정		곧을 직	들을 청		사이 제
广	庭[3]	禾	程[7]			廳[13]	++	蔡[17]
	뜰 정		한도 정			관청 청		성 채
舟	艇[4]	彳	微[9]	徵[8]		聖[14]		察[18]
	거룻배 정		작을 미	부를 징(치)		성인 성		살필 찰

■낱말로 익히기

2)朝廷·宮廷	3)庭園·校庭	4)艦艇·救命艇
6)贈呈·獻呈	7)旅程·里程標	8)徵集·徵兵檢查
8)宮商角徵羽	9)微微·微生物	10)懲戒·勸善懲惡
11)聽衆·聽診器	12)直線·垂直	13)官廳·市廳
14)聖人·聖賢	15)祭祀·祈雨祭	16)交際·國際社會

■되짚어 익히기

	17)蔡萬植	18)觀察·不察

廷[3급]	庭[4급]	艇[2급]	珽[2급]	呈[2급]	程[2급]	徵[2급]	微[2급]
懲[2급]	聽[4급]	直[5급]	廳[2급]	聖[4급]	祭[4급]	際[준3급]	蔡[2급]
							察[4급]

■반복해 익히기

載[2급]	裁[2급]	戴[2급]	躍[2급]	曜[2급]	耀[2급]	折[2급]	哲[2급]
誓[2급]	逝[2급]	町[2급]	汀[2급]	晟[2급]	窄[2급]	型[2급]	邢[2급]

124part

■풀어서 익히기

	帝[1] 임금 제	攵 敵[5] 원수 적	辶 逃[9] 달아날 도	女 姚[13] 예쁠 요	
	締[2] 맺을 체	扌 摘[6] 딸 적	木 桃[10] 복숭아나무 도	中+日+月 朝[14] 아침 조	
	商[3] 밑동 적	氵 滴[7] 물방울 적	扌 挑[11] 돋울 도	潮[15] 조수 조	
	辶 適[4] 맞을 적	卜 兆[8] 조짐 조	足 跳[12] 뛸 도	廟[16] 사당 묘	

■낱말로 익히기

1)帝王·始皇帝	2)締結	4)適期·適者生存
5)敵手·仁者無敵	6)摘出·摘發	7)硯滴·餘滴欄
8)兆朕·徵兆	9)逃亡·逃避	10)黃桃·武陵桃源
11)挑出·挑發	12)跳躍·跳馬競技	14)朝飯·朝刊新聞
15)潮水·潮力發電所	16)宗廟·廟號	

■되짚어 익히기

帝 준3급	締 2급	適 4급	敵 4급	摘 2급	滴 2급	兆 4급	逃 3급
桃 2급	挑 2급	跳 2급	姚 2급	朝 5급	潮 3급	廟 2급	

■반복해 익히기

逝 2급	町 2급	汀 2급	晟 2급	窄 2급	型 2급	邢 2급	艇 2급
斑 2급	呈 2급	程 2급	徵 2급	微 2급	懲 2급	廳 2급	蔡 2급

125part

■풀어서 익히기

衣( )	卒¹ 군사 졸	彳+止	从⁶ 從의 본자	從⁵ 좇을 종	王 琮¹⁰ 옥홀 종	田 周¹⁴ 두루 주
米	粹² 순수할 수		糸 縱⁷ 세로 종	山 崇¹¹ 높을 숭	週¹⁵ 돌 주
石	碎³ 부술 쇄		宀+示 宗⁸ 마루 종	人+土 坐¹² 앉을 좌	言 調¹⁶ 고를 조
酉	醉⁴ 취할 취		糸 綜⁹ 모을 종	广 座¹³ 자리 좌	彡 彫¹⁷ 새길 조

■낱말로 익히기

1)軍卒·烏合之卒	2)純粹·國粹主義	3)粉碎·粉骨碎身
4)滿醉·醉客	5)追從·白衣從軍	7)縱斷·一列縱隊
8)宗家·宗孫	9)綜合	11)崇尙·崇拜
12)坐禪·坐不安席	13)座席·座談會	14)周邊·世界一周
15)週末·一週日	16)順調·營養失調	17)彫刻·木彫人形

■되짚어 익히기

卒⁴급	粹²급	碎²급	醉²급	從준3급	縱²급	宗준3급	綜²급
琮²급	崇준3급	坐⁴급	座³급	周³급	週²급	調⁴급	彫²급

■반복해 익히기

斑²급	呈²급	程²급	徵²급	微²급	懲²급	廳²급	蔡²급
締²급	摘²급	滴²급	桃²급	挑²급	跳²급	姚²급	廟²급

■풀어서 익히기

	朱¹ 붉을 주	シ	洙⁵ 물가 수	田	壽¹⁰ 疇의 본자	疇⁹ 밭두둑 주	灬	燾¹⁴ 비출 도
木	株² 그루 주	金	銖⁶ 무게 이름 수			壽¹¹ 목숨 수	鼓	尌¹⁵ 세워 놓은 악기 주
王	珠³ 구슬 주	川	州⁷ 고을 주		金	鑄¹² 쇠부어만들주	寸	尌¹⁶ 세울 주
歹	殊⁴ 다를 수	シ	洲⁸ 섬 주		示	禱¹³ 빌 도	木	樹¹⁷ 나무 수

■낱말로 익히기

1)紫朱色·近朱者赤	2)有望株·守株待兎	3)珠玉·如意珠
4)殊常·特殊	7)沿海州·江東六州	8)三角洲·六大洲
11)壽命·長壽	12)鑄造·鑄貨	13)祈禱
17)樹木·街路樹		

■되짚어 익히기

朱⁴급	株³급	珠²급	殊²급	洙²급	銖²급	州준3급	洲²급
壽준3급	鑄²급	禱²급	燾²급	樹⁵급			

■반복해 익히기

締²급	摘²급	滴²급	桃²급	挑²급	跳²급	姚²급	廟²급
粹²급	碎²급	醉²급	縱²급	綜²급	琮²급	週²급	彫²급

127part

隹+又	隼¹ 새매 준	心	忠⁵ 충성 충		土	增¹⁰ 더할 증	亻	僧¹⁴ 중 승
氵	準² 법도 준		沖⁶ 빌 충		貝	贈¹¹ 줄 증	人+彡	㐱¹⁵ 머리 늘어질 진
	中³ 가운데 중	衣	衷⁷ 속마음 충		忄	憎¹² 미워할 증	王	珍¹⁶ 보배 진
亻	仲⁴ 버금 중	瓦	甑⁹ 시루 증	曾⁸ 일찍 증	尸	層¹³ 층 층	言	診¹⁷ 볼 진

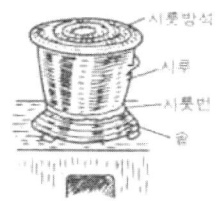

■낱말로 익히기

2)水準·平準化	3)中央·中心	4)仲秋節·伯仲之勢
5)忠誠·忠臣	6)相沖·憤氣沖天	7)衷心·憂國衷情
8)曾孫·未曾有	10)增加·增大	11)贈呈·寄贈
12)憎惡·愛憎	13)層階·層層侍下	14)僧侶·托鉢僧
16)珍客·珍羞盛饌	17)診察·聽診器	

■되짚어 익히기

準 준3급	中 8급	仲 2급	忠 4급	沖 2급	衷 2급	曾 준3급	增 4급
贈 2급	憎 2급	層 준3급	僧 2급	珍 3급	診 2급		

■반복해 익히기

粹 2급	碎 2급	醉 2급	縱 2급	綜 2급	琮 2급	週 2급	彫 2급
珠 2급	殊 2급	洙 2급	銖 2급	洲 2급	鑄 2급	禱 2급	壽 2급

128part

■풀어서 익히기

匕	旨¹	目	直⁵	直		罒	置⁹	金	鎭¹⁴
	뜻 지		곧을 직				둘 치		누를 진
扌	指²	禾	稙⁶		循彳		値¹⁰	頁	顚¹⁵
	가리킬 지		올벼 직				값 치		넘어질 전
月	脂³	木	植⁷	彳/心	悳¹²		德¹¹	小	愼¹⁶
	기름 지		심을 식		悳의 고자		덕 덕		삼갈 신
耂	耆⁴	歹	殖⁸	匕+鼎	眞¹³	眞			
	늙은이 기		번식할 식		참 진				

■낱말로 익히기

1)趣旨·要旨	2)指示·指揮	3)脂肪·脫脂綿
4)耆老所	5)直線·直行	7)植木日·紀念植樹
8)繁殖·養殖場	9)放置·拘置所	10)價値·數値
11)道德·美德	13)眞實·眞善美	14)鎭壓·鎭痛劑
15)顚覆·七顚八起	16)愼重·愼獨	

■되짚어 익히기

旨2급	指4급	脂2급	耆2급	直5급	稙2급	植5급	殖2급
置3급	値3급	德4급	眞4급	鎭3급	顚2급	愼2급	

■반복해 익히기

彫2급	珠2급	殊2급	洙2급	銖2급	洲2급	鑄2급	禱2급
壽2급	仲2급	沖2급	衷2급	贈2급	憎2급	僧2급	診2급

25date 총정리(월   일)

■123part

廷³급	庭⁴급	艇²급	斑²급	呈²급	程²급	徵²급	微²급
懲²급	聽⁴급	直⁵급	廳²급	聖⁴급	祭⁴급	際준3급	蔡²급

■124part

帝준3급	締²급	適⁴급	敵⁴급	摘²급	滴²급	兆⁴급	逃³급
桃²급	挑²급	跳²급	姚²급	朝⁵급	潮³급	廟²급	

■125part

卒⁴급	粹²급	碎²급	醉²급	從준3급	縱²급	宗준3급	綜²급
琮²급	崇준3급	坐⁴급	座³급	周³급	週²급	調⁴급	彫²급

■126part

朱⁴급	株³급	珠²급	殊²급	洙²급	銖²급	州준3급	洲²급
壽준3급	鑄²급	禱²급	燾²급	樹⁵급			

■127part

準준3급	中⁸급	仲²급	忠⁴급	沖²급	衷²급	曾준3급	增⁴급
贈²급	憎²급	層준3급	僧²급	珍³급	診²급		

■128part

旨²급	指⁴급	脂²급	耆²급	直⁵급	稙²급	植⁵급	殖²급
置³급	値³급	德⁴급	眞⁴급	鎭³급	顚²급	愼²급	

25. 2음절 한자성어

葛藤

칡이나 등나무 덩굴이 얽힘과 같이 일이 복잡하게 뒤얽힌 상태나 관계.

賻儀

상가(喪家)에 부조(扶助)로 보내는 돈이나 물건. 향전(香奠).

堯舜

중국 전설상의 성천자(聖天子)인 요임금과 순임금.

夭折

나이가 많지 않은 젊은 시기에 죽음.

不肖

못나고 어리석음. 어버이의 덕행이나 사업을 이을 만한 능력이 없음.

古稀

두보(杜甫)의 곡강시(曲江詩)에 나오는 '인생칠십고래희(人生七十古來稀)'에서 온 말로, 일흔 살을 이름.

瓊團

찹쌀이나 차수수의 가루를 반죽하여 밤알만큼씩 동글동글하게 빚어 삶아 고물을 묻혀 만든 떡.

刹那

범어(梵語) Ksana의 음역(音譯). 지극히 짧은 시간. 순간(瞬間).

棟樑

마룻대와 들보. 한 집안이나 국가의 중임(重任)을 맡는 사람.

籠城

성문을 굳게 닫고 성을 지킴. 어떠한 목적을 위하여 한 집이나 자리를 떠나지 않고 지킴.

鳳凰

경사스러움을 상징하는 상상상(想像上)의 새. 성천자(聖天子)가 나면 이 새가 나타나는데, 뭇 짐승들이 따라 모인다고 함.

禪讓

임금이 생존 중에 그 자리를 타성(他姓)인 유덕(有德)한 사람에게 물려주는 일.

斡旋

남의 일을 잘 되도록 주선하여 줌. 장물(贓物)인줄 알면서 매매를 주선하여 수수료를 받는 행위.

歪曲

사실과 다르게 그릇되게 해석함.

嗚咽

목이 메어 옮.

銓衡

사람을 여러 모로 시험하여 골라 뽑음.

129part

■풀어서 익히기

佳+木	雧²	集¹	佳	雌⁷	女	姿¹¹	車+斤	斬¹⁶
		集의 본자	모일 집		암컷 자		맵시 자		벨 참
衤(穴)	襍⁴	雜³	广	疵⁸	貝	資¹²	慚¹⁸	慙¹⁷
		雜의 본자	섞일 잡		흠 자		재물 자	慙과 동자	부끄러울 참
		此⁵		柴⁹	心	恣¹³		暫¹⁹
		이 차		섶 시		방자할 자		잠깐 잠
	糸	紫⁶	二+欠	次¹⁰	諮¹⁵	咨¹⁴		漸²⁰
		자줏빛 자		버금 차	물을 자	물을 자		차차 점

■낱말로 익히기

1)集合·集大成	3)雜菜·雜同散異	5)此後·此日彼日
6)紫桃·紫朱色	7)雌雄	8)瑕疵
9)柴扉·田柴科	10)次點者·次善策	11)姿勢·姿態
12)資金·資本主義	13)放恣·恣意的	15)諮問
16)斬首·陵遲處斬	17)慙悔·無慙	19)暫時·暫定的
20)漸次·漸入佳境		

■되짚어 익히기

集⁴급	雜³급	此준3급	紫²급	雌²급	疵²급	柴²급	次⁴급
姿³급	資³급	恣²급	諮²급	斬²급	慙²급	暫²급	漸²급

■반복해 익히기

禱²급	壽²급	仲²급	沖²급	衷²급	贈²급	憎²급	僧²급
診²급	旨²급	脂²급	耆²급	稙²급	殖²급	顚²급	愼²급

130part

■풀어서 익히기

	朕¹	水	滕⁵	力	助¹⁰	肉	多¹⁴		
	나 짐		물 솟을 등		도울 조		많을 다		
力	勝²	艹	藤⁶	糸	組¹¹	亻	侈¹⁵		
	이길 승		등나무 등		짤 조		사치할 치		
馬	騰³	俎⁸	且⁷	禾	租¹²	禾	移¹⁶		
	오를 등	도마 조	또 차		조세 조		옮길 이		
言	謄⁴	示	祖⁹	木	査¹³		宜¹⁷		
	베낄 등		조상 조		조사할 사		마땅할 의		

■낱말로 익히기

2)勝利·百戰百勝	3)暴騰·氣勢騰騰	4)謄寫機·戶籍謄本
6)葛藤	7)且置·重且大	9)祖上·始祖
10)協助·相扶相助	11)組織·組暴	12)租稅·十一租
13)調査·檢査	14)多數決·多多益善	15)奢侈
16)移徙·移民	17)宜當·便宜店	

■되짚어 익히기

勝⁵급	騰²급	謄²급	藤²급	且준3급	祖⁵급	助⁴급	組³급
租³급	査준3급	多⁵급	侈²급	移⁴급	宜³급		

■반복해 익히기

脂²급	耆²급	稙²급	殖²급	顚²급	愼²급	紫²급	雌²급
疵²급	柴²급	恣²급	諮²급	斬²급	慙²급	暫²급	漸²급

131part

■풀어서 익히기

旡	兂 1	兓 2	囱 8	囪 7	窗 13	窓 12	氵	滄 17
	비녀 잠	날카로울 침	囪의 정자	천창 창	窓의 본자	창 창		큰 바다 창
	日	朁 3	心	悤 9		倉 14	八+刀	刅 18
		일찍이 참		바쁠 총		곳집 창		해칠 창
	氵	潛 4	糸	總 10	刂	創 15	氵+木	梁 19
		잠길 잠		거느릴 총		비롯할 창		들보 량
虫	䖵 6	蠶 5	耳	聰 11	艹	蒼 16	木	樑 20
	벌레 곤	누에 잠		귀 밝을 총		푸를 창		들보 량

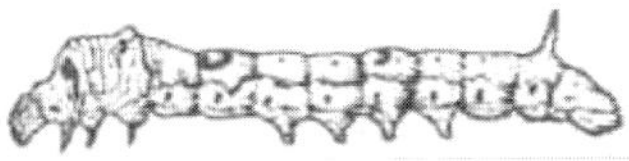

■낱말로 익히기

4)潛水艦·潛在意識	5)養蠶·蠶食	10)總長·總司令官
11)聰明·聰氣	12)窓門·鐵窓	14)倉庫·穀倉地帶
15)創造·創立	16)蒼空·古色蒼然	17)滄海一粟·一到滄海
19)橋梁·梁上君子		

■되짚어 익히기

潛 2급	蠶 2급	總 준3급	聰 3급	窓 5급	倉 3급	創 준3급	蒼 2급
滄 2급	梁 2급						

■반복해 익히기

顚 2급	愼 2급	紫 2급	雌 2급	疵 2급	柴 2급	恣 2급	諮 2급
斬 2급	塹 2급	暫 2급	漸 2급	騰 2급	謄 2급	藤 2급	侈 2급

132part

■풀어서 익히기

昌日	昌¹ 昌	⁺⁺	菜⁵	宀	宅⁹	亻	悽¹³	
	창성할 창		나물 채		집 택(댁)		슬퍼할 처	
昌口	唱²	彡	彩⁶	才	托¹⁰		大	天¹⁴
	부를 창		채색 채		밀 탁			하늘 천
爪+木	采³	士	埰⁷	言	託¹¹	小	忝¹⁶	忝¹⁵
	캘 채		영지 채		부탁할 탁		더럽힐 첨	忝의 고자
扌	採⁴		毛⁸	女	妻¹²	氵	添¹⁷	
	캘 채		풀잎 책		아내 처		더할 첨	

■낱말로 익히기

1)昌盛·繁昌	2)合唱·萬歲三唱	3)風采·拍手喝采
4)採取·植物採集	5)菜蔬·菜食	6)彩色·水彩畵
9)住宅·自宅	9)媤宅·寡守宅	10)托卵·托鉢僧
11)付託·託兒所	12)恐妻家·糟糠之妻	13)悽慘·悽絶
14)天地·天使	17)添加·錦上添花	

■되짚어 익히기

昌준3급	唱4급	采2급	採준3급	菜준3급	彩2급	埰2급	宅4급
托2급	託2급	妻준3급	悽2급	天7급	添2급		

■반복해 익히기

柴2급	恣2급	諮2급	斬2급	慙2급	暫2급	漸2급	騰2급
膽2급	藤2급	侈2급	潛2급	蠶2급	蒼2급	滄2급	粱2급

■풀어서 익히기

泉¹	頁	願⁶		才	撤¹⁴	馬	驗¹⁸
샘 천		원할 원			거둘 철		시험할 험
線²	㦮⁹	戠⁸	戜⁷	氵	澈¹⁵	木	檢¹⁹
줄 선	날카로울 절	戜의 본자	클 철		맑을 철		검사할 검
原⁴	原³	金	鐵¹¹	鐵¹⁰	僉¹⁶		儉²⁰
原의 본자	언덕 원		鐵의 본자	쇠 철	다 첨		검소할 검
氵	源⁵	扁+攵	徹¹³	徹¹²	阝	險¹⁷	劍²¹
	근원 원		徹의 고자	통할 철		험할 험	칼 검

■낱말로 익히기

1)源泉·溫泉	2)車線·休戰線	3)草原·平原
5)根源·發源地	6)祈願·所願成就	10)古鐵·鐵器時代
12)透徹·徹頭徹尾	14)撤去·撤收	15)澈底
17)危險·保險	18)試驗·受驗生	19)檢查·檢疫所
20)儉素·勤儉節約	21)劍道·眞劍勝負	

■되짚어 익히기

泉 준3급	線 5급	原 5급	源 준3급	願 4급	鐵 4급	徹 2급	撤 2급
澈 2급	險 3급	驗 준3급	檢 준3급	儉 준3급	劍 3급		

■반복해 익히기

騰 2급	膽 2급	藤 2급	侈 2급	潛 2급	蠶 2급	蒼 2급	滄 2급
梁 2급	采 2급	彩 2급	埰 2급	托 2급	託 2급	悽 2급	添 2급

134part

■풀어서 익히기

厂	广[1]	辛+女	妾[5]	角	觸[9]	禾+龜	龝[15]	秋[14]
	우러러 볼 첨		첩 첩		닿을 촉		秋의 고자	가을 추
言	詹[2]		接[6]	尾[11]	屬[10]		心	愁[16]
	수다스러울 첨		접할 접	꼬리 미	무리 속(촉)			근심 수
扌	擔[3]	虫	蜀[7]	犭	獨[12]		胃	畜[17]
	멜 담		벌레 촉		홀로 독			기를 축
月	膽[4]	火	燭[8]		濁[13]		艹	蓄[18]
	쓸개 담		촛불 촉		흐릴 탁			쌓을 축

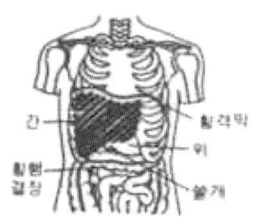

■낱말로 익히기

3)負擔·擔任	4)熊膽·臥薪嘗膽	5)妻妾·愛妾
6)接觸·面接試驗	7)巴蜀·蜀犬吠日	8)華燭·洞燭
9)接觸·一觸卽發	10)所屬·附屬品	11)後尾·尾行
12)獨身·獨不將軍	13)濁流·一魚濁水	14)秋夕·秋收
16)愁心·鄕愁病	17)家畜·畜産業	18)貯蓄·不正蓄財

■되짚어 익히기

擔[3급]	膽[2급]	妾[3급]	接[4급]	蜀[2급]	燭[2급]	觸[2급]	屬[2급]
尾[4급]	獨[4급]	濁[2급]	秋[5급]	愁[준3급]	畜[2급]	蓄[2급]	

■반복해 익히기

侈[2급]	潛[2급]	蠶[2급]	蒼[2급]	滄[2급]	梁[2급]	采[2급]	彩[2급]
埰[2급]	托[2급]	託[2급]	悽[2급]	添[2급]	徹[2급]	撤[2급]	澈[2급]

26date 총정리(　　월　　일)

■129part

集⁴급	雜³급	此준3급	紫²급	雌²급	疵²급	柴²급	次⁴급
姿³급	資³급	恣²급	諮²급	斬²급	慙²급	暫²급	漸²급

■130part

勝⁵급	騰²급	膽²급	藤²급	且준3급	祖⁵급	助⁴급	組³급
租³급	査준3급	多⁵급	侈²급	移⁴급	宜³급		

■131part

潛²급	蠶²급	總준3급	聰³급	窓⁵급	倉³급	創준3급	蒼²급
滄²급	梁²급						

■132part

昌준3급	唱⁴급	采²급	採준3급	菜³급	彩²급	埰²급	宅⁴급
托²급	託²급	妻준3급	悽²급	天⁷급	添²급		

■133part

泉준3급	線⁵급	原⁵급	源준3급	願⁴급	鐵⁴급	徹²급	撤²급
澈²급	險³급	驗준3급	檢준3급	儉준3급	劍³급		

■134part

擔³급	膽²급	妾³급	接⁴급	蜀²급	燭²급	觸²급	屬²급
尾⁴급	獨⁴급	濁²급	秋⁵급	愁³급	畜²급	蓄²급	

26. 2음절 한자성어

閨秀

남의 집 '처녀'를 정중하게 이르는 말. 학문과 재주가 뛰어난 여자.

白眉

흰 눈썹. 여러 사람이나 형제들 중에서 가장 뛰어난 사람을 이르는 말. 많은 가운데서 뛰어난 것을 이르기도 함.

燕雀

제비와 참새. 도량(度量)이 좁은 사람. 작은 인물.

中庸

마땅하여 지나치거나 모자람이 없으며 또 어느 한 쪽으로 치우치지 않고 떳떳하며 알맞은 상태나 그 정도.

膾炙

육회(肉膾)와 구운 고기라는 뜻으로, 칭찬을 받으며 사람들의 입으로 퍼져 전해짐을 이르는 말.

瑕疵

흠. 결점. 법률 또는 당사자가 예기(豫期)한 상태나 성질이 결여(缺如)되어 있는 일.

弑害

아랫사람이 부모나 임금을 죽임.

龜裂

거북 등의 무늬와 같은 모양으로 갈라져서 터짐.

涇渭

중국 경수(涇水)의 물은 맑고 위수(渭水)의 물은 탁해, 탁함과 맑음의 구별이 뚜렷하다는 말. 엉클어진 일의 내용에서 가려내는 옳음과 그름.

秋毫

가을철 짐승의 털이 매우 가늘고 작다는 데에서 '조금'이나 '아주 작음'의 뜻을 나타내는 말.

曉星

샛별. 새벽에 동녘 하늘에 반짝이는 금성(金星)을 일컬음. 매우 드문 존재의 비유.

犧牲

천지·신명·묘사에 제사지낼 때 바치는 소·양·돼지 따위의 짐승. 일정한 목적을 이루기 위해 그에 따르는 자기의 목숨·재산 등을 돌보지 않고 바치거나 버림.

雁行

기러기가 날아감. 기러기 행렬. 상대자를 높이어 그의 '형제'를 이르는 말.

令孃

남을 높이어 그의 '딸'을 이르는 말. 영애(令愛).

蝶泳

두 손을 동시에 앞으로 뻗쳐 물을 끌어당기면서 두 발을 함께 나비의 발과 같이 수면(水面)을 때리면서 헤엄쳐 나아가는 수영법의 하나.

135part

■풀어서 익히기

又	丑¹ 둘째 지지 축		辶	述⁵ 지을 술	扌	拙¹¹ 못날 졸	厷+儿	充¹⁵ 찰 충 	
羊	羞² 부끄러울 수	又/殳	殺⁷ 죽일 살(쇄)	杀⁶ 殺과 동자	尸	屈¹² 굽을 굴	金	銃¹⁶ 총 총	
又	术³ 차조 출	刂	刹⁹ 절 찰	刹⁸ 刹의 정자	穴	窟¹³ 굴 굴	糸	統¹⁷ 거느릴 통	
行	術⁴ 재주 술			止	出¹⁰ 날 출	扌	掘¹⁴ 팔 굴		

■낱말로 익히기

1)癸丑日記	2)羞恥·珍羞盛饌	4)技術·魔術
5)口述·論述試驗	7)殺人·自殺	7)相殺·惱殺的
9)寺刹·古刹	10)家出·杜門不出	11)拙作·拙丈夫
12)屈服·百折不屈	13)洞窟·石窟	14)發掘·盜掘
15)補充·充電器	16)拳銃·機關短銃	17)統率·大統領

■되짚어 익히기

丑 준3급	羞 2급	術 준3급	述 3급	殺 준3급	刹 2급	出 7급	拙 2급
屈 2급	窟 2급	掘 2급	充 4급	銃 2급	統 4급		

■반복해 익히기

堞 2급	托 2급	託 2급	悽 2급	添 2급	徹 2급	撤 2급	澈 2급
膽 2급	蜀 2급	燭 2급	觸 2급	屬 2급	濁 2급	畜 2급	蓄 2급

136part

■풀어서 익히기

耳+又	取¹ 취할 취	鼎+刂	𪔀⁷ 則의 고자	則⁶ 법칙 칙(즉)	戈	賊¹² 도둑 적	木	桼¹⁵ 옻나무 칠
走	趣² 나아갈 취	氵	灁⁹ 測의 고자	測⁸ 잴 측	十 十	柒¹⁷ 漆과 동자	漆¹⁶ 옻칠할 칠
冃	最³ 가장 최	亻	側¹⁰ 곁 측	十 十	七¹³ 일곱 칠	卓¹⁸ 높을 탁
艸⁵ 풀이 무성할 착	叢⁴ 모일 총	忄	惻¹¹ 슬퍼할 측	刀	切¹⁴ 끊을 절(체)	忄	悼¹⁹ 슬퍼할 도

■낱말로 익히기

1)取得·取捨選擇	2)趣味·趣向	3)最高·最初
4)叢書·叢論	6)法則·反則	6)窮則通·言則是也
8)測定·測雨器	10)側近·左側通行	11)惻隱
12)盜賊·賊反荷杖	13)七旬·七月七夕	14)一切·切斷
14)一切	16)漆板·螺鈿漆器	18)卓越·卓見
19)哀悼·追悼辭		

■되짚어 익히기

取⁴급	趣²급	最⁴급	叢²급	則⁴급	測³급	側³급	惻²급
賊³급	七⁸급	切준3급	漆²급	卓준3급	悼²급		

■반복해 익히기

澈²급	膽²급	蜀²급	燭²급	觸²급	屬²급	濁²급	畜²급
蓄²급	羞²급	刹²급	拙²급	屈²급	窟²급	掘²급	銃²급

137part

■ **풀어서 익히기**

又	帚[2] 비 추	侵[1] 조금씩 할 침	口+儿	兌[9] 기쁠 태	忄	悅[13] 기쁠 열	辶	追[17] 쫓을 추
亻	侵[4] 侵의 본자	侵[3] 침노할 침	月	脫[10] 벗을 탈	門	閱[14] 검열할 열	巾	帥[18] 장수 수
宀+爿	寢[6] 寢의 본자	寢[5] 잘 침	禾	稅[11] 조세 세	金	銳[15] 날카로울 예	帀[20] 두를 잡	師[19] 스승 사
氵	浸[8] 浸의 본자	浸[7] 적실 침	言	說[12] 말씀 설(세·열)	丘	𠂤[16] 언덕 퇴	婦[22] 지어미 부	歸[21] 돌아갈 귀

■ **낱말로 익히기**

3)侵擄·侵入	5)寢臺·不寢番	7)浸水·浸透
9)兌換紙幣	10)脫皮·脫衣室	11)租稅·納稅義務
12)說明·橫說竪說	12)遊說·說客	12)說樂
13)喜悅·男女相悅之詞	14)檢閱·閱覽	15)銳利·銳角
17)追跡·追突事故	18)將帥·統帥權	19)軍師·恩師
21)歸家·歸鄕	22)夫婦·新婦	

■ **되짚어 익히기**

侵3급	寢2급	浸3급	兌2급	脫4급	稅4급	說4급	悅준3급
閱2급	銳3급	追준3급	帥2급	師4급	歸준3급	婦4급	

■ **반복해 익히기**

屬2급	濁2급	畜2급	蓄2급	羞2급	刹2급	拙2급	屈2급
窟2급	掘2급	銃2급	趣2급	叢2급	惻2급	漆2급	悼2급

138part

■풀어서 익히기

	巴[1]		糸	編[5]		言	評[9]		巾+攵	敝[14]
	땅 이름 파			엮을 편			평할 평			해질 폐
扌	把[2]		辶	遍[6]		土	坪[10]		樊[16]	弊[15]
	잡을 파			두루 편			들 평		弊의 본자	해질 폐
戶	扁[3]		亻	偏[7]			暴[12]	暴[11]	巾	幣[17]
	넓적할 편			치우칠 편			暴의 본자	사나울 폭(포)		비단 폐
⺮	篇[4]			平[8]				火 爆[13]	⺿	蔽[18]
	책 편			평평할 평				터질 폭		가릴 폐

■낱말로 익히기

1)巴蜀·三巴戰	2)把握·把守兵	3)扁平足·扁形動物
4)玉篇·短篇小說	5)編纂·編輯部	6)遍歷·普遍的
7)偏愛·偏頗的	8)平野·水平線	9)評價·批評
10)建坪·延坪數	11)暴露·暴行	12)橫暴·凶暴
13)爆發·爆彈	15)疲弊·弊害	17)幣帛·貨幣
18)隱蔽·蔽一言		

■되짚어 익히기

巴[2급]	把[2급]	扁[2급]	篇[준3급]	編[2급]	遍[2급]	偏[2급]	平[5급]
評[3급]	坪[2급]	暴[4급]	爆[3급]	弊[2급]	幣[2급]	蔽[2급]	

■반복해 익히기

羞[2급]	刹[2급]	拙[2급]	屈[2급]	窟[2급]	掘[2급]	銃[2급]	趣[2급]
叢[2급]	惻[2급]	漆[2급]	悼[2급]	寢[2급]	兌[2급]	閱[2급]	帥[2급]

139part

■풀어서 익히기

燮²	票¹		臥⁷	臨⁶	虫	蜜¹²	氵	減¹⁷
票의 고자	쪽지 표		누울 와	임할 림		꿀 밀		덜 감
木	標³	祕⁹	必⁸	示/禾	祕¹⁴	秘¹³	心	感¹⁸
	표할 표	창자루 비(필)	반드시 필		秘의 정자	숨길 비		느낄 감
氵	漂⁴	宀	宓¹⁰			泌¹⁵		憾¹⁹
	뜰 표		편안할 밀			샘물 흐르는 모양 비(필)		한할 감
	品⁵	山	密¹¹		戌+口	咸¹⁶	針²¹	鍼²⁰
	물건 품		빽빽할 밀			다 함	바늘 침	針과 동자

■낱말로 익히기

1)車票·國民投票	3)標示·標識板	4)漂流·漂白劑
5)物品·不良品	6)君臨·臨終	7)臥病·臥薪嘗膽
8)必要·必需	11)密林·奧密稠密	12)蜜月·口蜜腹劍
13)秘密·秘資金	15)分泌腺·泌尿器科	16)咸鏡道·咸興差使
17)減少·十年減壽	18)感覺·六感	19)遺憾·憾情
21)針葉樹·羅針盤		

■되짚어 익히기

票준3급	標²급	漂²급	品⁵급	臨³급	臥준3급	必⁴급	密⁴급
蜜²급	秘준3급	泌²급	咸³급	減⁴급	感⁵급	憾²급	針⁴급

■반복해 익히기

漆²급	悼²급	寢²급	兌²급	閱²급	帥²급	巴²급	把²급
扁²급	編²급	遍²급	偏²급	坪²급	弊²급	幣²급	蔽²급

140part

■풀어서 익히기

弓	弓¹	曰	臽⁵	才	拾⁹	사람	亢¹³		
	꽃봉오리 함		허방다리 함		주울 습(십)		목 항		
犭	犯²	阝	陷⁶	竹	答¹⁰	사람	抗¹⁴		
	범할 범		빠질 함		대답할 답		막을 항		
車	軋³		合⁷	艹	荅¹¹	舟	航¹⁵		
	수레 바닥 둘레 나무 범		합할 합		팥 답		건널 항		
竹	範⁴	糸	給⁸	土	塔¹²	土	坑¹⁶		
	법 범		줄 급		탑 탑		구덩이 갱		

■낱말로 익히기

2)侵犯·犯罪者	4)模範·示範	
6)陷穽·陷沒	7)合計·合唱	
8)給與·給食	9)拾得·收拾	9)拾萬圓整
10)對答·東問西答	12)石塔·斜塔	13)亢羅·機能亢進
14)抗拒·不可抗力	15)航海·航空母艦	16)炭坑·焚書坑儒

■되짚어 익히기

犯 준3급	範 3급	陷 2급	合 5급	給 4급	拾 4급	答 5급	塔 3급
亢 2급	抗 3급	航 3급	坑 2급			

■반복해 익히기

帥 2급	巴 2급	把 2급	扁 2급	編 2급	遍 2급	偏 2급	坪 2급
弊 2급	幣 2급	蔽 2급	標 2급	漂 2급	蜜 2급	泌 2급	憾 2급

27date 총정리(월   일)

■135part

丑 준3급	羞 2급	術 준3급	述 3급	殺 준3급	刹 2급	出 7급	拙 2급
屈 2급	窟 2급	掘 2급	充 4급	銃 2급	統 4급		

■136part

取 4급	趣 2급	最 4급	叢 2급	則 4급	測 3급	側 3급	惻 2급
賊 3급	七 8급	切 준3급	漆 2급	卓 준3급	悼 2급		

■137part

侵 3급	寢 2급	浸 3급	兌 2급	脫 4급	稅 4급	說 4급	悅 준3급
閱 2급	銳 3급	追 준3급	帥 2급	師 4급	歸 준3급	婦 4급	

■138part

巴 2급	把 2급	扁 2급	篇 준3급	編 2급	遍 2급	偏 2급	平 5급
評 3급	坪 2급	暴 4급	爆 3급	弊 2급	幣 2급	蔽 2급	

■139part

票 준3급	標 2급	漂 2급	品 5급	臨 3급	臥 준3급	必 4급	密 4급
蜜 2급	秘 준3급	泌 2급	咸 3급	減 4급	感 5급	憾 2급	針 4급

■140part

犯 준3급	範 3급	陷 2급	合 5급	給 4급	拾 4급	答 5급	塔 3급
亢 2급	抗 3급	航 3급	坑 2급				

27. 2음절 한자성어

巢窟
도적(盜賊)·악한(惡漢)·비도(匪徒)의 떼가 숨어 사는 곳.

腎臟
동물 체내(體內)의 오줌 배설(排泄) 작용을 맡은 기관. 콩팥.

紳士
예절이나 품행이 바르고 교양이 있어 점잖은 사람. 젠틀맨(gentleman).

押留
국가 권력에 의해 세금 체납자 등의 재산을 자유 처분하지 못하게 하는 행위.

深淵
깊은 못. 좀처럼 헤어나기 힘든 깊은 구렁의 비유.

出捐
금품을 내어 원조함. 어떤 사람이 그 의사에 기하여 재산상의 손실을 일으킴으로써 다른 사람의 재산을 증가시키는 일.

英顯
죽은 사람 영혼을 높이어 이르는 말. 영령(英靈).

亢羅
명주·모시·무명실 따위로 짠 피륙의 한 가지. 구멍이 송송 뚫어진 것으로 여름 옷감에 적당함.

編輯
자료를 모아 엮고 짜서 신문·잡지·서적 등을 만드는 일.

敎鞭
강의할 때 교사가 필요한 교수 사항을 가리키기 위한 가느다란 막대기. 가르치는 데 종사하는 일.

鞭撻
채찍으로 때림. 종아리나 볼기를 쳐서 경계하고 격려함.

華燭
빛깔을 들인 밀초. 혼례의 의식(儀式) 등에서 석상(席上)의 등화. 뜻이 바뀌어 '혼례(婚禮)'를 이르는 말.

懲役
기결(旣決)의 죄인을 교도소 안에 구치하여 일정 기간 노역에 복무시키는 자유형의 한 가지.

贈呈
남에게 성의(誠意) 표시로 물건을 드림. 기증(寄贈).

奏請
임금에게 상주(上奏)하여 재가(裁可)를 청함.

丸彫
물체의 형상을 모두 두드러지게 하는 조각법의 하나.

141part

■풀어서 익히기

		奚¹			該⁷		割¹¹		卿¹⁶
		어찌 해	言		갖출 해	刂	나눌 할	皀	벼슬 경
隹/鳥	雞³	鷄²	木	核⁸	車	轄¹²	執	亨¹⁷
	鷄의 속자	닭 계		씨 핵		다스릴 할		누릴 향
谷/氵	谿⁵	溪⁴	刂	刻⁹	皀	鄕¹³	饗¹⁴	亨¹⁸
	溪와 동자	시내 계		새길 각		시골 향	잔치할 향	형통할 형
	亥	亥⁶		害¹⁰	音	響¹⁵		
		돼지 해		해칠 해		울릴 향		

■낱말로 익히기

1)奚琴	2)軟鷄·蔘鷄湯	4)溪谷·碧溪水
6)辛亥革命	7)該博·該當事項	8)核心·核爆彈
9)彫刻·木刻人形	10)被害·有害食品	11)分割·割引
12)管轄·統轄	13)故鄕·錦衣還鄕	15)音響·交響曲
16)樞機卿·公卿大夫	17)享年·享有	18)萬事亨通

■되짚어 익히기

奚²급	鷄준3급	溪⁴급	亥준3급	該²급	核²급	刻³급	害⁴급
割²급	轄²급	鄕⁴급	響³급	卿²급	享³급	亨³급	

■반복해 익히기

扁²급	編²급	遍²급	偏²급	坪²급	弊²급	幣²급	蔽²급
標²급	漂²급	蜜²급	泌²급	憾²급	陷²급	亢²급	坑²급

142part

■풀어서 익히기

		向¹	巾	常⁵	土	堂⁹		心	懸¹⁵
		향할 향(상)		항상 상		집 당			매달 현
		尙²	衣	裳⁶	田	當¹⁰		日+絲	㬎¹⁶
		오히려 상		치마 상		마땅할 당			고치 현
		賞³		嘗⁷	黑	黨¹¹		頁	顯¹⁷
		상줄 상		맛볼 상		무리 당			나타날 현
	イ	償⁴	手	掌⁸	県¹⁴	㒼¹³	首/系	縣¹²	
		갚을 상		손바닥 장	목 베어 거꾸로 달 교			고을 현	

■낱말로 익히기

1)方向·指向	2)高尙·崇尙	3)賞狀·皆勤賞
4)補償·賠償	5)恒常·常備藥	6)衣裳·同價紅裳
7)未嘗不·臥薪嘗膽	8)掌匣·如反掌	9)講堂·敬老堂
10)當然·千不當萬不當	11)朋黨·不汗黨	12)縣令·郡縣制度
15)懸板·猫項懸鈴	17)顯著·顯微鏡	

■되짚어 익히기

向⁶급	尙준3급	賞⁴급	償³급	常⁴급	裳²급	嘗²급	掌²급
堂⁵급	當⁵급	黨³급	縣²급	懸²급	顯²급		

■반복해 익히기

幣²급	蔽²급	標²급	漂²급	蜜²급	泌²급	憾²급	陷²급
兀²급	坑²급	奚²급	該²급	核²급	割²급	轄²급	卿²급

143part

■풀어서 익히기

力	劦¹	氵	況⁵	宮¹⁰	營⁹	雨	霫¹⁵	雪¹⁴
	힘 합할 협		하물며 황	집 궁	경영할 영		雪의 본자	눈 설
十	協²	火	熒⁶	玉	瑩¹¹			隺¹⁶
	도울 협		등불 형		귀막이 옥 영			오를 혹(각)
月	脅³	虫	螢⁷	又	彗¹²	石		確¹⁷
	갈빗대 협		개똥벌레 형		비 혜			굳을 확
口+儿	兄⁴	木	榮⁸	心	慧¹³	鳥		鶴¹⁸
	맏 형		영화 영		슬기로울 혜			학 학

■낱말로 익히기

2)協力·協助	3)脅迫·威脅	4)兄弟·姊兄
5)況且·狀況	7)螢光燈·螢雪之功	8)榮華·人類共榮
9)經營·野營	10)宮闕·宮殿	13)知慧·慧眼
14)暴雪·雪辱戰	17)確固·確立	18)白鶴·群鷄一鶴

■되짚어 익히기

協⁴급	脅²급	兄⁷급	況²급	螢²급	榮⁴급	營준3급	宮준3급
瑩²급	慧²급	雪⁴급	確³급	鶴²급			

■반복해 익히기

憾²급	陷²급	亢²급	坑²급	奚²급	該²급	核²급	割²급
轄²급	卿²급	裳²급	嘗²급	掌²급	縣²급	懸²급	顯²급

144part

■풀어서 익히기

口+戈	或¹ 혹시 혹	氏+日	昏⁵ 저물 혼	貝	貨⁹ 재화 화	聿	畵¹² 畫의 속자	畫¹¹ 그림 화
心	惑² 미혹할 혹	女	婚⁶ 혼인할 혼	革	靴¹⁰ 신 화		刂	劃¹³ 그을 획
土	域³ 지경 역		化⁷ 화할 화				弓	弘¹⁴ 클 홍
口	國⁴ 나라 국		花⁸ 꽃 화	疆¹⁹ 지경 강	畺¹⁸ 지경 강	彊¹⁷ 强의 통자	強¹⁶ 强의 속자	强¹⁵ 강할 강

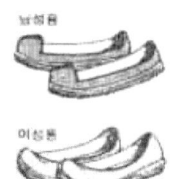

■낱말로 익히기

1)或是·或者	2)迷惑·惑世誣民	3)地域·異域萬里
4)國家·大韓民國	5)黃昏·昏定晨省	6)婚姻·結婚
7)變化·化石	8)花草·無窮花	9)財貨·貨幣
10)軍靴·運動靴	12)畵家·山水畵	13)劃數·劃一敎育
14)弘報·弘益人間	16)强大國·弱肉强食	19)疆土·萬壽無疆

■되짚어 익히기

或 준3급	惑 2급	域 준3급	國 5급	昏 3급	婚 4급	化 4급	花 5급
貨 4급	靴 2급	畵 4급	劃 3급	弘 3급	强 5급	疆 2급	

■반복해 익히기

核 2급	割 2급	轄 2급	卿 2급	裳 2급	嘗 2급	掌 2급	縣 2급
懸 2급	顯 2급	脅 2급	況 2급	螢 2급	瑩 2급	慧 2급	鶴 2급

145part

■풀어서 익히기

花	華¹	犭	獲⁵		奐⁹	忄	懷¹³
	빛날 화		얻을 획		빛날 환		품을 회
火	燁²	言	護⁶	扌	換¹⁰	土	壞¹⁴
	빛날 엽		보호할 호		바꿀 환		무너질 괴
萑+又	蒦³		萈⁷	火	煥¹¹		回¹⁵
	받들 확		뿔이 가는 염소 환		불꽃 환		돌 회
禾	穫⁴	宀	寬⁸	衣	褱¹²	辶	廻¹⁶
	거둘 확		너그러울 관		품을 회		돌아올 회

■낱말로 익히기

1)散華·拈華微笑	4)收穫	5)獲得·捕獲
6)保護·護身術	8)寬大·寬容	10)交換·換骨奪胎
13)懷疑的·懷中時計	14)崩壞·破壞	15)回轉·旋回
16)巡廻公演		

■되짚어 익히기

華준3급	燁2급	穫2급	獲2급	護2급	寬2급	換2급	煥2급
懷2급	壞2급	回4급	廻2급				

■반복해 익히기

卿2급	裳2급	嘗2급	掌2급	縣2급	懸2급	顯2급	脅2급
況2급	螢2급	瑩2급	慧2급	鶴2급	惑2급	靴2급	疆2급

146part

■풀어서 익히기

矢	矦² 侯의 본자	侯¹ 제후 후	灬	烋⁷ 아름다울 휴	匈¹² 오랑캐 흉	壴	喜¹⁶ 기쁠 희
亻	倏⁴ 候의 본자	候³ 기후 후		䲨⁸ 두건이 휴	月	胸¹³ 가슴 흉	示	禧¹⁷ 복 희
	口	喉⁵ 목구멍 후	携¹⁰ 攜의 속자	攜⁹ 끌 휴	巾	希¹⁴ 바랄 희	女	嬉¹⁸ 즐길 희
	亻+木	休⁶ 쉴 휴		凶¹¹ 흉할 흉	禾	稀¹⁵ 드물 희		

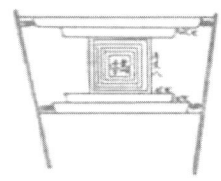

■낱말로 익히기

1)諸侯·侯爵	3)氣候·測候所	5)喉音·耳鼻咽喉科
6)休息·休憩室	10)携帶·提携	11)凶年·凶家
13)胸部·胸像	14)希望·希求	15)稀罕·稀貴
16)喜悅·喜消息		

■되짚어 익히기

侯²급	候준3급	喉²급	休5급	烋²급	携²급	凶4급	胸준3급
希4급	稀²급	喜준3급	禧²급	嬉²급			

■반복해 익히기

瑩²급	慧²급	鶴²급	惑²급	靴²급	疆²급	燁²급	穫²급
獲²급	護²급	寬²급	換²급	煥²급	懷²급	壞²급	廻²급

28date 총정리(월   일)

■141part

奚²급	鷄준3급	溪⁴급	亥준3급	該²급	核²급	刻³급	害⁴급
割²급	轄²급	鄕⁴급	響³급	卿²급	享³급	亨³급	

■142part

向⁶급	尙준3급	賞⁴급	償³급	常⁴급	裳²급	嘗²급	掌²급
堂⁵급	當⁵급	黨³급	縣²급	懸²급	顯²급		

■143part

協⁴급	脅²급	兄⁷급	況²급	螢²급	榮⁴급	營준3급	宮준3급
瑩²급	慧²급	雪⁴급	確³급	鶴²급			

■144part

或준3급	惑²급	域준3급	國⁵급	昏³급	婚⁴급	化⁴급	花⁵급
貨⁴급	靴²급	畫⁴급	劃³급	弘³급	强⁵급	疆²급	

■145part

華준3급	燁²급	穫²급	獲²급	護²급	寬²급	換²급	煥²급
懷²급	壞²급	回⁴급	廻²급				

■146part

侯²급	候준3급	喉²급	休⁵급	烋²급	携²급	凶⁴급	胸준3급
希⁴급	稀²급	喜준3급	禧²급	嬉²급			

28. 2음절 한자성어

鼎談

세 사람이 솥발처럼 벌려 앉아서 하는 이야기.

鞫問

임금이 중대한 죄인을 국청(鞫廳)에서 신문(訊問)하던 일.

硯滴

벼룻물을 담는 그릇. 대개는 도자기로 만들며, 쇠붙이·옥·돌 등으로도 만듦.

雌雄

암컷과 수컷. '승부(勝負)'나 '우열(優劣)'의 뜻에 비유하는 말.

翌日

둘째 날이나 다음 날. 이튿날.

颱風

북태평양 남서부에서 발생하여 우리나라 등을 폭풍우를 수반하여 내습하는 맹렬한 열대성 저기압.

經緯

직물의 날과 씨. 일이 진전되어 온 경로나 경과. 경도와 위도.

落札

경쟁 매매에서 매매가 결정되는 일. 많은 희망자 중에서 매매의 견적 가격을 제시시켜 매출할 때는 최고 가격, 매입할 때는 최저 가격으로 결정됨.

傭兵

자원(自願)한 사람에게 봉급을 주고 병역(兵役)에 복무하도록 고용한 군사.

落伍

군대(軍隊)의 대오(隊伍)에서 처져 뒤떨어짐. 역량(力量)이 모자라서 사회나 시대의 진보에 뒤떨어짐.

反騰

하락(下落)하던 시세가 반대로 갑자기 등귀(騰貴)함.

借款

다른 나라 정부나 이에 준(準)하는 공적 기관으로부터 자금 또는 상품을 꾸어들이는 일.

關鍵

문빗장과 자물쇠. 어떤 문제 해결에서 가장 중요한 곳.

鍼灸

침질과 뜸질을 함께 이르는 말.

諒察

손아랫사람의 사정을 헤아리거나 미루어 살핌.

幣帛

예의를 갖추어 보내는 물건. 신부가 처음으로 시부모를 뵐 때 큰 절을 하고 올리는 물건.

147part

■풀어서 익히기

宀+豕	家¹	卅	門⁶	開⁵	言+十	計¹⁰	口+犬	哭¹⁵	
	집 가		빗장 산	열 개		셀 계		울 곡	
手+目	看²		閂	閉⁷	禾+子	季¹¹	口+木	困¹⁶	
	볼 간			닫을 폐		끝 계		곤할 곤	
女	姦³	戶+攵+口	啓⁸	斤	鑾¹³	斷¹²			
	간사할 간		열 계		끊을 단	끊을 단			
亻+牛	件⁴	鹿+心+文	慶⁹	糸	繼¹⁴	子	孔¹⁷		
	일 건		경사 경		이을 계		구멍 공		

■낱말로 익히기

1)家族·家庭	2)看護·看板	3)姦邪·姦臣
4)人件費·事事件件	5)開閉·新裝開業	7)閉業·閉會式
8)啓發·啓蒙運動	9)慶事·國慶日	10)計算·合計
11)季指·季節	12)切斷·斷食	14)繼承·後繼者
15)痛哭·鬼哭聲	16)困難·春困症	17)九孔炭·骨多孔症

■되짚어 익히기

家⁵급	看⁴급	姦³급	件준3급	開⁵급	閉준3급	啓²급	慶⁴급
計⁵급	季⁴급	斷준3급	繼준3급	哭²급	困준3급	孔³급	

■반복해 익히기

穫²급	獲²급	護²급	寬²급	換²급	煥²급	懷²급	壞²급
廻²급	侯²급	喉²급	烋²급	携²급	稀²급	禧²급	嬉²급

148part

■풀어서 익히기

宀+頁+刀	寡[1]	凸+月	肯[8]	田+力	男[12]	至	臺[16]	
	적을 과		즐길 긍		사내 남		대 대	
亭[4] 鄣[3] 郭[2]		月	肩[9]	宀+心+皿	寧[13]			
성곽 곽 郭의 본자 성곽 곽			어깨 견		편안할 녕			
口 尺[6] 局[5]		犬	器[10]	水+田	畓[14]	口+啚	圖[17]	
자 척 판 국			그릇 기		논 답		그림 도	
夫+見 規[7]		厶	棄[11]	寸	對[15]	毌	毒[18]	
법 규			버릴 기		대답할 대		독 독	

■낱말로 익히기

1)寡默·衆寡不敵	2)城郭·外郭	5)對局·局所痲醉
6)越尺·三尺童子	7)規則·規定	8)肯定·首肯
9)比肩·五十肩	10)陶瓷器·大器晚成	11)棄權·自暴自棄
12)男子·男同生	13)安寧·康寧	14)田畓·門前沃畓
15)對答·對話	16)燈臺·高臺廣室	17)地圖·鳥瞰圖
18)毒藥·解毒劑		

■되짚어 익히기

寡[2급]	郭[2급]	局[준3급]	尺[준3급]	規[준3급]	肯[2급]	肩[2급]	器[준3급]
棄[2급]	男[7급]	寧[2급]	畓[3급]	對[5급]	臺[2급]	圖[5급]	毒[3급]

■반복해 익히기

護[2급]	寬[2급]	換[2급]	煥[2급]	懷[2급]	壞[2급]	廻[2급]	侯[2급]
喉[2급]	烋[2급]	携[2급]	稀[2급]	禧[2급]	嬉[2급]	啓[2급]	哭[2급]

149part

■풀어서 익히기

氵+欠+皿	盜¹	輛⁶	兩⁵	少+力	劣¹¹	子	了¹⁵
	훔칠 도	수레 량	두 량		못할 렬		마칠 료
月+豕	豚²	皿+糸+隹	羅⁷	火+力	勞¹²	氵+充	流¹⁶
	돼지 돈		벌일 라		일할 로		흐를 류
穴+犬	突³	爫+又	爲⁹	从	旅¹³	玉+廾	弄¹⁷
	갑자기 돌		다스릴 란	亂⁸ 어지러울 란	나그네 려		희롱할 롱
彳+㝵	得⁴	辛	辭¹⁰	鹿	麗¹⁴	米+斗	料¹⁸
	얻을 득		말씀 사		고울 려		헤아릴 료

■낱말로 익히기

1)盜賊·鷄鳴狗盜	2)豚肉·養豚場	3)突進·突發事態
4)拾得·獲得	5)兩分·兩棲類	7)網羅·羅列
8)紛亂·自中之亂	10)言辭·激勵辭	11)拙劣·劣等生
12)過勞·不勞所得	13)旅團·行旅病者	14)華麗·高句麗
15)終了·完了	16)支流·上流層	17)戲弄·嘲弄
18)無料·急行料		

■되짚어 익히기

盜3급	豚3급	突3급	得4급	兩4급	羅준3급	亂3급	辭2급
劣2급	勞4급	旅4급	麗2급	了3급	流4급	弄2급	料4급

■반복해 익히기

侯2급	喉2급	烋2급	携2급	稀2급	禧2급	嬉2급	啓2급
哭2급	寡2급	郭2급	肯2급	肩2급	棄2급	寧2급	臺2급

150part

■풀어서 익히기

木	㮚²	栗¹	月	脈⁸		豸	皃¹⁶	貌¹⁵
	栗의 고자	밤나무 률		줄기 맥			貌와 동자	얼굴 모
尸+彳+夂		履³	糸+帛	綿⁹	目+夕	夢¹²	目	眉¹⁷
		밟을 리		솜 면		꿈 몽		눈썹 미
木	本⁵	末⁴	口+鳥	鳴¹⁰	艹+田	苗¹³	玉+刂	班¹⁸
	근본 본	끝 말		울 명		싹 묘		나눌 반
氵	辰⁷	派⁶	牛+攵	牧¹¹	大	美¹⁴	手	拜¹⁹
	갈래 파	갈래 파		칠 목		아름다울 미		절 배

■낱말로 익히기

1)生栗·棗栗梨柿		
3)履歷書·如履薄氷	4)末葉·末梢神經	5)根本·本末顚倒
6)流派·分派	8)血脈·人脈管理	9)純綿·脫脂綿
10)悲鳴·自鳴鐘	11)牧場·牧童	12)胎夢·一場春夢
13)苗木·種苗商	14)美人·人間美	15)美貌·外貌
17)眉間·白眉	18)分班·班長	19)歲拜·百拜謝罪

■되짚어 익히기

栗³급	履³급	末⁵급	本⁵급	派³급	脈²급	綿²급	鳴준3급

貌²급	牧준3급	夢²급	苗²급	美⁵급	眉²급	班준3급	拜⁴급

■반복해 익히기

稀²급	禧²급	嬉²급	啓²급	哭²급	寡²급	郭²급	肯²급

肩²급	棄²급	寧²급	臺²급	辭²급	劣²급	麗²급	弄²급

151part

■풀어서 익히기

火+頁	煩¹ 번거로울 번	亻+子	保⁶ 지킬 보	衣+隹+田	奮¹⁰ 떨칠 분	葡¹⁴ 갖출 비 備¹³ 갖출 비
罒+言+刂	罰² 벌 벌	止	步⁷ 걸음 보	亻+犬	伏¹¹ 엎드릴 복	示+土 社¹⁵ 모일 사
冎(另)	冎⁴ 別의 본자 別³ 나눌 별	氵	涉⁸ 건널 섭	貝	負¹² 질 부	⺮+卅 算¹⁶ 셀 산
	斤+卅 兵⁵ 군사 병	頁	頻⁹ 자주 빈			宀+卅+糸 索¹⁷ 동아줄 삭(색)

■낱말로 익히기

1)煩雜·食少事煩	2)刑罰·罰酒	3)分別·離別
5)兵士·脫營兵	6)保護·保姆	7)步兵·五十步百步
8)涉獵·涉歷	9)頻繁·頻發	10)奮發·興奮
11)降伏·伏地不動	12)負擔·自負心	13)準備·有備無患
15)社稷·會社	16)計算·算數	17)索道·索漠
17)搜索·探索		

■되짚어 익히기

煩²급	罰준3급	別⁵급	兵⁴급	保⁴급	步⁵급	涉³급	頻²급
奮²급	伏준3급	負³급	備⁴급	社준3급	算⁴급	索³급	

■반복해 익히기

郭²급	肯²급	肩²급	棄²급	寧²급	臺²급	辭²급	劣²급
麗²급	弄²급	脈²급	綿²급	貌²급	夢²급	苗²급	眉²급

152part

■풀어서 익히기

宀+步+貝	賓[1]	木+斤	析[7]	糸	素[11]	幺	率[16]
	손 빈		쪼갤 석		흴 소		거느릴 솔(률)
木 栖[3]	西[2]	魚+羊	鮮[8]	竹	笑[12]	辶	送[17]
깃들 서	서녘 서		고울 선		웃음 소		보낼 송
宀+卅+土	塞[4]	言+殳	設[9]	扌+帚	掃[13]	巾+刂	刷[18]
	막을 색(새)		베풀 설		쓸 소		인쇄할 쇄
耳 磬[6]	聲[5]	戈	歲[10]	稾[15]	粟[14]	衰[20]	衰[19]
경쇠 경	소리 성		해 세	粟의 고자	조 속	衰의 속자	쇠할 쇠(최)

■낱말로 익히기

1)貴賓·國賓訪問	2)西方·東西南北	4)語塞·拔本塞源
4)要塞·塞翁之馬	5)音聲·呱呱之聲	7)分析·解析
8)生鮮·新鮮	9)設置·建設會社	10)年歲·萬歲
11)素服·素質啓發	12)微笑·笑門萬福來	13)淸掃·掃除
14)黍粟·滄海一粟	16)統率·率先垂範	16)確率·能率
17)歡送·虛送歲月	18)印刷·刷新	19)衰頹·老衰

■되짚어 익히기

賓2급	西6급	塞2급	聲4급	析2급	鮮4급	設준3급	歲4급
素준3급	笑4급	掃준3급	粟2급	率2급	送4급	刷3급	衰2급

■반복해 익히기

棄2급	寧2급	臺2급	辭2급	劣2급	麗2급	弄2급	脈2급
綿2급	貌2급	夢2급	苗2급	眉2급	煩2급	頻2급	奮2급

29date 총정리(월   일)

■147part

家^{5급}	看^{4급}	姦^{3급}	件^{준3급}	開^{5급}	閉^{준3급}	啓^{2급}	慶^{4급}
計^{5급}	季^{4급}	斷^{준3급}	繼^{준3급}	哭^{2급}	困^{준3급}	孔^{3급}	

■148part

寡^{2급}	郭^{2급}	局^{준3급}	尺^{준3급}	規^{준3급}	肯^{2급}	肩^{2급}	器^{준3급}
棄^{2급}	男^{7급}	寧^{2급}	畓^{3급}	對^{5급}	臺^{2급}	圖^{5급}	毒^{3급}

■149part

盜^{3급}	豚^{3급}	突^{3급}	得^{4급}	兩^{4급}	羅^{준3급}	亂^{3급}	辭^{2급}
劣^{2급}	勞^{4급}	旅^{4급}	麗^{2급}	了^{3급}	流^{4급}	弄^{2급}	料^{4급}

■150part

栗^{3급}	履^{3급}	末^{5급}	本^{5급}	派^{3급}	脈^{2급}	綿^{2급}	鳴^{준3급}
貌^{2급}	牧^{준3급}	夢^{2급}	苗^{2급}	美^{5급}	眉^{2급}	班^{준3급}	拜^{4급}

■151part

煩^{2급}	罰^{준3급}	別^{5급}	兵^{4급}	保^{4급}	步^{5급}	涉^{3급}	頻^{2급}
奮^{2급}	伏^{준3급}	負^{3급}	備^{4급}	社^{준3급}	算^{4급}	索^{3급}	

■152part

賓^{2급}	西^{6급}	塞^{2급}	聲^{4급}	析^{2급}	鮮^{4급}	設^{준3급}	歲^{4급}
素^{준3급}	笑^{4급}	掃^{준3급}	粟^{2급}	率^{2급}	送^{4급}	刷^{3급}	衰^{2급}

29. 2음절 한자성어

牝牡
길짐승의 암컷과 수컷.

屆出
어떤 규정에 의하여 어떤 사실을 상사(上司)나 또는 해당 기관(機關)에 문서로 냄.

畫伯
화가(畫家)를 높이어 이르는 말.

訃告
사람의 죽음을 알리는 글.

閃光
순간적으로 내는 번쩍이는 빛. 항성(恒星) 따위의 번쩍번쩍하는 빛.

晩餐
손님을 초대하여 하는 저녁 식사.

赦免
죄를 용서하여 형벌(刑罰)을 면제함.

覇權
어떤 분야에서 으뜸의 자리를 차지하는 권력.

敷衍
이야기 등에서 알기 쉽게 뜻을 첨가하여 자세히 말함.

匙箸
숟가락과 젓가락. 상대자를 높이어 그의 '숟가락'을 이르는 말.

町步
면적의 단위. 3000평이 1정보에 해당됨.

瓜年
옛날 결혼하기에 알맞은 15~16세 여자의 나이.

炯眼
날카로운 눈매. 사물에 대한 관찰력이 뛰어난 사람.

杏仁
살구 씨 껍데기 속의 알맹이. 호흡기 질환이나 변비에 쓰임.

輔弼
임금의 덕업(德業)을 보좌함, 또는 그런 사람.

戮屍
죽은 사람의 시체에 다시 참형(斬刑)을 가하는 일.

牙城
성곽 안에서 가장 중심이 되는 자리. 적의 가장 요긴한 근거지(根據地)를 비유하는 말.

153part

■풀어서 익히기

← + 又	守¹	羽 + 日	習⁶	木	乘⁸		← + 番	審¹⁴
	지킬 수		익힐 습		탈 승			살필 심
髟	鬚³	須²		自 + 心	息⁹	隹 + 又	隻¹⁶	雙¹⁵
	수염 수	모름지기 수			쉴 식		하나 척	쌍 쌍
犬	獸⁴	氵 + 㬎	濕⁷	← + 貝	實¹⁰	厂	厄¹⁸	危¹⁷
	짐승 수		젖을 습		열매 실		재앙 액	위태할 위
聿	肅⁵	衣	襱¹³	襲¹²	襲¹¹	氵 + 九 + 木		染¹⁹
	엄숙할 숙		나는 용 답	襲의 고자	엄습할 습			물들일 염

■낱말로 익히기

1)守備·守衛	2)男兒須讀五車書	4)禽獸·獸醫師
5)嚴肅·肅然	6)練習·自習	7)濕氣·加濕機
8)搭乘·乘馬	9)窒息·喘息	10)果實·有實樹
11)殺襲·襲擊	14)審査·不審檢問	15)雙璧·天下無雙
16)一隻·數隻	17)危殆·累卵之危	18)厄運·橫厄
19)染色·汚染		

■되짚어 익히기

守⁴급	須준3급	獸²급	肅²급	習⁵급	濕²급	乘준3급	息준3급
實⁴급	襲²급	審²급	雙²급	隻**2급**	危⁴급	厄²급	染²급

■반복해 익히기

弄²급	脈²급	綿²급	貌²급	夢²급	苗²급	眉²급	煩²급
頻²급	奮²급	賓²급	塞²급	析²급	粟²급	率²급	衰²급

154part

■ 풀어서 익히기

儿	兒¹ 아이 아	亻+立	位⁵ 자리 위	弓	引⁹ 끌 인	舛+死	葬¹² 장사지낼 장
車+欠	軟² 연할 연	戌+女	威⁶ 위엄 위	爪	印¹⁰ 도장 인	宀+辛	宰¹³ 벼슬아치 재
夕+卜	外³ 바깥 외	爫+孔	乳⁷ 젖 유	罒+寸	爵¹¹ 벼슬 작	玉	全¹⁴ 온전할 전
辰+寸	辱⁴ 욕될 욕	匚+矢+殳+酉	醫⁸ 의원 의	辶	兎¹⁷ 兔의 속자	兔¹⁶ 토끼 토	逸¹⁵ 달아날 일

■ 낱말로 익히기

1)兒童·幼兒	2)軟弱·軟體動物	3)外出·外國人
4)恥辱·屈辱	5)位置·高位層	6)威嚴·威壓感
7)牛乳·哺乳動物	8)醫員·醫師	9)引揚·我田引水
10)印章·烙印	11)爵位·高官大爵	12)火葬·葬禮式
13)宰相·主宰	14)完全·全知全能	15)安逸·逸脫行爲
16)狡兔三窟		

■ 되짚어 익히기

兒⁴급	軟²급	外⁶급	辱³급	位⁵급	威준³급	乳준³급	醫⁴급
引⁴급	印⁴급	爵²급	葬²급	宰²급	全⁵급	兔²급	逸³급

■ 반복해 익히기

奮²급	賓²급	塞²급	析²급	粟²급	率²급	衰²급	獸²급
肅²급	濕²급	襲²급	審²급	雙²급	隻²급	厄²급	染²급

155part

■풀어서 익히기

冊+廾	典[1]	四+非	皐[10]	罪[9]	廾	奏[14]	皿	盡[18]
	법 전		罪의 고자	허물 죄		아뢸 주		다할 진
劗	剪[3]	前[2]	刅+矢	族[11]	日+人	衆[15]	阝+車	陣[19]
	剪의 본자	벨 전	앞 전		겨레 족		무리 중	진칠 진
褰[6]	屧[5]	展[4]	在+子	存[12]	口	只[16]	阝+東	陳[20]
붉은자사웃전	展의 본자	펼 전		있을 존		다만 지		베풀 진
弋	吊[8]	弔[7]	聿+旦	晝[13]	隹+辶	進[17]	斤+貝	質[21]
	弔의 속자	조상할 조		낮 주		나아갈 진		바탕 질

■낱말로 익히기

1)法典·辭典	2)前後·前半戰	4)展示·詩畫展
7)弔喪·弔問	9)罪人·有錢無罪	11)家族·白衣民族
12)存在·實存人物	13)晝間·晝夜長川	14)奏請·上奏
15)群衆·衆寡不敵	16)但只·只今	17)前進·進一步
18)盡力·一網打盡	19)背水陣·陣頭指揮	20)陳列·陳設
21)人質·物質		

■되짚어 익히기

典4급	前5급	展4급	弔3급	罪4급	族5급	存4급	晝5급
奏2급	衆4급	只준3급	進4급	盡준3급	陣3급	陳3급	質4급

■반복해 익히기

率2급	衰2급	獸2급	肅2급	濕2급	襲2급	審2급	雙2급
隻2급	厄2급	染2급	軟2급	爵2급	葬2급	宰2급	免2급

156part

■풀어서 익히기

幸 執¹ 잡을 집	豸+辶 逐⁵ 쫓을 축	禾 再¹⁰ 들 승	稱⁹ 일컬을 칭	裘¹⁵ 表의 본자	表¹⁴ 겉 표
小+大 尖² 뾰족할 첨	虫 蟲⁶ 벌레 충	爫+女 妥¹¹ 온당할 타	彳(辶)+日+夂		退¹⁶ 물러날 퇴
夫+日 替³ 바꿀 체	口+欠 吹⁷ 불 취	言+寸 討¹² 칠 토	角+刀+牛		解¹⁷ 풀 해
示+兄 祝⁴ 빌 축	自+犬 臭⁸ 냄새 취	衣+隹+寸	奪¹³ 빼앗을 탈	卅	畢¹⁸ 마칠 필

■낱말로 익히기

1)執着·執行猶豫	2)尖塔·尖端産業	3)交替·代替
4)祝賀·祝福	5)逐出·角逐戰	6)昆蟲·食蟲
7)鼓吹·吹打隊	8)惡臭·口臭	9)愛稱·言必稱
11)妥協·妥當性	12)討伐·聲討	13)奪取·爭奪戰
14)表面·表紙	16)後退·臨戰無退	17)解釋·結者解之
18)檢査畢·軍未畢者		

■되짚어 익히기

執준3급	尖2급	替2급	祝4급	逐2급	蟲4급	吹준3급	臭2급
稱3급	妥3급	奪2급	討준3급	退4급	表5급	解4급	畢2급

■반복해 익히기

衰2급	獸2급	肅2급	濕2급	襲2급	審2급	雙2급	隻2급
厄2급	染2급	軟2급	爵2급	葬2급	宰2급	免2급	奏2급

157part

■풀어서 익히기

頁 夏[1]	心	專 惠[6]	少+子 孝[10]	咽[15]	四[14]
	여름 하		은혜 혜	효도 효	쉴 희	넉 사
宀+쁘+人+冫 寒[2]		女+子 好[7]	厂 厚[11]	廾	冥[16]
	찰 한		좋을 호	두터울 후		어두울 명
目+心 憲[3]	厂+人 仄[9]	丸[8]	會[12]	又	尋[17]
	법 헌	기울 측	알 환	모일 회		찾을 심
虍+鬲+犬 鬳[5] 獻[4]		彳+幺+夂 後[13]			
	시루 권 바칠 헌		뒤 후		

■낱말로 익히기

1)夏至·春夏秋冬	2)酷寒·寒帶植物	3)憲法·憲兵隊
4)獻金·獻呈	6)恩惠·惠澤	7)好感·好事多魔
8)丸藥·牛黃淸心丸	10)孝道·不孝子	11)重厚·利用厚生
12)會議·會者定離	13)後繼者·後來三杯	14)四方·四面楚歌
16)冥福·冥王星	17)尋常·尋訪	

■되짚어 익히기

夏5급	寒4급	憲3급	獻2급	惠4급	好4급	丸3급	孝5급
厚준3급	會5급	後5급	四8급	冥2급	尋2급		

■반복해 익히기

雙2급	隻2급	厄2급	染2급	軟2급	爵2급	葬2급	宰2급
冤2급	奏2급	尖2급	替2급	逐2급	臭2급	奪2급	畢2급

158part

■풀어서 익히기

曲¹ 굽을 곡	丹⁵ 붉을 단	商⁹ 장사 상	畏¹³ 두려워할 외
克² 이길 극	卵⁶ 알 란	焉¹⁰ 어조사 언	已¹⁴ 이미 이
南³ 남녘 남	上⁷ 윗 상	業¹¹ 일 업	再¹⁵ 두 재
乃⁴ 이에 내	下⁸ 아래 하	燕¹² 제비 연	互¹⁶ 서로 호

■낱말로 익히기

1)曲尺·曲線	2)克服·克己訓鍊	3)南極·南男北女
4)乃至·人乃天	5)丹楓·丹脣皓齒	6)鷄卵·卵生說話
7)天上·上流層	8)下人·下剋上	9)商人·行商
10)終焉·焉敢生心	11)事業·失業者	12)燕雀·燕尾服
13)敬畏·後生可畏	14)不得已·已往之事	15)再修·非一非再
16)相互間·互角之勢		

■되짚어 익히기

曲⁴급	克³급	南⁶급	乃⁴급	丹⁴급	卵준3급	上⁸급	下⁸급
商⁴급	焉²급	業⁵급	燕²급	畏²급	已준3급	再⁴급	互²급

■반복해 익히기

染²급	軟²급	爵²급	葬²급	宰²급	免²급	奏²급	尖²급
替²급	逐²급	臭²급	奪²급	畢²급	獻²급	冥²급	尋²급

30date 총정리(월   일)

■153part

守⁴급	須준3급	獸²급	肅²급	習⁵급	濕²급	乘준3급	息준3급
實⁴급	襲²급	審²급	雙²급	隻**2급**	危⁴급	厄²급	染²급

■154part

兒⁴급	軟²급	外⁶급	辱³급	位⁵급	威³급	乳준3급	醫⁴급
引⁴급	印⁴급	爵²급	葬²급	宰²급	全⁵급	免**2급**	逸³급

■155part

典⁴급	前⁵급	展⁴급	弔³급	罪⁴급	族⁵급	存⁴급	晝⁵급
奏²급	衆⁴급	只준3급	進⁴급	盡준3급	陣³급	陳³급	質⁴급

■156part

執준3급	尖²급	替²급	祝⁴급	逐²급	蟲⁴급	吹준3급	臭²급
稱³급	妥³급	奪²급	討준3급	退⁴급	表⁵급	解⁴급	畢²급

■157part

夏⁵급	寒⁴급	憲³급	獻²급	惠⁴급	好⁴급	丸³급	孝⁵급
厚준3급	會⁵급	後⁵급	四⁸급	冥²급	尋²급		

■158part

曲⁴급	克³급	南⁶급	乃⁴급	丹⁴급	卯준3급	上⁸급	下⁸급
商⁴급	焉²급	業⁵급	燕²급	畏²급	已준3급	再⁴급	互²급

30. 2음절 한자성어

伽藍
여러 승려(僧侶)들이 한데 모여 살면서 불도(佛道)를 닦는 곳. 절. 사원(寺院).

霧散
안개가 걷히듯 흩어져 없어짐.

薰陶
덕(德)으로써 남을 가르쳐 감화(感化)시킴.

破鏡
깨어진 거울. 부부의 영원한 이별을 비유하여 이르는 말.

奈落
범어(梵語) Naraka의 음역(音譯). 지옥(地獄). 구원할 수 없는 마음의 구렁텅이. 나락(那落).

左遷
높은 관직이나 지위에서 낮은 관직이나 지위로 전근(轉勤)되는 일.

猶豫
일의 결정이나 집행에 있어 날짜나 시간을 미루고 망설임.

斬衰
아버지가 돌아가셨을 때에 입는 상복(喪服). 거친 베로 짓되, 아랫단을 꿰매지 않음.

才媛
재주가 있는 젊은 여자.

蒙塵
임금이 난리를 피하여 안전한 곳으로 떠남을 이르는 말. 파천(播遷).

逝去
상대방을 높이어 그의 죽음을 이르는 말.

菊版
인쇄지의 이전 규격 치수의 하나. 세로 93.9cm, 가로 63.6cm. 국판 전지(全紙)를 열여섯 겹으로 접은 크기.

翁主
조선조에 임금의 후궁(後宮)이 낳은 딸.

殿下
왕이나 왕비 또는 왕족을 높여 이르는 말.

檀君
우리 민족의 시조로 받드는, 고조선을 개국한 임금. 천제(天帝)인 환인(桓因)의 손자, 환웅(桓雄)의 아들.

追伸
뒤에 추가하여 말한다는 뜻으로, 편지 등에서 글을 추가할 때 그 글의 머리에 쓰는 말.

3단원

김종혁의 VOCABULARY 한자2500

2급 한자 관련 Program

- Part별 익히기
- 사자성어

■풀어서 익히기

王+玉 珏¹ 쌍옥 각	尸 屵⁷ 구덩이 괴	屆⁶ 이를 계	羽+参 翏¹¹ 높이 날 류	高+儿 亮¹⁵ 밝을 량
舌+自+心 憩² 쉴 게	祟+欠 款⁸ 정성 관		言 謬¹² 그릇될 류	呂¹⁶ 성 려
王 夐⁴ 눈짓할 경	瓊³ 붉은 옥 경	儿 兢⁹ 삼갈 긍	月 膠¹³ 아교 교	亻 侶¹⁷ 짝 려
日+火 炅⁵ 빛날 경	⺮+月+力 筋¹⁰ 힘줄 근		尸+水 尿¹⁴ 오줌 뇨	木+攵 枚¹⁸ 낱 매

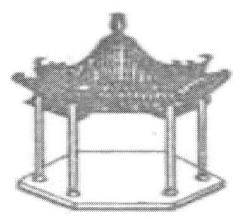

■낱말로 익히기

2)休憩室	3)瓊團·瓊玉膏	6)屆出·缺席屆
8)借款·落款	9)戰戰兢兢	10)筋肉·筋力
12)誤謬	13)阿膠·膠着狀態	14)放尿·夜尿症
15)亮察·亮許	16)呂宋煙	17)僧侶·伴侶者
18)枚數		

■되짚어 익히기

珏²급	憩²급	瓊²급	炅²급	屆²급	款²급	兢²급	筋²급
謬²급	膠²급	尿²급	亮²급	呂²급	侶²급	枚²급	

■반복해 익히기

宰²급	冤²급	奏²급	尖²급	替²급	逐²급	臭²급	奪²급
畢²급	獻²급	冥²급	尋²급	焉²급	燕²급	畏²급	互²급

160part

■풀어서 익히기

氵	覃[1]	潭[2]	林+彡	彬[9]	山+白	嵒[15]	辥[14]	薛[13]
	미칠 담	못 담		빛날 빈		산 높고 험할 얼	허물 설	성 설
爫+見	覓[3]	牛	牟[6]		傘[10]	扌	臿[17]	插[16]
	찾을 멱		클 모		우산 산		가래 삽	꽂을 삽
戈	蔑[4]	廾	弁[7]	木	森[11]	韭	韱[19]	籤[18]
	업신여길 멸		고깔 변		빽빽할 삼		죽일 섬	산 부추 섬
牛	牡[5]		卞[8]	大+百	奭[12]			纖[20]
	수컷 모		성 변		클 석		糸	가늘 섬

■낱말로 익히기

2)白鹿潭	3)木覓山	4)蔑視·輕蔑
5)牡丹	6)釋迦牟尼	7)弁韓
10)雨傘·落下傘	11)森林浴·森羅萬象	16)挿入·挿畵
20)纖維·纖纖玉手		

■되짚어 익히기

潭[2급]	覓[2급]	蔑[2급]	牡[2급]	牟[2급]	弁[2급]	卞[2급]	彬[2급]
傘[2급]	森[2급]	奭[2급]	薛[2급]	挿[2급]	纖[2급]		

■반복해 익히기

珏[2급]	憩[2급]	瓊[2급]	炅[2급]	屆[2급]	款[2급]	兢[2급]	筋[2급]
謬[2급]	膠[2급]	尿[2급]	亮[2급]	呂[2급]	侶[2급]	枚[2급]	

161part

■ 풀어서 익히기

門+人	閃[1] 번쩍할 섬	人+戈	戍[5] 수자리 수	氵	開[13] 淵의 고자	淵[12] 못 연	氵	沃[17] 물 댈 옥
火+又	燮[2] 불꽃 섭	辶	신[7] 급히 날 신	迅[6] 빠를 신	行+氵	衍[14] 넘칠 연	不+正	歪[18] 비뚤 왜
木	巢[3] 새집 소	广	嵒[9] 바위 암	癌[8] 암 암	大	夭[15] 일찍 죽을 요		禹[19] 우임금 우
宀+木	宋[4] 나라 이름 송	广	奄[11] 가릴 엄	庵[10] 암자 암	女	妖[16] 아리따울 요	鬲+虫	融[20] 녹을 융

■ 낱말로 익히기

1)閃光	3)巢窟·歸巢本能	4)宋襄之仁
5)戍樓	6)迅速	8)肺癌·癌的存在
10)庵子·石窟庵	12)淵源·深淵	14)敷衍說明
15)夭折	16)妖艶·妖精	17)沃土·門前沃畓
18)歪曲	20)融合·融和	

■ 되짚어 익히기

閃[2급]	燮[2급]	巢[2급]	宋[2급]	戍[2급]	迅[2급]	癌[2급]	庵[2급]
淵[2급]	衍[2급]	夭[2급]	妖[2급]	沃[2급]	歪[2급]	禹[2급]	融[2급]

■ 반복해 익히기

潭[2급]	覓[2급]	蔑[2급]	牡[2급]	牟[2급]	弁[2급]	卞[2급]	彬[2급]
傘[2급]	森[2급]	靦[2급]	薛[2급]	插[2급]	纖[2급]		

162part

■풀어서 익히기

		鬱[1] 우거질 울	月+火	炙[6] 구울 자(적)	聿[16] 꾸밀 진	津[15] 津의 고자	津[14] 나루 진
林+缶+冖+鬯+彡							
八+幺+月		胤[2] 이을 윤	小+隹	雀[7] 참새 작	卄+禾	秦[12] 나라 이름 진	又	叉[17] 깍지 낄 차
身(月)	殳	殷[3] 은나라 은	匚+斤	匠[8] 장인 장	鹿+土	塵[13] 티끌 진	舛+廌	薦[18] 천거할 천
酋	奠[5] 바칠 전	鄭[4] 나라 이름 정	曺[11] 성 조	轉[10] 曹의 본자	曹[9] 마을 조	車	咠[20] 소곤거릴 집	輯[19] 모을 집

■낱말로 익히기

1)鬱蒼·憂鬱	3)殷鑑不遠	4)鄭鑑錄
6)膾炙	6)散炙·魚炙	7)雀舌茶·歡呼雀躍
8)匠人·巨匠	9)法曹界·六曹判書	12)秦始皇
13)塵土·蒙塵	14)正東津·興味津津	17)交叉路
18)薦擧·推薦	19)編輯部	

■되짚어 익히기

鬱[2급]	胤[2급]	殷[2급]	鄭[2급]	炙[2급]	雀[2급]	匠[2급]	曹[2급]
秦[2급]	塵[2급]	津[2급]	叉[2급]	薦[2급]	輯[2급]		

■반복해 익히기

閃[2급]	燮[2급]	巢[2급]	宋[2급]	戌[2급]	迅[2급]	癌[2급]	庵[2급]
淵[2급]	衍[2급]	夭[2급]	妖[2급]	沃[2급]	歪[2급]	禹[2급]	融[2급]

163part

■풀어서 익히기

夊+又 奴¹	王 璨⁵	火+欠 炊¹⁰	扌 扐¹⁷	抛¹⁶
뚫을 잔	옥빛 찬	불 땔 취	다리 비꼬여 걸을 력	던질 포
食 餐²	勹+中 芻⁷	趨⁶	弓 弼¹⁴	虍+又 虐¹⁸
먹을 찬	꼴 추	달릴 추	도울 필	사나울 학
米 粲³	豕 豕⁹	琢⁸	止 乏¹⁵	矢 函¹⁹
정미 찬	못 걸을 축	쫄 탁	모자랄 핍	함 함
火 燦⁴	月 霸¹³	霸¹²	霸¹¹	木 杏²⁰
빛날 찬	비에 젖은 가죽 박	霸의 정자	으뜸 패	살구나무 행

■낱말로 익히기

2)晚餐·風餐露宿	4)燦爛·燦然	6)趨勢·歸趨
8)彫琢·切磋琢磨	10)自炊·炊事道具	11)霸權·連霸
14)輔弼	15)缺乏·耐乏生活	16)抛棄·抛物線
18)虐待·暴虐	19)郵便函·寶石函	20)銀杏·杏仁

■되짚어 익히기

餐2급	燦2급	璨2급	趨2급	琢2급	炊2급	霸2급	弼2급

乏2급	抛2급	虐2급	函2급	杏2급			

■반복해 익히기

鬱2급	胤2급	殷2급	鄭2급	炙2급	雀2급	匠2급	曹2급

秦2급	塵2급	津2급	叉2급	薦2급	輯2급		

164part

■ 풀어서 익히기

人+大	夾¹	幺	幻⁵	力	勳⁹	女	姬¹⁶	姬¹⁵
	낄 협		변할 환		공 훈		姬의 약자	아가씨 희
山	峽²	又+火	灰⁶	艹	薰¹⁰	大+火		赫¹⁷
	골짜기 협		재 회		향풀 훈		赤	빛날 혁
犭	狹³	司	后⁷	頁	頤¹²	臣¹¹		
	좁을 협		왕후 후		턱 이	턱 이		
日+天	昊⁴	火	熏⁸	灬	熈¹⁴	熙¹³		
	하늘 호		연기 낄 훈		熙의 약자	빛날 희		

■ 낱말로 익히기

2)峽谷·海峽	3)狹小·狹軌列車	4)昊天罔極
5)幻影·幻想的	6)灰色·石灰石	7)王后·皇后
9)勳章·殊勳賞	10)薰風·薰陶	15)舞姬·美姬
17)赫赫·朴赫居世		

■ 되짚어 익히기

峽²급	狹²급	昊²급	幻²급	灰²급	后²급	熏²급	勳²급
薰²급	熙²급	姬²급	赫²급				

■ 반복해 익히기

餐²급	燦²급	璨²급	趨²급	琢²급	炊²급	霸²급	弼²급
乏²급	抛²급	虐²급	函²급	杏²급			

31date 총정리(　　월　　일)

■159part

珏²급	憩²급	瓊²급	炅²급	屈²급	款²급	兢²급	筋²급
謬²급	膠²급	尿²급	亮²급	呂²급	侶²급	枚²급	

■160part

潭²급	覓²급	蔑²급	牡²급	牟²급	弁²급	卞²급	彬²급
傘²급	森²급	奭²급	薛²급	挿²급	纖²급		

■161part

閃²급	燮²급	巢²급	宋²급	戌²급	迅²급	癌²급	庵²급
淵²급	衍²급	夭²급	妖²급	沃²급	歪²급	禹²급	融²급

■162part

鬱²급	胤²급	殷²급	鄭²급	炙²급	雀²급	匠²급	曹²급
秦²급	塵²급	津²급	叉²급	薦²급	輯²급		

■163part

餐²급	燦²급	璨²급	趨²급	琢²급	炊²급	覇²급	弼²급
乏²급	抛²급	虐²급	函²급	杏²급			

■164part

峽²급	狹²급	昊²급	幻²급	灰²급	后²급	熏²급	勳²급
薰²급	熙²급	姬²급	赫²급				

31. 2음절 한자성어

楊枝
버드나무의 가지.

昇遐
임금이 세상을 떠남. 붕어(崩御).

元旦
설날 아침. 원조(元朝)· 정단(正旦).

幽明
어둠과 밝음. 이승과 저승, 또는 이 세상과 저 세상.

崩御
임금이 세상을 떠남. 승하(昇遐)·

忠恕
자기의 정성을 다하며 자기를 두남두는 마음으로 남을 용서함.

銘旌
상례(喪禮)에서, 천에 죽은 사람의 관직·본관·성씨를 쓴 기(旗). 장대에 달아 상여 앞에서 들고 가서 널 위에 펴고 묻음.

嘉禾
열매가 많이 붙은 큰 벼이삭. 경사스런 징조를 이름.

推敲
시문(詩文)을 지을 때 자구(字句)를 여러 번 생각하여 고치는 일.

閏年
5년에 두 번 비율로 1년을 13개월로 하면서 생기는 윤달이나 2월이 평년보다 하루 더 많아 29일이 되는 윤일이 든 해.

實柏
껍데기를 까 버린 잣의 알맹이.

搖籃
젖먹이를 놀게 하거나 잠재우기 위해 눕히거나 앉혀 놓고 흔들도록 만든 채롱.

上佐
사승(師僧)의 대를 이를 여러 제자 가운데서 높은 사람.

干戈
방패와 창을 뜻하며, 전쟁에 쓰는 병장기(兵仗器)를 통틀어 일컬음.

鎬京
서주(西周)의 무왕(武王)이 도읍하여 동천할 때까지 왕도(王都)였던 곳.

謁見
지체가 높고 귀한 사람을 만나 뵙는 일.

鼻祖
태생동물(胎生動物)은 코가 제일 먼저 형상을 이룬다고 고인(古人)들이 여긴 데서 생겨난 말. 나중 것의 바탕으로 된, 맨 처음의 것. 시조(始祖).

4단원

김종혁의 VOCABULARY 한자2500

2급 한자 보강 Program

• 2급 한자 보강

2급 한자 보강

柯 가지 가	軻 사람 이름 가	迦 부처 이름 가	杆 몽둥이 간	鞨 오랑캐 이름 갈	邯 조나라 서울 한(감)	彊 굳셀 강	价 클 개
塏 높은 땅 개	甄 질그릇 견	儆 경계할 경	皋 언덕 고	琯 피리 관	槐 회나무 괴	冀 바랄 기	淇 물 이름 기
璣 별 이름 기	箕 키 기	沂 물 이름 기	驥 천리마 기	湍 여울 단	惇 도타울 돈	燉 불빛 돈	乭 돌 돌
董 바를 동	鄧 나라 이름 등	輛 수레 량	樑 들보 량	驪 검은 말 려	礪 숫돌 려	漣 잔물결 련	濂 시내 이름 렴
醴 단술 례	鷺 백로 로	遼 멀 료	硫 유황 류	崙 산 이름 륜	楞 모 릉	麟 기린 린	靺 오랑캐 이름 말
魅 매혹할 매	貊 오랑캐 이름 맥	冕 면류관 면	沔 물 이름 면	俛 구부릴 면	穆 화목할 목	昴 별 이름 묘	彌 퍼질 미
磻 반계 반(번)	潘 성 반	鉢 바리때 발	渤 바다 이름 발	筏 뗏목 벌	范 성 범	倂 아우를 병	昞 밝을 병
昺 빛날 병	潽 물 넓을 보	馥 향기 복	蓬 쑥 봉	敷 펼 부	傅 스승 부	芬 향기 분	鵬 새 봉
丕 클 비	毖 삼갈 비	泗 물 이름 사	庠 학교 상	晳 밝을 석	瑄 도리옥 선	璇 옥 선	璿 구슬 선
陝 땅 이름 섬	蟾 두꺼비 섬	暹 나라 이름 섬	邵 성 소	洵 참으로 순	瑟 큰 거문고 슬	繩 노끈 승	軾 수레 가로나무 식
瀋 물 이름 심	閼 막을 알	鴨 오리 압	埃 티끌 애	艾 쑥 애	倻 가야 야	閻 마을 염	暎 비칠 영
瑛 옥빛 영	盈 찰 영	芮 성 예	睿 슬기 예	濊 종족 이름 예	塢 물가 오	穩 편안할 온	邕 막힐 옹
甕 독 옹	莞 왕골 완	鏞 쇠북 용	頊 삼갈 욱	昱 햇빛 밝을 욱	郁 성할 욱	芸 향풀 운	熊 곰 웅
瑗 구슬 원	魏 성 위	庾 곳집 유	誾 향기 은	鷹 매 응	珥 귀고리 이	翊 도울 익	佾 춤 일
沮 막을 저	甸 경기 전	曺 성 조	祚 복 조	准 비준 준	晙 밝을 준	浚 깊게 할 준	濬 깊을 준

稷	晋	鑽	瓚	敞	陟	釧	喆
피 직	진나라 진	뚫을 찬	옥잔 잔	시원할 창	오를 척	팔찌 천	밝을 철
瞻	楸	鄒	椿	冲	聚	峙	灘
볼 첨	가래나무 추	추나라 추	참죽나무 춘	화할 충	모을 취	언덕 치	여울 탄
耽	彭	鮑	馮	陜	沆	爀	瀅
즐길 탐	성 팽	절인 어물 포	성 풍(빙)	좁을 협(합)	넓을 항	불빛 혁	맑을 형
馨	濠	澔	扈	泓	嬅	樺	滉
꽃다울 형	해자 호	넓을 호	뒤따를 호	물 이름 홍	탐스러울 화	자작나무 화	깊을 황
檜	壎	徽	熹	憙			
전나무 회	질 나팔 훈	아름다울 휘	빛날 희	기뻐할 희			

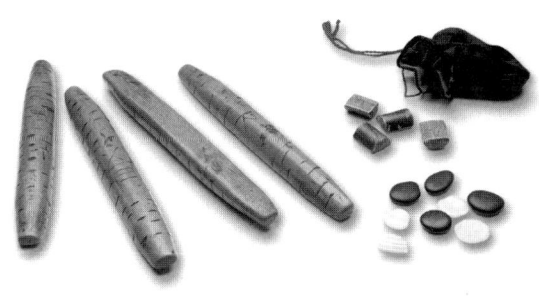

부록

김종혁의 VOCABULARY 한자2500

한자자격시험 기출문제
정답

국가공인 한자자격시험 〔 2급 〕 1회

객관식(1~30번)

※ 다음 〔 〕안의 한자와 음이 같은 한자는?

1. 〔 閣 〕 ① 珏 ② 諫 ③ 矯 ④ 膽
2. 〔 隻 〕 ① 炳 ② 爛 ③ 戚 ④ 傭
3. 〔 顯 〕 ① 衡 ② 懸 ③ 旱 ④ 顚
4. 〔 賄 〕 ① 灰 ② 虐 ③ 惻 ④ 兪
5. 〔 雌 〕 ① 抽 ② 夷 ③ 被 ④ 恣

※ 다음 〔 〕안의 한자와 음이 다른 한자는?

6. 〔 頗 〕 ① 坡 ② 畢 ③ 巴 ④ 罷
7. 〔 彰 〕 ① 斬 ② 蒼 ③ 暢 ④ 滄

※ 다음 〈보기〉의 낱말들과 가장 관련이 깊은 한자는?

8.
〈보기〉	봄 철새 강남 흥부

① 鳩 ② 鷗 ③ 籠 ④ 燕

9.
〈보기〉	독서 음악감상 운동 게임

① 孃 ② 趣 ③ 踊 ④ 就

10.
〈보기〉	해 별 불빛 전기

① 昭 ② 暫 ③ 祐 ④ 貌

※ 다음 설명과 같은 뜻을 지닌 한자어는?

11. 교육적·문화적인 편의를 위하여 한 나라의 표준이 되게 정한 말
① 標準語 ② 外來語 ③ 方言 ④ 標識
12. 도읍을 옮김
① 侵掠 ② 遙遠 ③ 遷都 ④ 移徙
13. 뼈를 부수고 몸을 부숨. 있는 힘을 다하여 노력함
① 綠衣紅裳 ② 粉骨碎身
③ 纖纖玉手 ④ 換骨奪胎
14. 애가 타서 마음이 조마조마함
① 懷抱 ② 窒塞 ③ 蒼蒼 ④ 焦燥

15. 국회의원은 현행범이 아닌 이상 회기 중 국회 동의 없이 체포 또는 구금되지 아니하며, 회기 전에 체포 또는 구금된 때에도 현행범이 아닌한 국회의 요구가 있으면 회기 중에는 석방되는 특권
① 不遞捕特權 ② 不逮捕特權
③ 不逮鋪特權 ④ 不締怖特權
16. 장래의 가격상승이나 물품부족을 우려하여 현실적으로 필요하지 않으나 미래를 예측하여 발생하는 외관상의 수요를 말함
① 賈需要 ② 伽需要
③ 假需要 ④ 架需要

※ 다음 한자어의 독음이 바르지 않은 것은?

17. ① 包袋 : 포대 ② 安寧 : 안녕
③ 關鍵 : 관건 ④ 紀綱 : 기망
18. ① 絹織 : 연직 ② 永劫 : 영겁
③ 掛圖 : 괘도 ④ 廉恥 : 염치
19. ① 謙遜 : 겸손 ② 零細 : 영세
③ 毀損 : 훼원 ④ 墳墓 : 분묘
20. ① 降職 : 강직 ② 檢疫 : 검열
③ 强迫 : 강박 ④ 管轄 : 관할
21. ① 頭腦 : 두뇌 ② 購買 : 판매
③ 壞死 : 괴사 ④ 抛棄 : 포기

※ 다음 문장 중 (　) 안의 단어를 한자로 바르게 표기한 것은?

22. 그 소설은 애국지사의 일생을 (　　)하였다.
① 敍述 ② 序述 ③ 序術 ④ 敍術
23. 정부는 국민의 (　　)를 향상하기 위한 정책을 많이 실시하여야 한다.
① 福止 ② 福祉 ③ 福旨 ④ 福址
24. (　　)은 상거래 성립 후 고객이 지정한 수하인에게 화물을 운반하는 것을 말한다.
① 配送 ② 拜送 ③ 排送 ④ 賠送
25. 지나친 음주는 (　　)를 일으키는 주된 원인이다.
① 肝傾化 ② 肝頃化 ③ 肝硬化 ④ 肝經化

26. 어린 조카가 구구단을 (　　)하여 우리를 놀라게
　　했다.
　　① 暗誦　　② 暗謁　　③ 暗頌　　④ 暗訟
27. 그 늙은 사공은 (　　)한 딸이 하나 있다.
　　① 課年　　② 菓年　　③ 瓜年　　④ 誇年
28. 박지성은 잉글랜드 프리미어 리그에서 활약하는
　　(　　)선수이다.
　　① 軸球　　② 逐球　　③ 縮球　　④ 蹴球

※ 다음 물음에 답하시오.
29. 다음 한자성어에 공통으로 들어갈 수 있는 한자는?

		鼓	
面	從		背
		擊	
		壤	

　　〈가로〉 : 겉과 속이 다름을 의미함
　　〈세로〉 : 정치가 잘 되어 백성들이 평안을 누리는
　　　　　　태평성대를 이룸
　　① 服　　② 覆　　③ 腹　　④ 復

30. 다음 한자성어의 속뜻으로 바르지 않은 것은?
　　① 花容月態 : 아름다운 여인의 용모와 자태
　　② 會者定離 : 만난 사람은 반드시 헤어지기 마련
　　③ 赤手空拳 : 아무 것도 가진 것이 없음
　　④ 擧案齊眉 : 고생하면서도 꾸준히 학문을 닦은
　　　　　　　　보람

주관식 (주1~주70번)

※ 다음 한자의 훈음을 쓰시오.
주1. 詠 (　　　　)　　주2. 欽 (　　　　)
주3. 燭 (　　　　)　　주4. 澈 (　　　　)
주5. 姑 (　　　　)　　주6. 埋 (　　　　)
주7. 窄 (　　　　)　　주8. 諜 (　　　　)
주9. 縣 (　　　　)　　주10. 閥 (　　　　)

※ 다음 훈음에 맞는 한자를 쓰시오.
주11. 나이 령 (　　　　)　　주12. 고개 현 (　　　　)
주13. 복 호 (　　　　)　　주14. 가죽 위 (　　　　)
주15. 담 장 (　　　　)　　주16. 맥 맥 (　　　　)

주17. 목 항 (　　　　)　　주18. 단련할 단 (　　　　)
주19. 지혜 지 (　　　　)　　주20. 의지할 의 (　　　　)

※ 다음 한자어의 독음을 쓰시오
주21. 奢侈 (　　　　)　　주22. 刹那 (　　　　)
주23. 揮毫 (　　　　)　　주24. 求乞 (　　　　)
주25. 恐怖 (　　　　)　　주26. 龜裂 (　　　　)
주27. 隆盛 (　　　　)　　주28. 煩悶 (　　　　)
주29. 揭載 (　　　　)　　주30. 槪念 (　　　　)
주31. 棋院 (　　　　)　　주32. 融和 (　　　　)
주33. 還給 (　　　　)　　주34. 鑄鐵 (　　　　)
주35. 斯文亂賊 (　　　　)

※ 다음 글을 읽고 밑줄 친 부분의 뜻이 담긴 한자를
　〈보기〉에서 골라 쓰시오.

(36) 참새는 공작같이 화려하지도, (37) 학같이 고귀하
지도 않다. 꾀꼬리의 아름다운 (38) 노래도, 접동새의
구슬픈 노래도 모른다. 시인의 입에 (39) 자주 오르내
리지도, 완상가에게 팔리지도 않는 새이다.

| 〈보기〉 | 崔 碩 謠 頻 確 雀 哨 鶴 |

주36. (　　　　)　　　　주37. (　　　　)
주38. (　　　　)　　　　주39. (　　　　)

※ 〈보기〉의 주어진 설명과 같은 뜻이 되기 위하여 □안
　에 공통으로 들어갈 알맞은 한자를 쓰시오.
주40. ① □音　　② □擾　　　　　(　　　　)

| 〈보기〉 | ① 시끄러운 소리 ② 여럿이 떠들썩하게 들고 일어남 |

주41. ① 擁□　　② 保□　　　　　(　　　　)

| 〈보기〉 | ① 두둔하고 편들어 지킴 ② 약한 것을 잘 돌보아 지킴 |

주42. ① 狀□　　② 實□　　　　　(　　　　)

| 〈보기〉 | ① 일이 되어 가는 과정이나 형편 ② 실제의 상황 |

주43. ① 傲□　　② 怠□　　　　　(　　　　)

| 〈보기〉 | ① 태도나 행동이 건방지거나 거만함 ② 게으르고 느림 |

※ 다음 문장 중 ( )안의 단어를 한자로 쓰시오.

주44. 시를 낭송하던 그의 목소리가 멈추자 (침묵)이 흘렀다. ( )

주45. 요즘에는 외국 여행을 떠날 때 여행자(수표)를 준비하는 사람들이 점점 많아지고 있다.
( )

주46. 자네는 정말 (박학)다식한 친구야. 어느 방면이 든 모르는 것이 없으니 말이야. ( )

주47. 경찰을 흔히 (민중)의 지팡이라고 말한다.
( )

주48. 자격증을 많이 (취득)해 놓을수록 취업에 유리하 다. ( )

주49. 선생님이 전학생을 (소개)해 주셨다.
( )

주50. 이번 달부터 월급이 (동결)되었다.
( )

※ 다음 문장 중 한자어의 독음을 쓰시오.

주51. 태풍이 할퀴고 간 지역이 마치 悽慘한 전쟁터 같 다. ( )

주52. TV를 통한 대중문화의 傳播 속도는 놀랄 만큼 빠르다. ( )

주53. 전투는 훌륭한 참모들의 輔弼 덕에 승리할 수 있 었다. ( )

주54. 먼저 죽은 친구의 魂魄이 편히 쉬기를 바랄뿐이 다. ( )

주55. 20년 만에 모교를 찾은 김씨는 깊은 感懷에 잠겼 다. ( )

주56. 古稀를 맞은 할아버지께서는 아직도 정정하시다.
( )

주57. 우리나라 역사에 대하여 自矜心을 느끼자.
( )

주58. 부모님께 결혼 承諾을 받았다. ( )

주59. 여러 가지 감정들이 交叉되었다. ( )

주60. 그 도서관의 藏書수는 오만권이 넘는다.
( )

※ 다음 문장 중 한자어의 잘못 쓰인 부분을 바르게 고쳐 쓰시오.

주61. 최근의 초등교육은 人姓教育에 중점을 두고 있다.
(→)

주62. 그의 언행은 幼致하기 짝이 없다.
(→)

주63. 이사할 때 깨지기 쉬운 물건은 運般에 각별히 조심해야 한다. (→)

※ 다음 〈보기〉의 한자성어에 대한 설명을 읽고 ○안에 들어갈 한자를 쓰시오.

주64. 後生 ○ ○ ( )

〈보기〉 후진들이 선배들보다 젊고 기력이 좋아, 학 문을 닦음에 따라 큰 인물이 될 수 있으므 로 오히려 두렵게 여김

주65. ○ ○ 晨 省 ( )

〈보기〉 '저녁에는 잠자리를 보아 드리고, 아침에는 문안을 드린다'는 뜻으로, 자식이 아침저녁으 로 부모의 안부를 물어서 살핌을 이르는 말

주66. ○ ○ 萬 象 ( )

〈보기〉 우주 안에 있는 온갖 사물과 현상

주67. ○ ○ 掘 井 ( )

〈보기〉 '목마른 자가 우물 판다'라는 뜻으로, 준비 없이 일을 당하여 허둥지둥하고 애씀

주68. 苦 肉 ○ ○ ( )

〈보기〉 '자기의 살을 괴롭게 하는 꾀'라는 뜻으로, 어쩔 수가 없어서 자신을 희생시키면서까지 내는 꾀

주69. 三 顧 ○ ○ ( )

〈보기〉 유비가 제갈공명을 세 번이나 찾아가 군사 (軍師)로 초빙한데서 유래한 말로, 인재를 맞기 위해 참을성 있게 힘씀

주70. ○ ○ 世 態 ( )

〈보기〉 권세가 있을 때에는 아첨하여 따르고 권세 가 떨어지면 푸대접하는 세속의 형편

☆ 수고했습니다.

국가공인 한자자격시험 〔 2급 〕 2회

※ 다음 〔 〕안의 한자와 음이 같은 한자는?

1. 〔 奸 〕 ① 閣 ② 挨 ③ 懇 ④ 封
2. 〔 幕 〕 ① 敏 ② 慕 ③ 冥 ④ 寞
3. 〔 詞 〕 ① 似 ② 譯 ③ 飾 ④ 誦
4. 〔 秒 〕 ① 召 ② 燒 ③ 肖 ④ 促
5. 〔 婢 〕 ① 歸 ② 匪 ③ 偵 ④ 偏

※ 다음 〔 〕안의 한자와 뜻이 비슷한 한자는?

6. 〔 奢 〕 ① 伏 ② 侈 ③ 從 ④ 厭
7. 〔 欽 〕 ① 晟 ② 裕 ③ 敬 ④ 撒

※ 다음 〔 〕안의 한자와 뜻이 반대(상대)인 한자는?

8. 〔 濕 〕 ① 聯 ② 罔 ③ 沐 ④ 乾
9. 〔 昇 〕 ① 碧 ② 祿 ③ 降 ④ 排

※ 다음 〈보기〉의 낱말들과 가장 관련이 깊은 한자는?

10. | 〈보기〉 | 포유류 | 목 | 아프리카 |
    ① 麒 ② 龍 ③ 凰 ④ 龜

11. | 〈보기〉 | 머리 | 방한 | 차양 |
    ① 耗 ② 脈 ③ 帽 ④ 委

12. | 〈보기〉 | 부녀자 | 문학 | 안방 |
    ① 閨 ② 眉 ③ 舶 ④ 紡

※ 다음 설명과 같은 뜻을 지닌 한자어는?

13. 실제로 현장에 가서 보고 조사함
    ① 痕迹 ② 踏查 ③ 誕生 ④ 透徹
14. 용기나 의욕이 솟아나도록 북돋워 줌
    ① 葛藤 ② 頓悟 ③ 影響 ④ 激勵

15. 국학연구 자료에 관한 귀중도서를 소장하고 있는 서고
    ① 義禁府 ② 清海鎮 ③ 奎章閣 ④ 斷髮令
16. 조선 중기 태의였던 허준(許浚)이 저술한 의서로 동방의학의 백과사전격인 경전
    ① 東醫保鑑 ② 東醫報鑑
    ③ 東醫實監 ④ 東醫實鑑
17. 기존의 학교에 대한 비판적 시각에서 학생들의 다양한 요구에 부응하기 위한 실험교육의 한 형태
    ① 代案教育 ② 待案教育
    ③ 對案教育 ④ 臺安教育
18. 안정된 국제 통화 체제의 유지, 발전을 통해 세계 경제의 확대를 도모하고자 설립된 국제기관(IMF)
    ① 國際通貨基金 ② 國制通貨基金
    ③ 國際通話基金 ④ 國制通話基金

※ 다음 한자어의 독음이 바르지 않은 것은?

19. ① 淳朴 : 순박 ② 需給 : 유급
    ③ 膠着 : 교착 ④ 腐敗 : 부패
20. ① 檢疫 : 검수 ② 通關 : 통관
    ③ 雇傭 : 고용 ④ 寡占 : 과점
21. ① 換率 : 환율 ② 危險 : 위험
    ③ 標準 : 표준 ④ 區域 : 구성
22. ① 親戚 : 친척 ② 噴出 : 분출
    ③ 復活 : 부활 ④ 符號 : 기호
23. ① 毁損 : 훼손 ② 捕捉 : 포착
    ③ 禪房 : 단방 ④ 縱橫 : 종횡

※ 다음 문장 중 ( )안에 들어갈 한자어로 적당한 것은?

24. 그 고장 주민들은 이웃 간에 ( )한 정을 나눈다.
    ① 敦毒 ② 敦獨 ③ 敦督 ④ 敦篤
25. 신부가 처음으로 시부모를 뵐 때 큰절을 하고 올리는 물건을 ( )이라고 한다.
    ① 肺帛 ② 蔽帛 ③ 弊帛 ④ 幣帛
26. 뜨거운 여름에도 ( )공들은 땀을 흘려가면서 열심히 일했다.
    ① 容接 ② 庸接 ③ 鎔接 ④ 勇接

27. 난치병도 조기 (   )으로 인해 완치율을 높일 수 있다.

　① 集團　　② 診斷　　③ 飽和　　④ 偏重

28. 수질오염으로 인해 강물이 (   )해졌다.

　① 鈍濁　　② 滋養　　③ 混濁　　④ 懲戒

29. 가정형편이 어려워 (   )했던 진학의 꿈을 마침내 이루게 되었다.

　① 抛棄　　② 管絃　　③ 殃禍　　④ 特殊

30. 교사와 학생 간에 통신·라디오·텔레비전·컴퓨터 등의 매체를 통해 일정한 거리를 사이에 두고 이루어지는 교육활동을 (   )교육이라 한다.

　① 遠隔　　② 綜合　　③ 携帶　　④ 盟誓

주관식 (31~100번)

※ 다음 한자의 훈음을 쓰시오.

31. 柄 (　　　　)　　32. 諫 (　　　　)

33. 禽 (　　　　)　　34. 憩 (　　　　)

35. 贈 (　　　　)　　36. 桑 (　　　　)

37. 泥 (　　　　)　　38. 迅 (　　　　)

39. 播 (　　　　)　　40. 喉 (　　　　)

※ 다음 훈음에 맞는 한자를 쓰시오.

41. 돌　선 (　　　)　　42. 감옥　옥 (　　　)

43. 짝　려 (　　　)　　44. 모실　시 (　　　)

45. 벌　봉 (　　　)　　46. 묻을　매 (　　　)

47. 사지　지 (　　　)　　48. 아이밸　태 (　　　)

49. 독할　혹 (　　　)　　50. 슬퍼할　도 (　　　)

※ 다음 한자어의 독음을 쓰시오

51. 壓迫 (　　　)　　52. 顚覆 (　　　)

53. 粉碎 (　　　)　　54. 羞恥 (　　　)

55. 按舞 (　　　)　　56. 拙稿 (　　　)

57. 狹隘 (　　　)　　58. 端緒 (　　　)

59. 荒廢 (　　　)　　60. 把握 (　　　)

61. 搜索 (　　　)　　62. 該當 (　　　)

63. 腔腸 (　　　)　　64. 沈默 (　　　)

65. 觸覺 (　　　)

※ 다음 문장 중 밑줄 친 부분의 뜻이 담긴 한자를 〈보기〉에서 골라 쓰시오.

〈보기〉	蝶　憐　杏　蓄　銀　絡　隣

66. 우리 집 앞 길가에는 **은행**나무가 여러 그루 심어져 있다. (　　　)

67. 티끌 **모아** 태산이라는 말이 있다. (　　　)

68. 꽃밭에 벌과 **나비**가 모여 들었다. (　　　)

69. 우리 **이웃**에는 좋은 분들이 많이 계신다. (　　　)

※ 〈보기〉의 주어진 설명과 같은 뜻이 되기 위하여 □안에 공통으로 들어갈 알맞은 한자를 쓰시오.

70. ① 漫□　　② □氣　　(　　　)

〈보기〉	① 술에 잔뜩 취함 ② 술에 취해 얼근한 기운

71. ① □魔　　② □臭　　(　　　)

〈보기〉	① 남을 못살게 구는 흉악한 사람이나 악령 ② 불쾌하고 고약한 냄새

72. ① 迷□　　② □賴　　(　　　)

〈보기〉	① 비과학적이고 종교적으로 망령되다고 판단되는 신앙 ② 굳게 믿고 의지함

73. ① 凝□　　② □執　　(　　　)

〈보기〉	① 액체 따위가 엉겨서 뭉쳐 딱딱하게 굳어짐 ② 자기의 의견을 바꾸거나 고치지 않고 굳게 버팀

※ 다음 문장 중 (　　　)안의 단어를 한자로 쓰시오.

74. 도시를 벗어나니 (**근교**)에는 벌써 코스모스가 피었다. (　　　)

75. 고급 공무원 임용의 첫째 (**조건**)은 청렴함이다. (　　　)

76. 그는 주위의 (**멸시**)와 냉대 속에서도 자신감을 잃지 않았다. (　　　)

77. 교통 법규를 (**위반**)한 그에게 범칙금 통지서가 왔다. (　　　)

78. (전쟁)의 참상은 말로 표현할 수 없을 정도로 처참하다. (　　　　)

79. 요즘 유명 (연예인)은 청소년의 우상이 되었다. (　　　　)

80. 이 대학에서는 성적 우수자에게 장학금은 (물론) 기숙사까지 제공한다. (　　　　)

※ 다음 문장 중 한자어의 독음을 쓰시오.

81. 박선생님은 **教鞭**을 잡으신지 30년째이시다. (　　　　)

82. 태풍으로 인해 정유 시설이 파괴되어 유가가 **暴騰**했다. (　　　　)

83. 오늘 **遲刻**을 해서 선생님께 꾸중을 들었다. (　　　　)

84. 남몰래 봉사활동을 해온 소년의 행동이 신통하고 **嘉尙**하다. (　　　　)

85. 우리나라 기업들도 점차 다국적기업의 **面貌**를 갖추어 가고 있다. (　　　　)

86. 장마철 벼의 해충을 **驅除**하느라 농부의 손길이 바빠지고 있다. (　　　　)

87. **葡萄**는 맛있고 몸에도 좋은 과일이다. (　　　　)

88. 국권상실의 위기 속에서 나라를 구하려는 의병투쟁과 애국**啓蒙**운동이 전개되었다. (　　　　)

89. 소중한 시간을 **割愛**하여 친구의 고민을 들어 주었다. (　　　　)

90. **顯微鏡**을 사용하면 아주 작은 물체도 관찰할 수 있다. (　　　　)

※ 다음 문장 중 한자어의 잘못 쓰인 부분을 바르게 고쳐 쓰시오.

91. 새 생명을 잉태한 임부에게 태교의 중요성이 **强組**되고 있다. (　　　→　　　)

92. 복지 시설이 늘어나고, 인권이 나날이 **身張**되어 가고 있다. (　　　→　　　)

93. 적성에 따라 전공학과를 **選宅**했다. (　　　→　　　)

※ 다음 〈보기〉의 한자성어에 대한 설명을 읽고 ○안에 들어갈 한자를 쓰시오.

94. ○ ○ 之 功 (　　　　)

〈보기〉 반딧불과 눈빛으로 글을 읽어가며 고생 속에서 공부함을 일컫는 말

95. 錦 上 ○ ○ (　　　　)

〈보기〉 '비단 위에 꽃을 더한다'는 뜻으로, 좋은 일 위에 또 좋은 일이 더하여짐을 비유적으로 이르는 말

96. 男 負 ○ ○ (　　　　)

〈보기〉 '남자는 짊어지고 여자는 머리에 인다'는 뜻으로, 가난한 사람들이 살 곳을 찾아 이리저리 떠돌아다님을 비유적으로 이르는 말

97. ○ ○ 皓 齒 (　　　　)

〈보기〉 '붉은 입술과 하얀 치아'라는 뜻으로, 아름다운 여자를 이르는 말

98. ○ ○ 不 出 (　　　　)

〈보기〉 '문을 닫고 나가지 않는다'는 뜻으로, 집에만 틀어박혀 사회의 일이나 관직에 나아가지 않음을 이르는 말

99. 騷 人 ○ ○ (　　　　)

〈보기〉 시문(詩文)과 서화(書畵)를 일삼는 사람

100. ○ ○ 塞 源 (　　　　)

〈보기〉 '근본을 빼내고 원천을 막아 버린다'는 뜻으로, 좋지 않은 일의 근본 원인이 되는 요소를 완전히 없애 버려서 다시는 그러한 일이 생길 수 없도록 함

☆ 수고했습니다.

국가공인 한자자격시험 〔 2급 〕 3회

객관식(1~30번)

※ 다음 〔 〕안의 한자와 음이 같은 한자는?

1. 〔爪〕 ① 誇　② 釣　③ 姜　④ 遂
2. 〔盆〕 ① 隻　② 歐　③ 噴　④ 剖
3. 〔程〕 ① 啓　② 徽　③ 剛　④ 鼎
4. 〔撤〕 ① 喆　② 彩　③ 逝　④ 據
5. 〔刺〕 ① 勒　② 穫　③ 玆　④ 剌

※ 다음 〔 〕안의 한자와 뜻이 다른 한자는?

6. 〔潭〕 ① 池　② 淵　③ 滴　④ 塘
7. 〔昧〕 ① 煥　② 冥　③ 暗　④ 昏

※ 다음 〔 〕안의 한자와 뜻이 반대(상대)인 한자는?

8. 〔寢〕 ① 宴　② 廊　③ 寐　④ 起
9. 〔劣〕 ① 粒　② 優　③ 賦　④ 卑

※ 다음 〈보기〉의 낱말들과 가장 관련이 깊은 한자는?

10.
〈보기〉	벌집	달다	양봉

　① 釜　② 蜜　③ 敏　④ 摩

11.
〈보기〉	논	농사	쌀

　① 稻　② 裸　③ 鞠　④ 槿

12.
〈보기〉	목화	옷감	무명

　① 秉　② 藍　③ 鍊　④ 綿

※ 다음 설명과 같은 뜻을 지닌 한자어는?

13. 사법상 일정한 법률 효과의 발생을 목적으로 하는 쌍방의 의사표시의 합치
　① 遵法　② 契約　③ 開催　④ 措置

14. 배가 정박하고, 승객이나 화물 따위를 싣거나 부릴 수 있도록 시설을 한 구역
　① 航運　② 船舶　③ 港灣　④ 艇泊

15. 적의 침략이나 천재지변 따위로 인한 피해를 막기 위해 민간인이 주축이 되어 행하는 비군사적 방어 행위
　① 民妨違　② 民放委　③ 民訪衛　④ 民防衛

16. 세금을 매길 때에 기준이 되는 것
　① 寡税表準　② 過税標準
　③ 課税標準　④ 科税票準

17. 일반 산업의 성쇠에 중대한 관련을 갖는 중요산업
　① 基幹産業　② 期間産業
　③ 基間産業　④ 技幹産業

18. 어떤 사항을 직접 규정한 법규가 없을 때 그와 비슷한 사항을 규정한 법규를 적용하는 법의 해석 방법
　① 流追解釋　② 類推解釋
　③ 類抽解釋　④ 類趨解釋

※ 다음 한자어의 독음이 바르지 않은 것은?

19. ① 屛風 : 병풍　② 歪曲 : 정곡
　③ 隷屬 : 예속　④ 頓悟 : 돈오
20. ① 遲滯 : 대체　② 欺瞞 : 기만
　③ 避姙 : 피임　④ 治粧 : 치장
21. ① 貯藏 : 저장　② 酷毒 : 고독
　③ 崩御 : 붕어　④ 敎唆 : 교사
22. ① 反騰 : 반등　② 借款 : 차관
　③ 標札 : 표찰　④ 濃淡 : 농염
23. ① 濫發 : 남발　② 康寧 : 강녕
　③ 埋沒 : 매립　④ 昭詳 : 소상

※ 다음 문장 중 ( )안에 들어갈 한자어로 적당한 것은?

24. 우리학교는 3년 연속으로 전국야구대회의 ( )을 차지했다.
　① 絃樂　② 暢達　③ 普遍　④ 覇權

25. 혈액은 온 몸을 (   )한다.
　　① 循環　② 送還　③ 熟視　④ 振幅

26. 이 사태를 그저 속수무책으로 (   ) 할 수밖에 없었다.
　　① 圓滑　② 慧眼　③ 謙遜　④ 傍觀

27. (   )한 식품에서 식중독균이 발견되었다.
　　① 飼料　② 腐敗　③ 阿膠　④ 綱領

28. 한 여름날 오후의 더위와 (   )는 견디기 힘들다.
　　① 倦怠　② 放恣　③ 豹變　④ 棟梁

29. 현상수배자의 (   )을 도와준 사람은 처벌을 받는다.
　　① 隱匿　② 危殆　③ 脚韻　④ 燦爛

30. 장부에서 (   )되지 않도록 철저히 점검했다.
　　① 簿記　② 漏落　③ 戲弄　④ 絕讚

주관식 (31~100번)

※ 다음 한자의 훈음을 쓰시오.

31. 炊 (　　　)　32. 垈 (　　　)
33. 薦 (　　　)　34. 猛 (　　　)
35. 膚 (　　　)　36. 憎 (　　　)
37. 慰 (　　　)　38. 禱 (　　　)
39. 僅 (　　　)　40. 靴 (　　　)

※ 다음 훈음에 맞는 한자를 쓰시오.

41. 문벌　벌 (　　　)　42. 새벽　효 (　　　)
43. 사나울 학 (　　　)　44. 마를　고 (　　　)
45. 얼　동 (　　　)　46. 콩팥　신 (　　　)
47. 그릇될 류 (　　　)　48. 오랑캐 호 (　　　)
49. 짐승　수 (　　　)　50. 도울　좌 (　　　)

※ 다음 한자어의 독음을 쓰시오

51. 侯爵 (　　　)　52. 逮捕 (　　　)
53. 軌跡 (　　　)　54. 醜聞 (　　　)
55. 調劑 (　　　)　56. 拔劍 (　　　)

57. 遙遠 (　　　)　58. 偏頗 (　　　)
59. 瓊團 (　　　)　60. 恐怖 (　　　)
61. 官僚 (　　　)　62. 隆崇 (　　　)
63. 陰濕 (　　　)　64. 罔測 (　　　)
65. 衝擊 (　　　)

※ 다음 □안에 공통으로 들어갈 한자를 보기에서 찾아 쓰시오.

〈보기〉	審　邪　狗　忌　謁　聘　漆

66. □板　□器　(　　　)
67. 奸□　□惡　(　　　)
68. □見　拜□　(　　　)
69. 黃□　羊頭□肉　(　　　)

※ 〈보기〉의 주어진 설명과 같은 뜻이 되기 위하여 □안에 공통으로 들어갈 알맞은 한자를 쓰시오.

70. ① 抵□　② 接□　(　　　)

〈보기〉	① 법률이나 규칙에 위반되거나 거슬림 ② 서로 맞닿음

71. ① □斷　② □橫　(　　　)

〈보기〉	① 남북의 방향으로 건너가거나 건너옴 ② 세로와 가로를 아울러 이르는 말

72. ① 缺□　② □穽　(　　　)

〈보기〉	① 부족하거나 완전하지 못하여 흠이 되는 부분 ② 짐승 따위를 잡기 위하여 땅바닥을 파고 그 위를 살짝 덮어 위장한 구덩이

73. ① 壓□　② □害　(　　　)

〈보기〉	① 강한 힘으로 내리누름 ② 못살게 굴어서 해롭게 함

※ 다음 문장 중 (   )안의 단어를 한자로 쓰시오.

74. 맑은 (목탁) 소리에 산사는 잠에서 깨어난다.
　　　　　　　　　　　　　　　　(　　　)

75. 비가 그쳤으니 고추밭에 농약을 (살포)해야겠다.
　　　　　　　　　　　　　　　　(　　　)

76. 겨울에 (경사)진 도로에서는 조심히 걸어야한다.
( )

77. 어릴 때 영양 (섭취)를 잘해야 건강하다.
( )

78. 대부분의 부모는 자식을 위해 (헌신)한다.
( )

79. 그의 착하고 (순수)한 인품이 좋다. ( )

80. 그는 천재적인 시인이었지만, 안타깝게 (요절)했다.
( )

※ 다음 문장 중 한자어의 독음을 쓰시오.

81. 남의 일에 도움은 못될망정 毁謗을 놓아서는 안
된다. ( )

82. 자객을 보내 적국의 왕을 弑殺하도록 명하였다.
( )

83. 해변을 따라 송림이 鬱蒼하게 들어서있다.
( )

84. 이 음료는 매실원액을 稀釋하여 만든 것이다.
( )

85. 방음벽 덕분에 외부의 소음이 많이 遮斷되었다.
( )

86. 謄寫기계가 고장이 났다. ( )

87. 奇襲적인 폭우로 도로가 끊겼다. ( )

88. 사람들이 불우이웃돕기를 위한 기금을 出捐하였다.
( )

89. 그 물건에는 치명적인 瑕疵가 있다. ( )

90. 실업자를 위한 일자리를 斡旋하는 일이 그녀의 직
업이다. ( )

※ 다음 문장 중 한자어의 잘못 쓰인 부분을 바르게 고쳐
쓰시오.

91. 회사가 부도가 나서 근로자들이 任金을 제대로 받
지 못했다. (→)

92. 이번 명절 選物로 무엇이 좋을까?
(→)

93. 어머님께서 唐尿로 입원하셨다.
(→)

※ 다음 〈보기〉의 한자성어에 대한 설명을 읽고 ○안에
들어갈 한자를 쓰시오.

94. 牽强 ○ ○ ( )

〈보기〉 '이치에 맞지 않는 말을 억지로 끌어다가
둘러 붙인다'는 뜻으로, 사리에 닿지 않는
일을 자신에게 유리하도록 끌어다 붙임을
의미함

95. 孤軍 ○ ○ ( )

〈보기〉 외로이 떨어져 있는 군사가 많은 수의 적군
과 용감하게 잘 싸움

96. 換骨 ○ ○ ( )

〈보기〉 '뼈를 바꾸고 탈을 벗는다'는 뜻으로 이전과
전혀 달라짐을 의미함

97. ○ ○ 一鶴 ( )

〈보기〉 '닭 무리 속에 끼어 있는 한 마리의 학'이란
뜻으로, 평범한 여러 사람들 가운데 뛰어
난 한 사람을 의미함

98. 道聽 ○ ○ ( )

〈보기〉 근거 없이 길거리에 떠돌아다니는 뜬 소문

99. ○ ○ 滅裂 ( )

〈보기〉 이리저리 흩어져 갈피를 잡을 수 없음

100. ○ ○ 蓄怨 ( )

〈보기〉 분을 품고 원한을 쌓음

수고했습니다.

◈ 한자자격시험 2급 모범답안 ◈ 1회

문항	1	2	3	4	5	6	7	8	9	10	11	12	13	14	15
정답	①	③	①	①	④	②	①	④	②	①	①	③	④	④	②
문항	16	17	18	19	20	21	22	23	24	25	26	27	28	29	30
정답	③	④	①	③	②	②	①	②	③	③	③	③	②	③	④

문항	정답	문항	정답	문항	정답	문항	정답	문항	정답	문항	정답	문항	정답
1	읽을 열	11	齡	21	사치	31	기원	41	護	51	처참	61	姓→性
2	공경할 흠	12	睨	22	철나	32	옹화	42	況	52	진과	62	致→稚
3	꽃필 영	13	祐	23	해후	33	혈구	43	慢	53	보필	63	般→搬
4	물맑을 철	14	韋	24	구절	34	구절	44	沈黙	54	훈맹	64	可畏
5	시어머니 고	15	墻	25	공포	35	사분난(란)적	45	手票	55	감회	65	昏定
6	물흐를 매	16	脈	26	군열	36	雀	46	博學	56	고희	66	森羅
7	목덜미 항	17	項	27	옹성	37	鶴	47	民衆	57	자긍심	67	之際
8	얇을단칠	18	鍛	28	변민	38	鑒	48	取得	58	승낙	68	之衆
9	꾀 지	19	智	29	계제	39	頹	49	紹介	59	교차	69	草廬
10	굳셀 발	20	依	30	개념	40	驪	50	傑結	60	점차	70	炎凉

◈ 한자자격시험 2급 모범답안 ◈

문항	1	2	3	4	5	6	7	8	9	10	11	12	13	14	15
정답	③	④	①	③	②	②	③	④	③	①	③	①	②	④	③
문항	16	17	18	19	20	21	22	23	24	25	26	27	28	29	30
정답	④	①	①	②	①	④	④	③	④	④	③	②	③	①	①

문항	정답	문항	정답	문항	정답	문항	정답	문항	정답	문항	정답	문항	정답
31	저릴 마	41	旋	51	임박	61	수색	71	惡	81	교편	91	組 → 調
32	간할 간	42	獄	52	전복	62	해답	72	信	82	폭등	92	身 → 伸
33	새(날짐승) 금	43	侶	53	문제	63	감정	73	固	83	지각	93	宅 → 擇
34	설 계	44	侍	54	수치	64	침묵	74	近郊	84	가상	94	螢雪
35	좀 충	45	蜂	55	임무	65	촉각	75	條件	85	면모	95	添花
36	쌓을 심	46	埋	56	참고	66	否	76	蔑視	86	구제	96	女戴
37	줄 니	47	肢	57	힐애	67	蓄	77	違反	87	正도	97	丹脣
38	밝을 신	48	胎	58	단서	68	蝶	78	戰爭	88	계몽	98	杜門
39	끝 과	49	酷	59	흥폐	69	隣	79	演藝人	89	힐애	99	墨客
40	목구멍 후	50	悼	60	교악	70	醉	80	勿論	90	현미경	100	拔本

◈ 한자자격시험 2급 모범답안 ◈

3회

문항	1	2	3	4	5	6	7	8	9	10	11	12	13	14	15
정답	②	③	④	①	③	③	①	④	②	②	①	④	②	①	④
문항	16	17	18	19	20	21	22	23	24	25	26	27	28	29	30
정답	②	③	④	①	③	③	①	④	②	②	①	④	②	①	④

문항	정답	문항	정답	문항	정답	문항	정답	문항	정답	문항	정답	문항	정답
31	불꽃 취	41	闊	51	누각	61	관료	71	縱	81	훼방	91	任→賃
32	터 대	42	曉	52	체포	62	응수	72	踏	82	시설	92	遷→遲
33	천거할 천	43	崖	53	궤적	63	읍습	73	迫	83	홀황	93	唐→糖
34	사나울 맹	44	枯	54	주문	64	만족	74	木鐸	84	회신	94	附會
35	실꽃 부	45	凍	55	조제	65	충격	75	撒布	85	天屯	95	奮鬪
36	미워할 증	46	臀	56	발검	66	준수	76	傾斜	86	등사	96	奪胎
37	위로할 위	47	謬	57	요원	67	邪	77	攝取	87	기습	97	群鷄
38	빌 도	48	胡	58	편파	68	곡조	78	獻身	88	출연	98	塗說
39	겨우 근	49	獸	59	경단	69	狗	79	紙縒	89	하자	99	支離
40	가죽신 화	50	佐	60	공포	70	髑	80	夭折	90	알선	100	含糖

사범, 1~3급 응시자용

회차	제 회	응시등급

※ 감독관 확인	(서명)

성명

응시등급
- 사범 ○
- 1급 ○
- 2급 ○
- 3급 ○

수 험 번 호

주 민 등 록 번 호

국가공인 한자자격시험 답안지

주관: (사)한국어문교육연구회
시행: 한국한자실력평가원

1 1

객관식 답 안 란

1	① ② ③ ④
2	① ② ③ ④
3	① ② ③ ④
4	① ② ③ ④
5	① ② ③ ④
6	① ② ③ ④
7	① ② ③ ④
8	① ② ③ ④
9	① ② ③ ④
10	① ② ③ ④
11	① ② ③ ④
12	① ② ③ ④
13	① ② ③ ④
14	① ② ③ ④
15	① ② ③ ④
16	① ② ③ ④
17	① ② ③ ④
18	① ② ③ ④
19	① ② ③ ④
20	① ② ③ ④
21	① ② ③ ④
22	① ② ③ ④
23	① ② ③ ④
24	① ② ③ ④
25	① ② ③ ④
26	① ② ③ ④
27	① ② ③ ④
28	① ② ③ ④
29	① ② ③ ④
30	① ② ③ ④
31	① ② ③ ④
32	① ② ③ ④
33	① ② ③ ④
34	① ② ③ ④
35	① ② ③ ④
36	① ② ③ ④
37	① ② ③ ④
38	① ② ③ ④
39	① ② ③ ④
40	① ② ③ ④
41	① ② ③ ④
42	① ② ③ ④
43	① ② ③ ④
44	① ② ③ ④
45	① ② ③ ④
46	① ② ③ ④
47	① ② ③ ④
48	① ② ③ ④
49	① ② ③ ④
50	① ② ③ ④

※ 답안지 작성요령

1. 객관식 답은 해당번호에 검정색 펜으로 표기
   - ▼ 바른 표기 예 : ●
   - ▼ 틀린 표기 예 : ⊙ ◑ ⊗
2. 객관식 답을 수정할 때는 수정테이프를 사용
3. 주관식 답을 수정할 때는 두줄로 긋고 작성
4. 본 답안지를 구기거나 훼손하지 마시오.

주관식 답 안 란

문항	주관식 답안란	채점문항	주관식 답안란	채점
주1		주16		○
주2		주17		○
주3		주18		○
주4		주19		○
주5		주20		○
주6		주21		○
주7		주22		○
주8		주23		○
주9		주24		○
주10		주25		○
주11		주26		○
주12		주27		○
주13		주28		○
주14		주29		○
주15		주30		○

※주관식 답안란 31~100번 답안란은 뒷면에 있음.

1 2

※ 응시자는 채점란의 ○표에 표기하지 마시오.

문항	주관식 답안란	채점	문항	주관식 답안란	채점	문항	주관식 답안란 (사법, 1급용)	채점	문항	주관식 답안란 (사법, 1급용)	채점
주31		○	주46		○	주61		○	주71		○	주86		○
주32		○	주47		○	주62		○	주72		○	주87		○
주33		○	주48		○	주63		○	주73		○	주88		○
주34		○	주49		○	주64		○	주74		○	주89		○
주35		○	주50		○	주65		○	주75		○	주90		○
주36		○	주51		○	주66		○	주76		○	주91		○
주37		○	주52		○	주67		○	주77		○	주92		○
주38		○	주53		○	주68		○	주78		○	주93		○
주39		○	주54		○	주69		○	주79		○	주94		○
주40		○	주55		○	주70		○	주80		○	주95		○
주41		○	주56		○				주81		○	주96		○
주42		○	주57		○				주82		○	주97		○
주43		○	주58		○				주83		○	주98		○
주44		○	주59		○				주84		○	주99		○
주45		○	주60		○				주85		○	주100		○

사법 급수 문장해석 점수
(응시자 표기 금지)

(백)
0 1 2 3 4 5 6 7 8 9
0 1 2 3 4 5 6 7 8 9

채점위원 확인란

| 초검위원 | |
| 재검위원 | |